本书由“西安交通大学人文社会科学学术著作出版基金”和
“中央高校基本科研业务费专项资金”资助出版

协同发展：社会化媒体与政治生态

李明德　刘婵君　著

科学出版社
北京

内 容 简 介

本书是基于政府、社会化媒体与公民新型关系建构视角，探索如何构建面向政治生态建设的社会化媒体舆论协同引导模式并确保其科学运行，旨在为提升网络意识形态领域风险防范化解能力、打造风清气正的政治生态提供理论与实证支持。本书从全景视角探索社会化媒体与政治生态协同的要素解析与机制构建；探讨社会化媒体与政治生态协同发展的优化机制——舆论协同引导模式；应用统计学原理，科学推衍出一套客观评价政务微博规模指数的计算方法，对政务微博综合发展程度进行研究。

本书作为网络政治传播研究成果，不仅适宜传播学、政治学、社会学相关研究者与硕士、博士研究生，也适合政府宣传部门、网信部门工作者及主流媒体新媒体中心与各类网络媒体从业人员阅读。

图书在版编目（CIP）数据

协同发展：社会化媒体与政治生态／李明德，刘婵君著．—北京：科学出版社，2021.11

ISBN 978-7-03-067481-4

Ⅰ．①协…　Ⅱ．①李…　②刘…　Ⅲ．①舆论-研究-中国　Ⅳ．①C912.63

中国版本图书馆 CIP 数据核字（2020）第 257087 号

责任编辑：杨　英　赵　洁／责任校对：贾伟娟
责任印制：李　彤／封面设计：蓝正设计

科 学 出 版 社 出版
北京东黄城根北街 16 号
邮政编码：100717
http://www.sciencep.com

北京建宏印刷有限公司 印刷

科学出版社发行　各地新华书店经销

*

2021 年 11 月第　一　版　开本：720 × 1000　1/16
2022 年 9 月第二次印刷　印张：14
字数：300 000

定价：98.00 元

（如有印装质量问题，我社负责调换）

序　言

社会化媒体舆情的治理与引导是网络政治传播理论和多数发展中国家网络安全与信息化建设进程中面临的一个不可逾越的普遍性问题。在当前中央高度重视互联网发展，致力于加强网络法制建设和舆论引导，确保网络信息传播秩序和国家安全、社会稳定的现实背景下，如何更好地实现社会化媒体与政治生态的协同发展，使社会化媒体肩负更多的协同治理责任，是亟待解决的问题。《协同发展：社会化媒体与政治生态》构思之初，我们便决心从全景视角出发，来探索社会化媒体与政治生态协同发展的要素解析与机制构建，进而为相关研究提供充分实证依据。

研究视角创新是这本书最鲜明的特色。本书选取的政治生态视角是考察社会化媒体与政治改革、社会发展互动的有效研究框架，试图从整体的、运动的、开放的层面出发去认识政治现象以及政治系统与其他各社会系统之间既独立又相互制约的关系；协同理论则强调各子系统相互协调、相互影响、整体运动时所呈现的有规律、有序的运动状态，即“系统协同作用”。另外，我们基于社会化媒体与政治生态协同发展的研究，突出了二者协同度的测评问题，将政务微博视为二者协同发展的典型产物，通过对政务微博综合发展程度的测算，实现对二者协同度的量化研究。

著述本书的目的，不仅是希望能够在新媒体与社会治理研究领域展开更多的学理探讨，更希望能够为网络意识形态领域风险防范的具体实践操作提供参考指南。当然，仅靠一本专著不可能解决所有层出不穷的现实问题，期待对本书的阅读，能够为更多本领域的有识之士带来启发，生发出更多闪耀光芒的网络政治传播的佳作。

本书尽五年之力最终问世。感谢新闻学、传播学、政治学、社会学等领域的众多学者们，为我们的研究提供了大量丰富多彩的成果借鉴！

感谢团队成员蒙胜军、李巨星、张园、高如、闫婷、柴海鹏、冀瑾、赵琛、朱妍、陈盼盼、苗孟雪、郝晨琰、宋宜轩、沈玥晨等在资料收集、内容撰写与最终校对过程中所付出的时间和精力！

感谢全国哲学社会科学工作办公室对本研究的大力支持！

感谢“西安交通大学人文社会科学学术著作出版基金”和“中央高校基本科研业务费专项资金”为本书的出版提供资助！

感谢科学出版社杨英和赵洁编辑在本书编辑出版过程中所提出的宝贵意见和辛勤劳动！

李明德　刘婵君

于西安交通大学新闻与新媒体学院

2020 年 12 月 1 日

导　言

社会化媒体舆情的治理与引导是网络政治传播理论和多数发展中国家网络安全与信息化建设进程中面临的一个不可逾越的普遍性问题。理论逻辑和历史事实无一不清楚地表明，新形势下管好、用好互联网（社会化媒体），巩固中国共产党新闻舆论阵地，对国家长治久安、民族凝心聚力具有特殊的重要意义。但社会化媒体在拓宽政府与公民协作治理社会事务的渠道、促进“国富民强”良好局面形成的同时，也诱发了网络民粹主义、民族主义等新的治理矛盾与难题。在既定传媒发展格局下，实现网络舆论生态的良性运转以保证政治生态健康、高效运行，已成为我国主流意识形态安全与社会稳定的重要支撑。因此，在当前中央高度重视互联网发展，致力于加强网络法制建设和舆论引导，确保网络信息传播秩序和国家安全、社会稳定的现实背景下，研究面向政治生态建设的社会化媒体舆论协同引导模式，科学论证其有效运行的要素集聚、理论支撑与机制保障，旨在为提高新闻舆论传播力、引导力、影响力、公信力，提升网络意识形态领域风险防范和化解能力，为营造风清气正的政治生态理论与实证支持提供经验启示。具体来说，该选题的意义和价值在于以下四个方面：第一，社会化媒体舆论的治理与完善，是坚持正确方向和创新方法手段，提高新闻舆论传播力、引导力、影响力与公信力的现实要求。第二，社会化媒体政治生态系统的建设完善与子系统协同运行，是我党加强自身执政能力建设的内在要求。第三，打造面向政治生态建设的社会化媒体舆论协同引导模式，关系到我国主流意识形态安全与社会稳定，必须立足于国家整体发展战略的高度科学规划、精心布局。第四，社会化媒体与政治生态协同发展既是经济社会发展的内在要求，也将丰富具有中国特色网络政治传播研究的理论成果，完善中国特色的新闻传播学理论体系。

为了实现研究目的，全书由理论研究、实证研究和对策研究三大部分构成，包含 10 个具有内在逻辑联系的研究专题。

第一，理论研究：社会化媒体与政治生态协同发展的理论内涵与现实机理。理论研究是本书研究的基础和出发点。本部分力求深入系统地把握社会化媒体与政治生态协同发展，尤其是社会化媒体政治生态系统形成的客观规律，并由此设定二者协同发展的要素解析与机制构建，进而搭建基于协同引导视角的社会化媒体与政治生态协同发展理论的分析框架与应用方法体系，以利于从理论层面上为设计面向政治生态的社会化媒体舆论协同引导模式提供客观依据。整个理论研究部分构成第一个问题“社会化媒体与政治生态协同发展的理论内涵与现实机理”。该部分涵盖本书的第1～3章，主要内容包括3个专题：①社会化媒体与政治生态；②社会化媒体使用与政治生态发展的现状；③社会化媒体使用对政治生态的影响分析。

第二，实证研究：社会化媒体与政治生态协同发展的要素解析与机制构建。实证研究是确保科学构建社会化媒体与政治生态协同发展模式的关键性环节。一方面，力求通过实地考察、统计调查和个案分析，明确制约我国社会化媒体与政治生态协同发展的主要影响因素以及相关政策的成效，从而为有效解决现实问题、科学设计社会化媒体与政治生态协同发展策略提供实证支持。另一方面，将致力于对社会化媒体政治生态系统的子系统相互作用的协同效应进行深入研究，力图通过对构建序参量、支配子系统行为、发挥子系统的自组织作用等方面的分析，探索其相互作用的微观基础，把握其相互关系的形成原理，并由此明确如何进行各子系统的协同规范，从而有利于社会化媒体政治生态系统的最终形成。此外，本部分还将实证应用统计学原理，确立一套评价政务微博规模指数的计算方法，通过主成分分析法计算政务微博的规模综合指数，结合政务微博传播影响力指数，应用线性回归拟合的方式，构造协同度计算函数来测算某个地区政务微博的综合发展程度，以此来表征该地区社会化媒体与政治生态协同程度。

整个实证研究部分构成第二个问题“社会化媒体与政治生态协同发展的要素解析与机制构建”，涵盖本书的第4～7章，主要内容包括4个专题：①社会化媒体与政治生态协同发展影响因素的实证分析；②社会化媒体与政治生态协同发展的实践模式；③社会化媒体与政治生态协同发展的评价与测度——以政务微博为例；④社会化媒体与政治生态协同发展的评价与测度——以陕西媒体微信公众号为例。

第三，对策研究：社会化媒体与政治生态协同发展的优化机制与路径选择。对策研究是本书研究的重点与归宿，体现出本书研究的主旨。首先，本书将立足于理论研究和实证研究的结论，针对性地进行面向政治生态建设的社会化媒体舆论协同引导模式设计；其次，根据国家整体经济社会发展战略的实践要求，着力搭建社会化媒体与政治生态协同发展的路径选择，以期为确保我国社会化媒体舆论治理引导与政治生态健康有序运行的科学协同提供有效战略指导；最后，提出确保社会化媒体与政治生态协同发展的创新方向和框架，从媒体、政府、公众三重层面，结合国内外成功经验与本国具体国情，提出推进社会化媒体与政治生态协同发展长效机制的具体政策建议。

对策研究部分构成第三个问题“社会化媒体与政治生态协同发展的优化机制与路径选择”，涵盖本书的第8～10章，主要内容包括3个专题：①社会化媒体与政治生态协同发展的优化机制——舆论协同引导；②社会化媒体舆情中泛政治化现象的动力机制与因应策略；③社会化媒体与政治生态协同发展的路径选择与对策建议。

总体而言，本书的主要创新在于：第一，将研究社会化媒体与政治生态协同发展问题纳入了规范的传播学、政治学、社会学和系统科学等学科相结合的分析范式内。第二，从全景视角深入探索了社会化媒体与政治生态协同发展的要素解析与机制构建，能够为相关研究提供充分的实证依据。第三，运用理论与实证相结合的手段，深入探讨了社会化媒体与政治生态协同发展的优化机制——舆论协同引导模式。第四，利用应用统计学原理，科学地推衍出一套客观评价政务微博规模指数的计算方法，对政务微博综合发展程度、协同程度进行研究，从理论上拓展了社会化媒体与政治生态协同发展问题研究的分析框架。第五，研究内容的整体性和系统性，有利于保障战略设计和政策研究的针对性和有效性。

目　　录

导　论

政治体系的生态化建设，始终将“关注公民权益”作为重中之重，无论是中国古代“民为贵，社稷次之，君为轻”的朴素政治生态思想，还是今天“人民对美好生活的向往，就是我们的奋斗目标”的现代政治理念，无不体现着对“民”的重视与对“人本”的呼吁。马克思主义人本思想，实现了对人民群众历史地位的认识的变革，认为人民群众是历史的主体和主要创造者，正是这些现实世界的人民群众的“合目的性”的实践活动，推动了历史向前发展。

“历史是这样创造的，最终的结果总是从单个的意志的相互冲突中产生出来的，而其中每一个意志，又是由于许多特殊的生活条件，才成为它所成为的那样。这样就有无数互相交错的力量，有无数个力的平行四边形，而由此就产生出一个总的结果，即历史事变，这个结果又可以看作一个作为整体的、不自觉地和不自主地起着作用的力量的产物。因为任何一个人的愿望都会受到任何另一个人的妨碍，而最后出现的结果就是谁都没有希望过的事物。所以以往的历史总是象一种自然过程一样地进行，而且实质上也是服从于同一运动规律的。但是各个人的意志——其中的每一个都希望得到他的体质和外部的、终归是经济的情况（或是他个人的，或是一般社会性的）使他向往的东西——虽然都达不到自己的愿望，而是融合为一个总的平均数，一个总的合力，然而从这一事实中决不应作出结论说，这些意志等于零。相反地，每个意志都对合力有所贡献，因而是包括在这个合力里面的。”①

在当前的中国社会转型期，全面深化改革进入深水区，社会成员间因误解而产生矛盾时有发生，每一个个体都愈加渴望获得更多的发声机会，表达自己的诉求。媒介技术的革命性进步，将社会化媒体等一系列更具公开性、互动性、便捷性与经济性的媒介形式带入公众视野，适逢其时地给予了每一个普通百姓一个发声窗口，给予其最大限度地表达自由与参政的可能，在政治体系与社会环境之间建构起一种信息沟通与反馈机制，从而在无形中推动了我国政治生态建设的发展。在中国，实现社会化媒体与政治生态的协同发展，是客观的、必要的，更是刻不容缓的。要在未来全球信息化竞争中发出中国声音、走出中国道路，网络媒体任重道远。客观现实要求国家进一步深化改革从而创造有利于融合媒体发展的宏观

---

① 中共中央马克思恩格斯列宁斯大林著作编译局. 马克思恩格斯选集(第四卷). 北京：人民出版社, 1972: 478-479.

政策环境，并使社会化媒体肩负更多的协同治理责任。

一、社会化媒体对政治生态的正向影响

（一）社会化媒体成为公众进行民意表达和政治参与的新渠道

一方面作为新型的传播媒介，以微博、微信为代表的社会化媒体具有便捷、多样和低成本的特征，一改以往传统媒体时代资讯传播的垄断性单向传播方式，使得公众能够在第一时间主动获取新闻或信息，能及时了解和掌握重大事件的发展动态。当社会化媒体用户（民众）对某一信息产生“共鸣”或“共振”时，网络舆情迅速演化下产生的公众舆论，会对政府公共治理造成巨大压力，甚至在一定程度上影响事件的走向与政府决策。

另一方面，普通民众亦可以借由社会化媒体信息传播范围广、速度快、吸引力强的优势，积极了解、传播政治信息，发表时政评论，表达自身诉求，从而促进最广泛的民意表达平台和普通民众参政、议政甚至影响政府决策的重要机制渠道的形成，通畅民众之间、政府与民众之间的信息沟通渠道。

（二）社会化媒体成为政治权力接受民主监督的新形式

民主制度下的政治权力监督，需要监督权力来源的多元化，政治监督的社会化是大势所趋。政治权力缺乏必要的限制和行使权力的不透明往往是诱发政治腐败的主要因素。党政机构利用微博、微信等社会化媒体平台，将公共事务处理的必要过程和结果及时公之于众,既是新媒体时代政治权力接受群众监督的新形式，也是行政监督和司法监督的有力补充，有利于政府公信力的提升和政治民主制度的完善。尤其是近年来，网络反腐舆情多发，反腐浪潮持续高涨，社会化媒体对执政、施政责任主体的监督效果十分显著。广大网民通过微博、微信等社会化媒体积极参与政治经济文化活动，依托新媒体技术的网络反腐、微博问政，已经成为普通民众积极参与政治活动、与政府进行良性互动的新途径，与传统的监管机制、反腐制度相得益彰。

（三）社会化媒体成为党政部门进行政治公开的新工具

发展态势迅猛、受众数量众多、传播速度快的社会化媒体，作为党政部门联系公众的新型平台，在促进政治透明、强化执政能力、提升行政效率方面具有天然优势，也能成为当前政治主体进行政务公开、走好网上群众路线的一个新亮点。越来越多的党政部门、组织和个人也开始主动借助社会化媒体，开设各式各样的“微博”“微信”账号来网罗民声。其一方面通过及时对各项党政方针进行释疑答惑从而汇聚民声；另一方面，通过与民众的积极互动，可以对民众心理和舆论氛

围进行全景性把握，吸纳民意，最大化地争取公众对政府决策的理解、信任和支持，及时消解公众对政务方针、措施的误解，稳定社会情绪，从而为后续工作的针对性开展、突发舆情的有效应对和各类政治决策的制定提供重要参考。

（四）社会化媒体成为政治主体进行政治修复的新载体

以社会化媒体为代表的网络舆论场具有独特的发展特性和传播规律，很容易催生许多非理性、非制度化的网络政治参与，现实社会中一件看似普通的新闻事件，一旦进入发达的网络空间，经过数以亿计思维发散的网民“走马观灯”般的审视之后，往往会演变成热点舆情，甚至会出现热点之后又有热点的舆情“串烧式”发展。社会化媒体空间中迅速传播的热点舆情，尤其是重大突发性事件，更是成为检验党政部门危机应对能力最直接的“试金石”，政治主体的应对方式稍有不慎，就可能对政治生态造成极大损害。

与此同时，面对官方回应滞后、应对措施不力、官员言语失当等诸多因素造成的政治生态损伤，如果政府能够将社会化媒体平台这一热点舆情的发酵源，转变成进行政治修复的“新载体”，利用社会化媒体迅捷便利、公开透明的传播优势，真诚公布事实真相、及时辟谣并提出改进措施，稳定公众情绪，同样能够对此时受损的政治生态进行最大化的修复和弥补。为此，2016 年 11 月国务院办公厅印发的 80 号文件《〈关于全面推进政务公开工作的意见〉实施细则》明确规定，各级政府要通过各种新媒体平台，对涉及特别重大、重大突发事件的政务舆情，做出快速反应，最迟在 5 小时内发布权威信息，在 24 小时内举行新闻发布会，并根据工作进展情况，持续发布权威信息。①这进一步明晰了新媒体平台在政府主动发声、抢占舆情话语权、预防次生舆情灾害、维护政治生态稳定过程中的重要作用。当然，这几年的实践表明，重大突发事件发生后 1～2 小时政府及时精准发布权威信息的情况已不少见，说明政府舆情应对能力、舆论引导水平在快速提升。

二、社会化媒体对政治生态的逆向冲击

社会化媒体具有核裂变式的裂变特征，拥有巨大的舆论能量，一些偶然性事件会通过一系列的网络联结与社会动员，逐渐成为热点舆情，形成焦点舆论，甚至转变成政治性事件，进而引发线上、线下配合的大规模集结活动，给原本稳定的政治生态带来巨大逆向冲击。②在民众参与政治生活和社会公共生活的有限空间里，以社会化媒体为主要作用途径的“微政治”力量正悄然影响着当下的政治生态。

① 国务院办公厅印发《〈关于全面推进政务公开工作的意见〉实施细则》. http://politics.people.com.cn/n1/2016/1115/c1001- 28870279.html(2016-11-15)[2020-2-20].

② 马振超. 当前新媒体对我国政治生态影响的多重效应. 江南社会学院学报, 2015(3): 7-10.

（一）社会化媒体成为部分民众极端情绪的“宣泄口”

社会化媒体的出现自然推动着公民参政议政、进行民主监督等政治活动方式的多元化，但与此同时，在整个社会面临转型压力的背景下，隐匿性强、自由度高的社会化媒体在某种程度上也为部分民众提供了一个调节情绪、释放压力、抒发情感甚至是极端情绪的新渠道或“宣泄口”[①]。这一方面可以对潜在的社会矛盾起到缓解或调节作用，维持政治生态的相对稳定；但另一方面，当少数人充满非理性的、不良的情绪或思想，“负能量”激荡并主导社交舆论场时，也会使其他正在进行网络围观的普通民众受到蛊惑和煽动，从而诱导部分不明真相的民众盲目跟风，对政治生态造成严重的逆向冲击。[②]

（二）社会化媒体成为民意表达失真、政治决策失信的重要推手

一方面，随着新媒体技术的快速发展和普及，通过自由化、平等性极强的微博、微信等社会化媒体平台，社会各个阶层参与政治表达的热情空前高涨，广大民众主动参政议政、在网络空间发声，向党政部门建言献策的情形屡见不鲜，这就为决策机构了解民意、汇聚民声、提升相关决策的科学性提供了强大支持；但另一方面，由于社会化媒体的使用主体囊括了具有不同经济背景、文化程度及社会和政治地位的各类人群，社会转型期各个阶层的利益诉求博弈激烈，因此易造成不同舆论主体对同一政治决策的思考角度和评价看法各有差异，民意诉求各不相同。而少数别有用心之人，为谋一己私利而故意散播谣言误导群众、制造轰动效应，会进一步加剧民意表达的复杂性，因而给决策者以“虚假”的民意参考，从而严重影响民意表达的真实性和政务决策的科学性，不利于政治生态的长远健康发展。

（三）社会化媒体成为个别“意见领袖”影响舆论的主要手段

社会化媒体的快速发展在赋予普通民众热议时政的多元化渠道的同时，也为极少数的“公共知识分子”和“意见领袖”进行舆论煽动提供了可乘之机。在微博、微信等社会化媒体平台上，一些活跃又拥有大批粉丝的知名学者或网络名人，因其强大的公共影响力和公共话语权而成为网络舆论的“意见领袖”。作为公众人物，他们中的绝大部分都能够恪守社会责任，积极传播社会正能量。然而个别“意见领袖”却无视自身责任，滥用影响力，将社会化媒体作为提升自身影响力、煽动舆论、获取利益的“工具”。他们不仅对转型期社会中发生的各类政治、经济、文

① 余波. 网络社会中网络的政治功能以及网络对政治文化传播的影响. 兰州交通大学学报, 2008(2): 47-50.

② 刘海龙. 对微博舆论场的四个误读. 人民论坛, 2012(4): 22-23.

化等舆情事件肆意评论、妄加揣测，甚至不惜造谣、传谣，发布各种违法违规信息，误导不明真相的普通群众，甚至引发现实性的群体事件，意图通过“犀利、个性化”的言论来引起舆论关注、博取眼球效益。这就严重威胁到政治生态的和谐稳定。

从 2014 年起，中华人民共和国国家互联网信息办公室（简称“国家网信办”）等相关部门相继出台《即时通信工具公众信息服务发展管理暂行规定》（“微信十条”）、《互联网用户账号名称管理规定》（“账号十条”）、《互联网新闻信息服务单位约谈工作规定》（“约谈十条”）等一系列规定，对各类新媒体平台中出现的危害网络生态、侵害公众利益的不良风气进行严厉整治。2015 年 11 月 1 日实施的《中华人民共和国刑法修正案（九）》更是明确规定了在微信、微博中故意发布虚假信息要承担的刑事处罚措施。公安部门对在网络上有组织地制造传播谣言等违法犯罪活动进行了集中打击，“秦火火”、“立二拆四”、周禄宝、傅学胜等诸多网络名人，也因造谣传谣、敲诈勒索等违法犯罪行为而落网。

三、研究问题

以微博、微信为代表的社会化媒体，极大地释放了社会表达自由，形成强大的网络舆论场，在推动网络问政的同时，也给以往的执政理念与方式带来挑战；将社会化媒体置于社会治理对立面的普遍认知，不仅难以解决现存问题，也并未使政府执政力、公信力得到提升。在社会化媒体伴随移动互联网愈加渗透进社会各层面的趋势之下，如何利用社会化媒体促进政治生态健康、高效运行，实现二者协同发展成为亟待解决的问题。

2019 年 10 月 31 日通过的《中共中央关于坚持和完善中国特色社会主义制度　推进国家治理体系和治理能力现代化若干重大问题的决定》明确指出：“完善坚持正确导向的舆论引导工作机制。坚持党管媒体原则，坚持团结稳定鼓劲、正面宣传为主，唱响主旋律、弘扬正能量。构建网上网下一体、内宣外宣联动的主流舆论格局，建立以内容建设为根本、先进技术为支撑、创新管理为保障的全媒体传播体系。”①这表明了新媒体运用与管理的重要性。同样在上述文件中提出的推进“坚持和完善人民当家作主制度体系”“坚持和完善共建共治共享的社会治理制度”建设要求中多次提到“人民”“参与”，因此理顺并构建新型的政府、社会与公民关系，毫无疑问是全面深化改革的重点与难点。

政治生态视角是考察社会化媒体与政治改革、社会发展互动的有效研究框架，它试图从整体的、运动的、开放的层面出发去认识政治现象以及政治系统与其他各社会系统之间既独立又相互制约的关系。协同理论则强调各子系统相互协调、

① 中共中央关于坚持和完善中国特色社会主义制度　推进国家治理体系和治理能力现代化若干重大问题的决定. http://cpc.people.com.cn/n1/2019/1106/c64094-31439558.html(2019-11-06)[2020-01-05].

相互影响、整体运动时所呈现的有规律、有序的运动状态，即“系统协同作用”。中央提出的进一步全面深化改革比以往更加注重包括政治体制在内的系统性、整体性和协调性。基于社会整体利益的考量，以政治生态和社会化媒体协同发展为目标，探讨政治生态借由社会化媒体达成系统协调、实现与社会良性互动适逢其时。因此，本书研究的科学问题包括：

（1）中国社会化媒体与政治生态发展的现状如何?

（2）制约和限制社会化媒体与政治生态协同发展的因素是什么?

（3）如何评价与测度社会化媒体与政治生态的协同发展程度?

（4）实现社会化媒体与政治生态协同发展的模式与方法是怎样的?

（5）如何解决社会化媒体与政治生态不协调发展的宏观调控与机制创新问题?

四、国内外研究现状述评

（一）国外研究述评

虽然在国外的理论研究中，“政治生态”作为一个概念并未被正式提出，然而与政治生态概念相关的讨论却从未停止过。在探求社会化媒体使用与政治的关系时，最常见的概念，既包括与政治行为相关的政治表达、政治沟通、政治参与等，也包括政治信任、政治效能感、政治兴趣等中介因素。纵观国外对社会化媒体与政治生态的相关论述，大致可以划分为社会化媒体对日常政治参与的影响、对选举投票的影响以及对社会运动的作用这三部分。

1. 社会化媒体对日常政治参与的影响

作为人们相互进行信息分享的平台，社会化媒体开启了政治信息传递的新方式：伴随 Web 2.0 技术的出现，公民发布政治信息和评论他人观点的活动变得愈加频繁，从而降低了以往数量非常有限的专业传播者对这种传播活动的垄断力度。[①]研究者对这种公民越来越多地使用社会化媒体发布政治信息的环境变化进行了持续研究，诸多文献表明，社会化媒体的使用与各种线上线下政治参与行为存在直接或间接联系。[②③]伴随着人们在社会化媒体上参与话题数量的增加与表达欲望的增强，研究者也愈发关注网民的社会化媒体信息使用行为与其政治倾向、政治行为之间的作用关系。

① Moy, P., Xenos, M. A., & Hussain, M. M. News and political entertainment effects on democratic citizenship. In E, Scharrer. (Ed.), *The International Encyclopedia of Media Studies*. Oxford: Wiley-Blackwell, 2013: 463-483.

② Pasek, J., More, E., & Romer, D. Realizing the social Internet? Online social networking meets offline civic engagement. *Journal of Information Technology & Politics*, 2009, 6(3-4): 197-215.

③ Bode, L. Facebooking it to the polls: A study in online social networking and political behavior. *Journal of Information Technology & Politics*, 2012, 9(4): 352-369.

（1）社会化媒体的政治性使用与政治参与的关系

对于社会化媒体的政治性使用（political use of social media）究竟是促进还是削弱了公民对政治事务的参与意愿与效果，学界至今也无定论。持乐观态度的研究者认为博客、脸书（Facebook）等社会化媒体的使用对线上线下的政治参与行为均存在积极作用。[①]他们通过对各类社会化媒体的实证调查，证明了对社会化媒体的不同使用行为会对公民的政治态度产生差异性作用：Wang 通过对我国台湾社会变迁的数据调查，认为在网上表达观点比在网上搜寻信息更能预测人们的政治态度，因为在网上表达观点与对政府的政治信任有关，而在网上搜寻信息则与政治信任无关[②]；de Zúñiga 等人的调查也显示，在美国，只有诸如撰写博客和发表评论这样更富于表现力的使用方式对线上和线下的政治参与行为具有预测作用，而被动阅读博客和评论等信息消费行为并不具备这种预测功能[③]；Valeriani 和 Vaccari 通过对德国、意大利和英国网民的在线调查发现，网民对社会化媒体上的政治信息的偶然接触与网民在线政治参与程度都呈现显著的正相关关系，网民在社会化媒体上接触政治信息的频率越高，越倾向于参与不同的在线政治活动。[④]

研究者也讨论了社会化媒体的政治性使用与公民政治参与之间的关系是如何发生的。Jung 等人认为，新闻媒体的使用会借由政治效能这样的心理变量来直接作用于公民的政治参与行为。[⑤]政治兴趣通过复杂机制在促进社会化媒体政治参与方面也扮演了重要角色：那些政治兴趣更强的人，更有意愿去寻求政治信息，很多时候被作为“跟随政治”而运转的政治兴趣与政治信息的获取与积累高度相关。[⑥]因此，在社会化媒体上，那些政治兴趣最强的人应该最有可能去研究政治

---

① Chan, M., Wu, X., Hao, Y., et al. Microblogging, online expression, and political efficacy among young Chinese citizens: The moderating role of information and entertainment needs in the use of weibo. *Cyberpsychology Behavior & Social Networking*, 2012, 15(7): 345-349.

② Wang, S.-I. Political use of the Internet, political attitudes and political participation. *Asian Journal of Communication*, 2007, 17(4): 381-395.

③ de Zúñiga, H. G., Bachmann, I., Hsu, S.-H., et al. Expressive versus consumptive blog use: Implications for interpersonal discussion and political participation. *International Journal of Communication*, 2013(7): 1538-1559.

④ Valeriani, A., & Vaccari, C. Accidental exposure to politics on social media as online participation equalizer in Germany, Italy, and the United Kingdom. *New Media & Society,* 2016, 18(9): 1857-1874.

⑤ Jung, N., Kim, Y., & de Zúñiga, H. G. The mediating role of knowledge and efficacy in the effects of communication on political participation. *Mass Communication and Society*, 2011, 14(4): 407-430.

⑥ David, C. C. Learning political information from the news: A closer look at the role of motivation. *Journal of Communication*, 2009, 59(2): 243-261.

信息，而那些政治兴趣最弱的人去研究政治信息的可能性最小。[①]在理解社会化媒体使用对政治参与的贡献时，我们还应该考虑不同类型社会化媒体平台上的政治观点接触所产生的不同影响机制。研究显示，相同观点的接触在个人博客使用与政治参与之间起到了中介作用，而在社交网络软件（social network software，SNS）使用和在线参与行为之间，则是交叉观点的接触在扮演中介角色。也就是说，在 SNS 平台上，交叉观点的接触能够引起更高水平的在线政治参与；在博客上，则是志同道合观点的接触最终引起了更高水平的在线政治参与行为。[②]

持悲观态度的研究者则认为对社会化媒体的一般性政治使用与传统政治参与行为之间关系性不强甚至并无关系。[③]Thorson 认为，在诸如脸书和推特（Twitter）这样的社会化媒体的日常使用中，人们往往趋向于更加谨慎地表达自己的政治观点。[④]2014 年皮尤研究中心（Pew Research Center）的 Hampton 等人的一份调研报告表明，86%的美国人愿意在面对面交流时讨论关于政府监督计划的问题，但仅有 42%的人愿意在脸书和推特上发表这类信息。[⑤]Gerber 等人的研究表明，线下政治参与往往被限定在一个与亲密的人之间的更为封闭的私人空间之中，因为政治观点的表达总是带有扰乱社会关系、暴露个人身份的风险。[⑥]由于社会化媒体打破了传统的亲密人际关系限制与时空距离，用户们因此开始担心，政治表达潜在对象的不确定性可能会带来对信息的曲解与误读，因此用户的社会化媒体政治表达会比在线下环境时更加谨慎。

（2）社会化媒体的非政治性使用与政治参与的关系

社会化媒体的政治性使用的影响范围可能并没有重大政治事件所显示的那样广阔：2014 年皮尤研究中心的一项调查显示，30%的美国成年人通过脸书来获取新闻，但他们中 78%的人表示自己获取新闻只是顺带行为，也就是说，他们使用

---

① Bode, L. Political news in the news feed: Learning politics from social media. *Mass Communication and Society*, 2016, 19(1): 24-48.

② Kim, Y., & Chen, H.-T. Social media and online political participation: The mediating role of exposure to cross-cutting and like-minded perspectives. *Telematics and Informatics*, 2016, 33(2): 320-330.

③ Baumgartner, J. C., & Morris, J. S. Myfacetube politics social networking web sites and political engagement of young adults. *Social Science Computer Review*, 2010, 28(1): 24-44.

④ Thorson, K. Facing an uncertain reception: Young citizens and political interaction on Facebook. *Information, Communication & Society*, 2014, 17(2): 203-216.

⑤ Hampton, K. N., Rainie, H., & Lu, W., et al. *Social Media and the Spiral of Silence*. Pew Research Center, 2014.

⑥ Gerber, A. S., Huber, G. A., & Doherty, D., et al. Disagreement and the avoidance of political discussion: Aggregate relationships and differences across personality traits. *American Journal of Political Science*, 2012, 56(4): 849-874.

社会化媒体是出于别的原因。[1]大部分人使用社会化媒体主要是满足其社会交往需要或娱乐追求，而不是有意无意地获取新闻或追求政治目的。[2]这些日常的以满足社会交往需要与娱乐追求为目的的社会化媒体非政治性使用，也会给线上政治参与带来影响。[3]Bakardjieva 认为，伴随社会化媒体的兴起，这种网络数字平台上的日常非政治性实践行为能够积累公民的社会资本与培养公民的集体认同感，在适当的时候，这些积聚的社会资本和集体认同感很有可能被激发并转化为政治表达，进而成了多样化政治参与的第一步。[4]

社会化媒体的非政治性使用是否有助于政治表达要取决于使用行为的性质。Yu 研究了社会化媒体的非政治性使用对政治参与的影响，认为社会化媒体的政治实践可能是从用户日常对它的非政治性使用中产生的。作者进一步将这种日常非政治性使用区分为积极使用与消极使用两种形式[5]：积极的社会化媒体非政治性使用主要是指主动在社会化媒体上进行信息生产的行为，比如主动撰写博文、发送照片、评论与转发他人信息等，有利于与他人交流互动；消极的社会化媒体非政治性使用主要是指在社会化媒体上的信息消费行为，比如阅读他人撰写的博文、浏览他人发布的照片等，一般不与他人直接互动与交流。总是在社会化媒体上积极生产非政治类信息的人更有可能将他们的政治观点直接表达出来。虽然受众与接受环境的不确定性使得网上政治表达成了高风险的尝试，但是对于经常在这种不确定环境下分享个人信息的用户来说，公共与私人领域的界限或许并没有那么重要。Swigger 的调查显示，那些频繁地对脸书进行积极性使用（如更新状态和上传照片）的人更倾向于重视表达观点的自由性，也更少担心个人隐私问题。[6]因此，尽管社会化媒体政治表达存在很大不确定性，那些主动进行非政治内容生产的用户还是会比其他用户更倾向于在网上表达自己的观点。相比之下，被动进行社会化媒体非政治性使用的用户则更倾向于对这种开放环境下的政治表达表示担

① Matsa, K. E., & Mitchell, A. 8 Key takeaways about social media and news. *Pew Research Journalism Project*, March, 2014: 26.

② Glynn, C. J., Huge, M. E., & Hoffman, L. H. All the news that's fit to post: A profile of news use on social networking sites. *Computers in Human Behavior*, 2012, 28(1): 113-119.

③ Ekström, M., & Östman, J. Information, interaction, and creative production: The effects of three forms of internet use on youth democratic engagement. *Communication Research*, 2015, 42(6): 796-818.

④ Bakardjieva, M. Subactivism: Lifeworld and politics in the age of the Internet. *The Information Society*, 2009, 25(2): 91-104.

⑤ Yu, R. P. The relationship between passive and active non-political social media use and political expression on Facebook and Twitter. *Computers in Human Behavior*, 2016, 58: 413-420.

⑥ Swigger, N. The online citizen: Is social media changing citizens'beliefs about democratic values?. *Political Behavior*, 2013, 35: 589-603.

忧。积极的社会化媒体非政治性使用与政治表达的正相关关系与 Walsh 有关政治对话的一个人种志研究获得了一致的结论：更多的政治互动并非产生于一个专门的政治讨论之中，而恰恰产生于人们相互聊天的社会过程之中。①

2. 社会化媒体在选举中的作用

拥有极强互动性特征的社会化媒体，已经成了许多西方政客与普通民众进行沟通的重要渠道。近年来，诸如脸书、推特、YouTube 等社会化媒体在西方各国的选举投票中获得了广泛使用。②候选人将社会化媒体视为自上而下进行宣传的工具，他们愿意通过让渡一些自己的绝对权力来换取在脸书上的选民支持。伴随着社会化媒体在选举中的作用愈加突出，一个逐渐获得候选人青睐的新的竞选方式——“有策略的网络竞选”开始浮出水面，并成为帮助候选人实现自上而下与自下而上权利平衡目的的最佳手段。

（1）社会化媒体在选举中的预测作用

用户的观点表达与态度传递能否成为准确预测他们投票行为的重要因素，是研究者普遍关注的话题。通过对竞选目标和投票者态度的分析，Housholder 等人认为，无论是线上参与还是线下投票，社会化媒体都能在实现竞选目标的关键点上发挥有益作用：借助社会化媒体平台，候选人不仅能够宣传自己的政治主张、号召筹款募捐，还能够动员民众参与投票，更可以利用后台数据对选举中的网络参与和线下投票行为进行预测，从而达到多重的竞选效果。③尽管存在诸多潜在限制，但在社会化媒体平台进行用户情感分析依然展现出很强的预测能力，从而成了传统线下民调的一个有力补充。虽然网络使用者未必能够代表整个国家的公民，但是分析显示，社会化媒体调查数据与传统民调方式得来的数据具有一致性与相关性。也就是说，从社会化媒体的数据中，能够预测出大致的选举结果。④DiGrazia 等人通过对 2010 年和 2012 年美国国会选举活动数据的分析，证明了上述观点：在存在控制时间、人口统计数据、党派偏见、媒体关于选举的报道等变量的情况下，从社会化媒体中获得的关于政治行为的数据与之后候选人在竞选中的表现之间存在显著的相关性。也就是说，从社会化媒体中获得的关于政治行为的预测数

---

① Walsh, K. C., & Cramer, K. J. *Talking About Politics: Informal Groups and Social Identity in American Life*. Chicago: University of Chicago Press, 2004.

② Dumitrica, D. Politics as “customer relations”: Social media and political authenticity in the 2010 municipal elections in Calgary, Canada. *Javnost—The Public*, 2014, 21(1): 53-69.

③ Housholder, E., & LaMarre, H. L. Political social media engagement: Comparing campaign goals with voter behavior. *Public Relations Review*, 2015, 41(1): 138-140.

④ Ceron, A., Curini, L., & Iacus, S. M., et al. Every tweet counts? How sentiment analysis of social media can improve our knowledge of citizens' political preferences with an application to Italy and France. *New Media & Society*, 2014, 16(2): 340-358.

据具有可靠性。[①]未来还可以通过正确设置一套社会化媒体使用者政治倾向权重的方式来进一步提高预测的准确性。[②]

（2）社会化媒体在选举中的情感动员作用

研究者通过情感分析发现，人们想要在社会化媒体上获取的，主要是情感类信息；至于有实质内容的信息，则选择求助其他更权威的媒体平台。正因如此，社会化媒体对民众投票行为的影响，主要不是通过其发布的信息内容本身所产生的，而是借助情感成分来对投票者的认知产生影响，继而影响其投票行为。Robertson 等人通过研究 2011 年美国州长选举中脸书平台的作用，发现受访者是依照自己对候选人支持者的印象去评价候选人的。因此，在网络环境中，候选人在投票者心中的印象并不一定向着他们自己所引导的方向发展。例如，如若某位候选人对一个问题的解决很失败，投票者就会在脸书上发现支持者对该候选人感到失望的信息，并且得出该候选人对投票者缺乏关心的结论。也就是说，在“通过你朋友来评价你”的情感作用下，社会化媒体能够影响投票者对候选人的印象。[③]随着民众表达观点或在线投票行为的增加，对社会化媒体用户情感分析的准确性也随之增强。相比之下，在社会化媒体上，针对最受欢迎的领导人或者主流党派所进行的用户情感分析，要比非主流党派的用户情感分析更加准确，预测性也更强。

（3）社会化媒体在选举中的作用实质

虽然，西方政客们对社会化媒体的使用动机与行为模式受到个人与技术等多重因素影响而存在不确定性，但是社会化媒体对网民的投票动员与情感沟通作用依然不容忽视。他们将自己包装成普通民众，认为如果将政治宣传与个人情感相结合，可能会使投票者相信他们是完全的、真实的、与普通人有着相同爱好的人。[④]多数政客通常会拥有两个社会化媒体账号，一个用来公开与网民进行交流，另一个用作私人账号专门与朋友沟通。[⑤]

---

① DiGrazia, J., McKelvey, K., & Bollen, J., et al. More tweets, more votes: Social media as a quantitative indicator of political behavior. *PLOS One*, 2013, 8(11): e79449.

② Ceron, A., Curini, L., & Iacus, S. M., et al. Every tweet counts? How sentiment analysis of social media can improve our knowledge of citizens' political preferences with an application to Italy and France. *New Media & Society,* 2014, 16(2): 340-358.

③ Robertson, S. P., Semaan, B., & Douglas, S., et al. Mixed media: *Interactions of Social and Traditional Media in Political Decision Making*. 46th Hawaii International Conference on System Sciences, 2013.

④ Wang, S.-I. Political use of the Internet, political attitudes and political participation. *Asian Journal of Communication,* 2007, 17(4): 381-395.

⑤ Ross, K., & Bürger, T. Face to face (book): Social media, political campaigning and the unbearable lightness of being there. *Political Science,* 2014, 66(1): 46-62.

当然，西方政客们对于社会化媒体的价值认知与使用水平也不应被过分高估。Robertson 等人考察了新西兰普选中议会成员使用社会化媒体的动机和他们对社会化媒体作为政治沟通工具的态度。结果表明，尽管他们表面谈论民主参与，但绝大多数政治人物仍然把社会化媒体作为他们单向传递信息的工具，借以提高他们的曝光率。①Suiter 通过聚焦政客们在 2013 年爱尔兰米斯郡选举中的社会化媒体使用行为也发现，政客们的表现更接近于传统的单向沟通模式，而非我们所希望的对话沟通模式。具体表现为：使用社会化媒体的时间不足、缺乏经验、对公众评论做出负面回应、倾向于传统的具体化沟通、控制信息流动的欲望强烈。仅有少数具有媒体和公关工作经验的政客会将社会化媒体视为获取公共声音的有效手段；而对于许多政客而言，虽然明白自己需要跨入数字化时代，但是他们对数字化的功效依然持怀疑态度。同时，所有的受访者都认为，社会化媒体并不能取代面对面互动的政治竞选价值。②也就是说，在政客们看来，脸书等社会化媒体并不能真正实现个人层面的实质性对话，其更像是沟通的代理，而不是代替，像精心装饰的渠道，与借助传统媒体平台表达、宣传自己并无二致，所不同的，仅仅是这种方式具有更强的亲民性。

3. 社会化媒体对社会运动的作用

近年来，信息技术对政治和社会运动来说愈加重要，尤其是 Web 2.0 技术和社会化媒体应用在影响政府决策，塑造政府、公民、政治家和其他社会角色方面都具有重要作用。

（1）对社会运动中社会化媒体作用的共时性研究

社会化媒体正在引导世界各国社会运动的巨大变革，它的发展，动态地改变了社会运动组织本身，甚至与其他政治力量之间的互动方式。

Katkina 研究发现，在 2011 年的英国骚乱中，社会化媒体发挥了巨大的社会影响力，从而逼迫政府开启网络审查制度，试图限制甚至禁止它的使用。从这一层面而言，政府也开始将社会化媒体作为一个能够控制普通公众、保护国家安全的有力工具。③

---

① Robertson, S. P., Semaan, B., Douglas, S., et al. *Mixed Media: Interactions of Social and Traditional Media in Political Decision Making*. 46th Hawaii International Conference on System Sciences, 2013.

② Suiter, J. Political campaigns and social media: A study of# mhe13 in Ireland. *Irish Political Studies*, 2015, 30(2): 299-309.

③ Katkina, A. N. The role of social media in the political life of modern Great Britain. *Tomsk State University Journal*, 2015, (398): 109-112.

Katkina 针对 2014 年巴西世界杯的抗议活动，研究了公民信任与社会抗议之间的关系。结果显示，抗议活动源自相对剥夺感与由此而来的广泛抱怨，这种不满情绪借由社会化媒体平台进行快速的情感扩散与积聚，最终导致了其他形式的社会抗议，比如游行示威活动。①

Casero-Ripolles 研究了西班牙社会化媒体的政治行动策略与交际实践，通过对自我调节、权力中心监控以及相反的议程设置等社会化媒体政治行动过程的探讨，认为 Web 2.0 为政治行动提供了许多潜在力量，但同时也设置了限制。②

Tufekci 等人认为，2011 年 2 月发生在脸书和推特等社会化媒体上的抗议行为直接导致了埃及前总统穆巴拉克的辞职。他们通过一系列的逻辑回归分析发现，社会化媒体的使用，显著提高了抗议活动首日的民众参与度，使用脸书和推特来获取一般信息与传递抗议信息的民众，更有可能去参加第一天的抗议活动，而这对于活动的最终胜利是至关重要的，由此，社会化媒体在社会运动中的中心地位得到了强化。③

Gökce 等人通过对超过 1000 万个土耳其的推特活跃用户的调查以及绘制出的用户社会关系网络图发现，在反政府的示威游行中，社会化媒体能够有效地塑造民众的整体态度与相关政治行为。与此同时，活动中的意见领袖也在采用多种策略去维护他们的网络形象并传播他们的想法。因此，社会化媒体平台为政治的社会化与移动化提供了巨大价值。④

Gerbaudo 对 2011 年埃及、西班牙和美国的抗议浪潮参与者的研究发现，从埃及烈士 Khalid 的照片，到抗议海报，再到各种匿名面具，参与者在社会化媒体中采用了许多图像作为头像，以此来表示自己对各种抗议活动的支持，同时他们与其在社会化媒体上的伙伴交流这些图片。这种“抗议替身”不同于传统抗议符号，它以模糊性与包容性为特征，并且可以在社会化媒体中像病毒一样扩散。参与者通过这种图像巧妙地隐藏在“抗议替身”之后，从而与网上人群进行集体融合。当然，该作者也指出，尽管这些集体身份形式在短期内具有很强的说服力，但是这些图像具有多变性，它们极易被网民丢弃，因而这些图像是否能够作为当

---

① Ross, K., & Bürger, T. Face to face (book): Social media, political campaigning and the unbearable lightness of being there. *Political Science,* 2014, 66(1): 46-62.

② Casero-Ripolles, A. Strategies and communicative practices of political activism on social media in Spain. *Historia y Communication Social*, 2015, 20(2): 533-548.

③ Tufekci, Z., & Wilson, C. Social media and the decision to participate in political protest: Observations from Tahrir Square. *Journal of Communication*, 2012, 62(2): 363-379.

④ Gökçe, O. Z., Hatipoğlu, E., & Göktürk, G., et al. Twitter and politics: Identifying Turkish opinion leaders in new social media. *Turkish Studies,* 2014, 15(4): 671-688.

代社会化媒体政治运动的代表性元素还不能确定。①

在非洲，数字爆炸的影响无处不在的说法却被认为是莫名其妙的夸张，Mutsvairo 等人表示，并没有经验证据能够证明政策制定者、评论家和记者所得出的“网络对于塑造国家政治进程具有明显潜力”的结论是正确的。②

（2）对社会运动中社会化媒体作用的历时性研究

社会化媒体的巨大影响力并非新生，基于群体本位的“新社会运动”所引发的“身份认同政治”在 1960 年后出现并持续存在着。③所不同的，只是社会运动中所使用的媒体技术持续改变着：在以邮件和网站技术为标志的 20 世纪 90 年代，社会运动已经能够汇聚起强大的社会关注并形成政治压力，这被认为是“网络行动主义 1.0”的样板；进入 21 世纪之后，在社会抗议中使用脸书和推特来创造有组织的网络团体成了由“网络行动主义 1.0”向“网络行动主义 2.0”过渡的一个标志。“网络行动主义 2.0”不需要提前组织，也不需要层级结构，它可以在短时间内动员很多人去参与一个大型运动；而 WhatsApp、Viber 和 iMessage 等即时通信工具则提供了更快速、便捷的信息交换服务，正在成为未来抗议活动的新工具，标志着社会抗议运动向着交互趋势发展。

社会运动参与者对社会化媒体的使用方式也在发生悄然改变，Sandoval 等人基于对跨度 20 年的三起墨西哥社会政治运动中信息技术的共性与差异的梳理，提出了一个理解网络激进主义演进的框架：早期的社会运动中，积极分子只是利用网络信息技术将一个运动的主导思想进行提升与全球性的扩散；前些年，诸如推特这样的某个社会化媒体工具和应用已逐渐上升为某些社会政治运动的技术基础；而现在，对社会化媒体工具和应用进行整合使用成了新的趋势，也就是所谓的“网络激进主义 2.0”④。信息技术在社会抗议活动中的进化模式能够帮助理解不同水平的先进技术在不同社会运动中的独特作用。⑤

---

① Gerbaudo, P. Protest avatars as memetic signifiers: Political profile pictures and the construction of collective identity on social media in the 2011 protest wave. *Information, Communication & Society,* 2015, 18(8): 916-929.

② Mutsvairo, B., & Sirks, L.-A. Examining the contribution of social media in reinforcing political participation in Zimbabwe. *Journal of African Media Studies*, 2015, 7(3): 329-344.

③ Bennett, W. L. The personalization of politics: Political identity, social media, and changing patterns of participation. *The Annals of the American Academy of Political and Social Science*, 2012, 644(1): 20-39.

④ Sandoval-Almazan, R., & Gil-Garcia, J. R. Towards cyberactivism 2.0? Understanding the use of social media and other information technologies for political activism and social movements. *Government Information Quarterly,* 2014, 31(3): 365-378.

⑤ Bennett, W. L. The personalization of politics: Political identity, social media, and changing patterns of participation. *The Annals of the American Academy of Political and Social Science,* 2012, 644(1): 20-39.

社会化媒体政治运动的形式也在发生变革。近来，由社会破裂和群体忠诚度下降而引发的“个人化政治纪元”逐渐被开启，在一些和个人生活方式有关的行为上，大规模的具有个人特色的集体主义从多样的社会化媒体中浮现出来，社会抗争运动的个性化形式,已逐渐取代以往的集中行动而占据了社会政治话语空间，从而成为当代政治文化的最典型变革。①

4. 国外研究评议

（1）微观层面考察居多而较少宏观层面研究

就研究内容而言，国外文献更多侧重于对影响社会化媒体与政治生态关系的某种或某类因素的微观考察，包括政治信任、政治兴趣、政治知识、政治效能感等，而鲜少在研究中提出对策建议；单一的某个平台或某类平台是主要研究对象，较少进行多平台的对比分析；同时，基本集中于对脸书、推特或博客这几类平台的研究，其他社会化媒体平台则较少涉及。

（2）单次截面数据居多而较少纵向追踪调查

就数据收集方法而言，多数研究只截取横截面数据，较少进行纵向数据收集，因而只能对问题进行相关性分析，而不能呈现出研究对象间的因果联系；多数研究主要采用在线的便利样本分析，使得结果的普遍性难以确定；另外，多数依赖研究对象的自陈述，难免受到对象记忆错误和对社会期望偏差的影响；研究中较少采用服务器行为数据收集等更为客观的数据收集方法。

（二）国内研究述评

政治主体是政治生态的基本组成部分，它主要包括政府、公众以及其他政治组织。这些政治主体同时也是社会化媒体的信息使用主体。社会舆论在社会化媒体平台生成的过程，就是源自不同政治主体的各种立场、意见的交换、互动与碰撞。鉴于此，本节以公众与政府这两大最主要的政治主体与社会化媒体使用主体作为研究对象，梳理国内社会化媒体作用于不同政治主体所产生的差异化表征。

1. 公众的社会化媒体使用：政治参与的全新局面与发展桎梏

近年来，社会化媒体的出现，使用户在发表观点、分享信息和交流对话等方面获得了更多的表达空间，在政治体系与社会环境之间建构起一种信息沟通与反馈机制，从而在无形中推动了我国政治生态建设的步伐。

陆斗细将公民基于互联网相关技术的政治参与行为界定为“围观式政治参与”，归纳其与传统政治参与相比的五个特殊性：参政主体——现实性和虚拟性的

① Bennett, W. L. The personalization of politics: Political identity, social media, and changing patterns of participation. *The Annals of the American Academy of Political and Social Science,* 2012, 644(1): 20-39.

辩证统一；参政动机——非利益型动机愈显重要；参政行为——以“话语参政”为主；参政价值偏好——“以公民为本位”；活动方式——以“集体行动”为基本方式[①]，这些构筑了社会化媒体政治参与的基本面貌。马小娟提出社会化媒体影响公民政治参与的两个方面，即超越传统媒体固有局限的工具性价值与推动公民参与向着“强势民主”方向发展的社会性价值。[②]荆学民认为，这种政治参与方式，使得普通公民获得了与精英们建立平等对话关系、共同讨论问题与交换意见的机会，从而客观上建立起以虚拟环境为基础的政治互动机制。[③]

然而，社会化媒体政治参与这种“广场狂欢”的背后，同样存在着隐患，缺乏代表性、表达非理性与参与无序性等亟待解决的问题仍然阻挡着社会化媒体政治参与的前进步伐。

（1）话语权的争夺与回归

社会化媒体政治参与的空前活跃诱发了政治话语权的争夺现象。孟建和卞清认为，在社会化媒体时代，伴随公共话语空间的快速分化与重构，多元话语力量也随之壮大，并开始与主流意识形态进行激烈的碰撞交锋，从而引发话语权的再分配与话语秩序的改变。[④]社会化媒体中政治话语的生成，不再表现为传统媒体时代由完备的政治理论向现实政治层面运动的完整有序过程，而是呈现片段式、无章法与庞杂的特点。[⑤]此时的民间话语与官方话语之间依然存在沟通障碍，这种障碍表现为民间话语对官方话语的对抗式解读与戏谑式再造，背后的本质问题，还是两个话语空间的对话性缺失。[⑥]因为社会化媒体虽然促进了二者在信息层面的形式对话，却并没有解决意义层面的实质性沟通。这种戏谑式话语表达虽然将媒介公信力变为“易碎品”，却也在一定程度上提升了社会族群的归属感与社会的稳定性，推动了整个社会话语生态的变革。[⑦]

虽然，话语权的回归给予普通民众一个发声机会，从而使得传统媒体不再垄断言论，然而也应认识到，话语权的增多并不代表着社会化媒体已完全由网民自己掌控，“尽管在利益表达方面，民众因新媒体勃兴而被赋权，但如果缺乏更为现

① 陆斗细. 围观式政治参与：中国网络参政的深层透析. 湖南师范大学博士学位论文, 2013.

② 马小娟. 论社交媒体对公民政治参与的影响. 中国出版, 2011(24): 22-25.

③ 荆学民. 论中国特色政治传播中的“主体”问题. 哈尔滨工业大学学报(社会科学版), 2013(2): 24-28.

④ 孟建, 卞清. 我国舆论引导的新视域——关于官方话语和民间话语互动、博弈的理论思考. 新闻传播, 2011(2): 6-10.

⑤ 金萍华. 污名与政治认同：社交媒体中的政治话语争斗——以孔庆东“粗骂”为例. 新闻大学, 2013(6): 123-130.

⑥ 王凤仙. 社会化媒体场域的传播失灵现象观察——基于官方与民间话语互动的案例分析. 当代传播, 2015(6): 11-14, 29.

⑦ 郑满宁. “戏谑化”：社会化媒体中草根话语方式的嬗变研究. 中国人民大学学报, 2013(5): 18-23.

实化的组织力量，仅仅可以‘表达’的权力是有局限性的”[①]，真正的话语权实际上仍然控制在少数人手中。在社会化媒体中，不同群体承担着相异的表达责任：拥有优质表达权的强势群体在参与议题时，应当对自己的行为与言论负责，承担相应的话语表达义务；作为社会公益性话语代表的中间群体理应致力于利用自身优势，代表公众反映现实问题；弱势群体的公共表达权，充其量是“权利”的拥有，还谈不上“权力”的实现，从而经常扮演着“沉默的大多数”角色。[②]李彪和郑满宁认为，社会化媒体场域中的权力格局在本质上与传统媒体时代是一致的，我们所认为的“话语平权”实际上是认证用户通过提供意见参考、动员一般用户而展开的新一轮“话语圈地运动”，是一种“话语的再集权”过程[③]，社会化媒体带来“话语平权”或许是个伪命题。

（2）网络围观的显效与隐患

社会化媒体为公民的政治参与提供了新的手段与场所，网络围观即是其中最具影响力与最有效的行为方式。它被认为是一种新型“舆论监督”，“本质上就是公共权力和民意之间的一种平等的互动过程”[④]。以微博为典型代表的社会化媒体不仅为网络围观的形成奠定了坚实的技术基础，而且在围观中同时扮演了“信息源”的角色。张淑华认为，作为一种新媒体时代的公民社会政治参与方式，网络围观呈现出许多“另类”特征：“其集体无意识的参与带来的群体压力型传播效果，其建设性和破坏性共存的社会干预功用，其‘起哄’和‘使命感’、‘正义感’相互掺杂的参与心态，都使网络围观超越了简单化的‘看客’定性而呈现出意义的复杂性和多面性特征。”[⑤]

（3）网络反腐的威力彰显与制度缺失

与社会化媒体环境下的政治参与密切相关的另一个普通人影响政治决策的现实表现，是网络反腐。作为网络围观的自然衍生现象，它同样得益于社会化媒体的迅猛发展。长期以来，制度化、规范化的社会力量对腐败现象的监督揭发机制仍处在不断建设当中。社会化媒体开放、透明、平等的环境空间，给予了渴望社会增权与权力监督的普通大众一种新机会，“从某种意义上讲，网络反腐是社会监督制度化困境倒逼下的‘产物’”[⑥]；围观时代的网络反腐模式为：网络曝光→网

---

① 孙藜. 转化性建构：媒介事件与权力结构转变——新媒体语境下对媒介事件研究的再回顾. 新闻记者, 2013(9): 80-85.

② 滕姗姗, 李华君. 社会化媒体环境中公共表达权的特性及主体互动. 电子政务, 2014(7): 48-53.

③ 李彪, 郑满宁. 从话语平权到话语再集权：社会热点事件的微博传播机制研究. 国际新闻界, 2013(7): 6-15.

④ 乔莉萍, 刘慧卿. 如何使网络围观现象发挥积极效应. 传媒观察, 2011(8): 11-13.

⑤ 张淑华. 网络围观：新媒体时代的“另类”公民政治参与. 郑州大学学报(哲学社会科学版), 2012(6): 12-14.

⑥ 邹庆国. 网络反腐：兴起缘由、价值解读与风险防范. 理论导刊, 2012(4): 8-11.

民议论→媒体报道→形成舆论→启动调查→惩处贪官[①]；虽然社会化媒体以其公开、透明、快捷的优势，成为“全天候的反腐利器”，形成体制外的一支重要反腐力量[②]，然而，其不可逆性与非正当性依然是当前法律制度中亟待解决的问题。当然，也有学者坚信，网络反腐是在网络普及率迅速增长而制度化的反腐渠道又不畅通的条件下出现的一种阶段性现象，它会随着制度的不断健全、反腐倡廉体系的不断完善而走向衰退。[③]

总体而言，社会化媒体环境下的公民政治参与存在正负效应：推进反腐廉政建设与民主化决策建设的正能量，与容易陷入极端自由主义、危害社会治理的隐患如影随形。因此，制定切实可行的科学疏导策略已成为当前研究重点。

2. 政府的社会化媒体使用：执政方式的潜在危机与深层变革

（1）传统权力结构的挑战与转型

与不同政治主体话语权的争夺现象相伴随，传统政治权力结构似乎也在悄然发生改变。刘文富曾指出，互联网强大的政治动员能力，正在促使传统的控制型、垂直型权力结构向着分散型、交互型转变。[④]随着社会化媒体的全面兴起，这种转变更为显著与迅速。当然也有观点强调，目前由线上话语竞争所形成的表达优势，尚不足以动摇线下的权力关系。邱林川和陈韬文提出，尚无明确结论来说明话语权力是否由传统精英垄断实现了向底层赋权的转变，也很难说事件的社会效果是延续还是打破了传统的权力结构。[⑤]然而，有一点却已毋庸置疑，即网络空间的流动性和网络信息的全球化传播，使得国家权力已难以继续沿用传统的“硬”权力模式对互联网进行绝对控制。[⑥]社会化媒体与权力结构变革的论题，已然成为当前我国政治体制改革与国家转型语境下的一个引人注目的研究热点。

（2）既往执政方式的潜在危机

在社会化媒体所开创的透明、公开的社会交往方式之下，政府既往执政方式中的隐患也逐渐暴露，多重危机的来临，挑战着政府的身份权威。第一，传播能力危机：“以物为本”的传播逻辑、概念化的传播形态、单向灌输的传播方式、畸轻畸重的传播结构以及基于系统化管理的传播合力的缺失，严重限制了政府公共传播能力的构建。[⑦]第二，舆论引导危机：随着舆论主导权向新媒体的转移，舆论引导格局呈现景观多元化、国内舆论与国际舆论联系紧密、“众声喧哗”成为舆论常

---

① 杜创国，刘静静. 构建网络反腐的“制度化”机制. 当代世界与社会主义, 2011(1): 160-162.

② 黄丽萍. 网络反腐的“围观效应”及其政治生态反思. 领导科学, 2013(3): 6-7.

③ 杜治洲，任建明. 我国网络反腐特点与趋势的实证研究. 河南社会科学, 2011(2): 47-52.

④ 刘文富. 网络政治：网络社会与国家治理. 北京：商务印书馆, 2002: 246.

⑤ 邱林川，陈韬文. 新媒体事件研究. 北京：中国人民大学出版社, 2011: 8.

⑥ 邹卫中. 自由与权力：关于网络民主的政治哲学研究. 中央民族大学博士学位论文, 2013.

⑦ 喻国明. 社会化媒体崛起背景下政府角色的转型及行动逻辑. 新闻记者, 2012(4): 3-8.

态、社会舆论中的变数增多以及舆论引导效果充满不可控性等五个新特点。[①]第三，政府信任危机：由于使用新媒体能力的有限与掌握资源的不足，个别地方政府多次在舆情事件中慢回应与不回应，使其在公民心中的信任度骤降。信任的建立需要长期培养，如果人们一直对政府抱有负面印象和低期望值，势必造成政府危机应对的巨大困难。[②]第四，政府形象危机：个别官员的不作为、胡作为和腐败行为经由社会化媒体环境下的人肉搜索、爆料揭穿直至声讨抨击，直接导致官员整体形象在公众心中大打折扣。[③]第五，国家安全危机。新媒体对空间界限的突破也扩展到了国际层面，西方发达国家对我国的意识形态渗透借由网络空间的传播，呈现出加剧化、隐匿化趋势。脸书、推特等国际主流社会化媒体平台的刻意介入与炒作，推动本国社会舆情由内部论战向着外部转移，社会舆论场不确定性加剧。

（3）变革——政务社会化媒体的全面兴起

政府的执政方式也在持续向着互动、合作、交流转变。政务微博、政务微信、政务短视频等政务公开新形式的兴起，标志着政府开始主动出击，利用社会化媒体建立起与民沟通、走“群众路线”的全新渠道。吴云和胡广伟将由政府及公务人员参与的社会化媒体应用，统称为政务社会化媒体，认为其具备提升信息透明度、增强政民交流、增加公民信任以及推进民主决策四方面功能[④]；陈力丹和曹文星总结，随着微博问政的发展，我国政府已由断点式应对走向常规化运作，由被动关注走向主动自我推介，问政微博呈现集群化趋向，从单方信息发布转向关系的维护。[⑤]Lee 和 Kwak 提出了包括初始条件、数据透明、开放参与、开放合作与普遍参与五个成熟阶段在内的，基于社会化媒体的开放政府成熟度模型，用来作为评估政府部门开放度与实施社会化媒体策略的指导工具。[⑥]

面对媒介融合的时代趋势，社会公共管理研究所面临的一大严肃课题，即是政务新媒体信息传播能力、公共服务能力与网络舆论调控能力的全面提升。《2015 年度全国政务新媒体报告》统计，截至 2015 年底，全国政务微博账号数量接近 28 万个，政务微信公众号数量已超过 10 万个，其中政务民生公众号达到 83 000 多个[⑦]。

---

① 丁柏铨. 论当下舆论引导格局. 中国出版, 2012(12): 3-8.

② 许静. 社会化媒体对政府危机传播与风险沟通的机遇与挑战. 南京社会科学, 2013(5): 98-104.

③ 闵大洪. 新媒体环境下官员形象的重塑. 人民论坛, 2013(14): 46-47.

④ 吴云, 胡广伟. 政务社交媒体研究进展. 电子政务, 2013(5): 42-50.

⑤ 陈力丹, 曹文星. 微博问政发展趋势分析. 编辑之友, 2012(7): 6-9.

⑥ Lee, G., & Kwak, Y. H. An open government maturity model for social media-based public engagement. *Government Information Quarterly,* 2012, 29(4): 492-503.

⑦ 佚名. 腾讯发布《2015 年度全国政务新媒体报告》. http://news.enorth.com.cn/system/2016/01/20/030767176.shtml. (2016-01-19)[2020-2-24].

虽然政务微博和政务微信双管齐下，已成为许多地方政府的“行政双翼”，然而政府对这些社会化媒体的使用，仍然存在方式较单一、使用效率有待提高的问题。现实的情况是：政务微博的发展已由数量扩张阶段向着深度运营阶段发展①，集群化成为未来发展方向②，但无论是个人层面，还是组织层面的政务微博，都仍然存在信息泄密、意见失序、言语攻击、“个性”尴尬、“碎片”传播、网上“信访”混乱等管理规范上的乱象③；政务微信的建设才刚刚起步，尚存在定位混乱、自说自话、认证困难等棘手难题④，未来应着重在提高认证比例、丰富发布形式、提高发布频率和提升互动水平上下功夫。⑤

政府通过限制、管理、协助和参与等方法，通过法律手段、经济手段和行政手段对媒体实施干预或制约，其目的是为媒体创造一个良好的环境，以确保社会得以健康和有效发展。⑥在以平等、共享为特征的社会化媒体环境下，如何改善以往治理思路，树立“互联网思维”，学会使用并充分发挥社会化媒体在政治生态建设中的正面价值，成为政府与研究者亟待解决的问题。

3. 国内研究述评

（1）研究内容：宏观泛谈居多，中观因素考察较少

与国外研究相反，绝大多数国内研究文本局限于社会化媒体的产生对政治生态影响的泛泛论述，或以某个案例为代表的微观观察，鲜少有人具体提出：究竟公民的哪些社会化媒体使用行为对政治生态的哪些方面施加了影响以及是如何影响这些具体的问题的；国内多数学者采用传播学常规理论诸如使用与满足、议程设置、公共领域等，最多引入关系理论展开论述，整体上存在同质化与偏狭化。

（2）研究方法：定性研究为主，鲜少采用定量研究

国内定性研究居多，立足于数据分析或建立模型的科学研究相对缺乏：本书选取与社会化媒体及政治生态相关文献 371 篇（325 篇期刊论文、28 篇硕博士学位论文、9 篇调查报告、9 篇报纸文章），其中理论论述占到 322 篇，涉及实证研究的仅有 49 篇；相比之下，在精选 60 篇国外文献中，采用定量研究的占到 51 篇。

① 吴云，胡广伟. 政务社交媒体的公众接受模型研究. 情报杂志, 2014(2): 177-182.

② 姜秀敏，陈华燕. 我国政务微博的实践模式及发展路径. 东北大学学报(社会科学版), 2014(1): 64-69.

③ 瞿旭晟. 政务微博的管理风险及运营策略. 新闻大学, 2011(2): 151-155.

④ 陈超贤. 政务微信发展的现状、问题及对策. 中共青岛市委党校(青岛行政学院学报), 2013(4): 37-39.

⑤ 王玥，郑磊. 中国政务微信研究：特性、内容与互动. 电子政务, 2014(1): 66-77.

⑥ 李明德. 大众传播的导向责任. 西安交通大学学报(社会科学版), 2009(6): 93-100.

五、研究方法及思路

（一）研究方法

1. 文献综述法

通过对国内外文献的总结归纳，了解当前学术界对社会化媒体、政治生态及其相关关系最前沿的研究成果，掌握研究的不足，为本书奠定理论基础。

2. 社会调查法

通过问卷调查、座谈和访谈等社会调查手段，了解我国社会化媒体和政治生态的发展现状和困境，为本书提供数据支撑。

3. 资料收集法

充分利用统计年鉴、研究报告数据等统计资料，收集有关社会化媒体使用与政治生态发展的相关统计资料；通过调查访问方式，采集我国部分省、市的社会化媒体使用与政治生态发展资料，用于修补并检验总体数据。

4. 案例研究法

为了使研究过程更加具体、清晰、易懂，本书选取北京市政务微博作为研究样本，通过案例分析的方式，来完整呈现政务微博规模的综合评价指标系数测算方法。

5. 实证分析法

研究中采用 SPSS 软件，一方面通过多元线性回归模型来验证社会化媒体使用对政治生态的影响因素，另一方面应用主成分分析法与线性拟合方式来测算政务微博综合影响力指数。

（二）研究思路

为了研究社会化媒体发展与政治生态建设之间的关系，上文已首先对我国社会化媒体及政治生态发展的背景进行了描述，并从国内国外两个角度进行了相关文献综述；下文将在一一剖析相关概念与理论基础上，构建本书的理论框架。然后，基于问卷调查与访谈，对我国社会化媒体与政治生态协同发展的现状与困境进行总结与评价。以此为基础，考察社会化媒体与政治生态协同发展的影响因素。为了更加清晰地描述社会化媒体与政治生态协同发展的相关关系，将对社会化媒体与政治生态的不同实践模式进行对比分析，在此基础上提出社会化媒体与政治生态协同发展的实践模式。进而根据协同学的内涵以及指标体系构建的基本原则和方法，以政务微博为代表，进行社会化媒体发展与政治生态发展评价指标体系的构建与测度。在此基础上，提出社会化媒体与政治生态协同发展的机制优化方法。最后给出改进和完善社会化媒体与政治生态协同发展的路径选择与对策建议。

【理论拓展】

新时期新闻宣传工作重要论述

传统媒体和新兴媒体不是取代关系，而是迭代关系；不是谁主谁次，而是此长彼长；不是谁强谁弱，而是优势互补。从目前情况看，我国媒体融合发展整体优势还没有充分发挥出来。要坚持一体化发展方向，加快从相加阶段迈向相融阶段，通过流程优化、平台再造，实现各种媒介资源、生产要素有效整合，实现信息内容、技术应用、平台终端、管理手段共融互通，催化融合质变，放大一体效能，打造一批具有强大影响力、竞争力的新型主流媒体。

推动媒体融合发展，要统筹处理好传统媒体和新兴媒体、中央媒体和地方媒体、主流媒体和商业平台、大众化媒体和专业性媒体的关系，不能搞“一刀切”、“一个样”。要形成资源集约、结构合理、差异发展、协同高效的全媒体传播体系。

——2019 年 1 月 25 日，习近平总书记在十九届中共中央政治局第十二次集体学习时发表重要讲话①

没有网络安全就没有国家安全；过不了互联网这一关，就过不了长期执政这一关。全媒体不断发展，出现了全程媒体、全息媒体、全员媒体、全效媒体，信息无处不在、无所不及、无人不用，导致舆论生态、媒体格局、传播方式发生深刻变化，新闻舆论工作面临新的挑战。

宣传思想工作要把握大势，做到因势而谋、应势而动、顺势而为。我们要加快推动媒体融合发展，使主流媒体具有强大传播力、引导力、影响力、公信力，形成网上网下同心圆，使全体人民在理想信念、价值理念、道德观念上紧紧团结在一起，让正能量更强劲、主旋律更高昂。

——2019 年 1 月 25 日，习近平总书记在十九届中央政治局第十二次集体学习时发表重要讲话

世界各国虽然国情不同、互联网发展阶段不同、面临的现实挑战不同，但推动数字经济发展的愿望相同、应对网络安全挑战的利益相同、加强网络空间治理的需求相同。各国应该深化务实合作，以共进为动力、以共赢为目标，走出一条互信共治之路，让网络空间命运共同体更具生机活力。

——2018 年 11 月 7 日，习近平主席致第五届世界互联网大会的贺信②

① 习近平：加快推动媒体融合发展 构建全媒体传播格局. http://cpc.people.com.cn/n1/2019/0315/c64094-30978511.html. (2019-03-15)[2020-01-05].

② 习近平向第五届世界互联网大会致贺信. http://cpc.people.com.cn/n1/2018/1108/c64093-30388108.html. (2018-11-08)[2020-01-05].

第一章　社会化媒体与政治生态

第一节　社会化媒体与政治生态概述

一、社会化媒体

社会化媒体，也称社交媒体、社会性媒体或社会媒体。关于社会化媒体的概念，中外学界均尚未形成统一定论。Hinchcliffe 和 Kim 较早给出了定义社会化媒体的一些基础规则，即以对话而非独白的形式沟通，参与者是个人而非组织，核心价值是诚实与透明，引导人们主动获取而非推给他们，是分布式而非集中式结构。[①]目前，学界使用最为广泛的概念是 Kaplan 和 Haenlein 于 2010 年提出的，他们认为社会化媒体是建构于 Web 2.0 的理念与技术之上、给予用户极大参与空间的多种新兴在线媒体，它赋予用户创造并传播内容的能力。[②]此外，Kietzmann 等强调，社会化媒体是帮助个人与社区分享、共同创造、讨论与修改用户生成内容的交互平台。[③]西方学者初步奠定了定义社会化媒体的一些基本要点：广阔参与空间、自主创造内容、促进平等沟通。

国内对于社会化媒体概念的表述也多种多样。从起源来看，社会化媒体是以网络社会化为基础、在互联网传播过程中携带和传递信息的一切形式的社会性网络工具，也即是技术与社会共同进化的产物[④]；从性质来看，社会化媒体是吸纳了网络媒体中符合“用户原创内容”（user generated content，UGC）和“消费者自主媒体”（consumer generated media，CGM）这两大特性的全部媒体形式[⑤]；从功能来看，社会化媒体能让网民互动、合作和分享内容。[⑥]因此，无论是将其看作一

---

① Hinchcliffe, D., & Kim, P. *Social Business by Design: Transformative Social Media Strategies for the Connected Company*. San Francisco: Jossey-Bass, 2012.

② Kaplan, A. M., & Haenlein, M. Users of the world, unite! The challenges and opportunities of social media. *Business Horizons Bloomington*, 2010, 53(1): 59-68.

③ Kietzmann, J. H., Hermkens, K., & McCarthy, I. P., et al. Social media? Get serious! Understanding the functional building blocks of social media. *Business Horizons Bloomington*, 2011, 54(3): 241-251.

④ 于婷婷. 基于社会化媒体口碑的营销传播策略创新. 新闻大学, 2013(3): 115-120.

⑤ 苏永华. 社会化媒体环境下的舆论引导探析. 宁夏大学学报(人文社会科学版), 2012(3): 118-121.

⑥ 阮璋琼, 尹良润. 国外政治家使用社会化媒体的策略分析. 当代传播, 2012(3): 85-86.

种媒体、平台还是应用程序，国内学者对社会化媒体的定义，与国外学者并无实质差别。社交、自主、互动、分享与合作，也被他们视为社会化媒体的基本特征。

学者们还从不同范围去划分社会化媒体的类型。美国学者 Mayfield 与我国学者张杰从狭义上进行分类。Mayfield 认为 SNS、Wikis、博客、播客、论坛、内容社区及微博是目前常见的七种社会化媒体形式。[①]张杰则结合我国现状，将社会化媒体划分为即时通信工具、微博与社交类媒介。[②]相比而言，Kaplan 和 Haenlein 与王明会等人的划分范围则宽泛得多。Kaplan 和 Haenlein 将社会化媒体划分为博客、协同项目、社交网络平台、内容社区、虚拟社交世界和虚拟游戏世界[③]；王明会等则划分得更为细致，将社交网络、商务社交网络、微博、视频分享、社会化电子商务、签到/位置服务、即时通信、RSS 订阅、消费点评、百科、问答、社会化书签、音乐/图片分享、博客、论坛/论坛聚合以及社交游戏全部包括在内。[④]总体而言，学者们对于博客、微博、论坛、社交网络等的社会化媒体属性已达成共识，多数也都赞同将即时通信工具纳入其下，然而对于是否应当包括在线游戏、在线约会等，则存在明显分歧。

从功能与影响的角度，社会化媒体的用户成为网络公众（networked public），他们不再是“有限的”个体。[⑤]社会化媒体改变了公众获取、生产和共享信息的习惯，以及相互间联系和互动的方式。Solis 认为，社会化媒体影响了人们支配时间、互动和彼此联系的方式，以及由此产生的结果，甚至已成为文化机理的一部分[⑥]；喻国明认为，社会化媒体所形成的“核裂变式的传播效应”对于传统传播范式的重大改变是：它从根本上改变了过去凡是大面积的社会传播必须依赖“大媒体”的格局，在微博的世界里，传播者是谁并不重要，重要的是所传播的资讯内容是否具有分享意义和对社会的价值穿透力[⑦]，这种架构在新的“熟人社会”基础上的传播方式的崛起，真正的社会效应是一种基于关系资源的构建所导致的

---

① Mayfield, A. What is Social Media?. http://www.icrossing.co.uk/fileadmin/uploads/eBooks/What-is-Social-Media-iCrossing-ebook.pdf. (2007-03-21)[2020-02-26].

② 张杰. “陌生人”视角下社会化媒体与网络社会“不确定性”研究. 国际新闻界, 2012(1): 34-40.

③ Kaplan, A. M., & Haenlein, M. Users of the world, unite! The challenges and opportunities of social media. *Business Horizons Bloomington,* 2010, 53(1): 59-68.

④ 王明会, 丁焰, 白良. 社会化媒体发展现状及其趋势分析. 信息通信技术, 2011(5): 5-10.

⑤ Wellman, B. Little Boxes, Globalization, and Networked Individualism. In Tanabe, M., van den Besselaar, P., & Ishida, T. *Revised Papers from the Second Kyoto Workshop on Digital Cities II, Computational and Sociological Approaches*. Springer-Verlag, 2001: 10-25.

⑥ Solis, B., Kutcher, A. *Engage: The Complete Guide for Brands and Businesses to Build, Cultivate, and Measure Success in the New Web*. Hoboken: John Wiley & Sons, 2010.

⑦ 喻国明. 社会化媒体崛起背景下政府角色的转型及行动逻辑. 新闻记者, 2012(4): 3-8.

“社会资本”在社会成员间进行重新分配的重大的“关系革命”[①]；支庭荣则指出，社会化媒体的一大功能，是普通的用户得以透过微信等即时通信工具或其他“自媒体”实现了与平时难得一见的明星、巨贾之间的较近距离的接触或交流，简化了许多传统的仪式，在一定程度上带来社会平等化、资源均等化的心理感觉和满足[②]；孙玮和李梦颖认为，社会化媒体展现的可见性，拓展了公共领域的内涵，也在某种程度上颠覆了传播与社会的关系，传播由社会结构中的一种功能转化为构成社会的基础要素。[③]

基于现有研究成果，我们对社会化媒体做出如下定义：建构于 Web 2.0 技术基础之上，允许用户自主创造并传播内容、支持用户互动沟通，以及促进用户社会交往与合作的一系列新兴在线媒体的总称。

二、政治生态

最早将生态学的观点与方法运用于社会政治现象而诞生的学科，是行政生态学，美国学者弗雷德·里格斯对该理论的发展做出了重要贡献，他在专著《行政生态学》中，指出行政生态理论的研究，在于揭示行政系统与外部环境的相互关系，探讨行政系统如何应对环境挑战，适应外部环境等问题。[④]王沪宁是较早引入行政生态学的中国学者之一，他在《行政生态分析》中，将行政生态学定义为：“借用生态学研究生命主体与其环境的相互关系和作用的理论和方法，来研究行政系统与社会圈的相互关系，即通过生态系统的模拟来研究行政生态系统。”[⑤]实际上，行政生态学可以被看作政治生态学的前身，二者在研究对象、研究结构与研究范畴上，并无实质差别。

如果说学界对社会化媒体的定义不一而足，那么对于政治生态的概念表述则显得更为模糊笼统。这里列举三个较具代表性的观点。其一属宏观描述，较为抽象。政治生态是一个国家或地方政治生活现状以及政治发展环境的反映，是党风、政风、社会风气的综合体现，核心是抓住政治立场、政治纪律、政治作风这三个方面。其二从政治生态的构成要素出发，将其定义为在一定社会中形成的政治环境、政治关系、政治行为模式、政治评价标准及其相互关系的总和。[⑥]其三认为

---

① 喻国明. “关系革命”背景下的媒体角色与功能. 新闻大学, 2012(2): 27-29.

② 支庭荣. 集合传播权与谦抑性原则——解析社会化媒体时代的“两个舆论场”. 西北师大学报(社会科学版), 2014(2): 31-36.

③ 孙玮, 李梦颖. “可见性”：社会化媒体与公共领域——以占海特“异地高考”事件为例. 西北师大学报(社会科学版), 2014(2): 37-44.

④ 弗雷德·里格斯. 行政生态学. 台北: 台湾商务印书有限公司, 1981.

⑤ 王沪宁. 行政生态分析. 上海: 复旦大学出版社, 1989.

⑥ 戴长征. 社会政治生态视角下的腐败与反腐败斗争. 探索与争鸣, 2013(2): 8-10.

政治生态是将生态学的方法运用于政治领域所形成的理论概念，是政治系统或政治体系内部各要素之间以及政治系统与其他社会系统之间相互作用、相互影响、相互制约所形成的良性互动。①笔者认为，此概念提示了政治生态学的研究视角，基本勾勒出政治生态的层次，有助于找准研究的切入角度。

学者们也专门针对政治生态层次范围的划分展开了对政治生态的论述，普遍赞成将政治生态划分为“政治内生态”与“政治外生态”两个层级。刘京希则将政治生态体系划分为政治体系内生态、政治-社会生态以及政治-社会-自然生态。②万斌和丁友文在此基础上，专门对处于核心层次的政治内生态进行了更为具体的细化：从现实的政治生态系统来看，政治内生态由核生态、系统内生态和原生态三部分组成。核生态作为核心层，是政治活动、政治行为、政治决策的源心；系统内生态包括了政治制度、政策、机制等生态要素，是保证政治内生态系统运转的关键圈层；原生态作为外围环境圈，则涵盖了政治系统的流程、信息、知识和技术等生态因素。③此外，学者乔耀章从政府角度出发，将政治生态划分为由政府与自然、政府与社会、政府与国家、政府与政党、政府与市场、政府与企业、政府与公民、国家间政府这八对关系组成的宏观政治生态和由政府职能结构、政府组织结构、政府权力结构、政府利益结构、政府运行结构这五大结构关系组成的微观政治生态。④从本质上讲，从内容上而言，对政治生态的宏观、微观划分与内、外政治生态的划分，在内容上并无实质差别，无论哪种划分，归根结底都是要实现各类要素间关系的和谐与平衡。因此，要建设优良政治生态，就要实现系统功能的最优化，用系统思维整合各要素间的衔接与配置，抓好系统内部的组织管理工作，实现系统结构的最优化。⑤

综合现有研究成果，我们基于结构功能视角，试图对“政治生态”的概念进行完善：政治生态是指政治系统内部各要素之间以及政治系统与其他社会系统之间相互作用、相互影响、相互制约的内部机理与外部表现。

三、协同学

协同学（synergetics）是一门研究系统从无序到有序的变化过程中，系统所遵循的一系列具有普适性的变化规律以及变化特点的学科。synergetics 来源于古希腊语，可根据其词根词义直译为合作的科学。协同学所研究的系统既可以是自然

① 万斌，丁友文. 论和谐政治生态系统与政治宽容调节机制的构建. 浙江社会科学, 2012(7): 34-41.

② 刘京希. 政治生态论——政治发展的生态学考察. 济南：山东大学出版社, 2007: 37.

③ 万斌，丁友文. 论和谐政治生态系统与政治宽容调节机制的构建. 浙江社会科学, 2012(7): 34-41.

④ 乔耀章. 政府理论. 苏州：苏州大学出版社, 2000: 175-294.

⑤ 夏美武. 当代中国政治生态建设研究——基于结构功能分析视角. 苏州大学博士学位论文, 2014.

界中天然存在的系统，如环境系统、生态系统等，也可以是社会系统，如经济系统、媒介系统等。这些系统的相似之处在于其均为由若干子系统共同构成的复合型系统，系统中任一子系统发生变化，都有可能引起整个系统变化，从而使其偏离原本所处的稳定状态。协同学所研究的对象为支配这些子系统变化的普适性原理，即不论子系统是一条河流、一个分子抑或是社会中的某一类人群，当各子系统协同作用的时候，都受到这种普适性的一般原理的支配。协同学采用统计学和动力学的研究方法建立构造协同系统数学模型，结合系统论、信息论、控制论、突变论和模糊论等理论体系，来描述复杂系统从无序到有序的变化过程。

（一）协同学的创立及发展历史

协同学的创始人为德国斯图加特大学（University of Stuttgart）的理论物理学家赫尔曼·哈肯教授。

20 世纪 60 年代，在研究激光原理的过程中，哈肯教授使用统计学结合动力学的研究方式，建立了一套全新的激光理论体系。他认为，在激光激发的过程中，最先辐射出去的光波会强迫随后受激光辐射的电子按照自身波长所确定的能级带宽进行跃迁，这样，随后所发出的光波其频率同最初辐射出的光波保持一致，由此，保证了激光光波的单一性，发现了隐藏在复杂系统子系统合作现象背后的某种普适性规律。

随后，哈肯教授通过观察流体力学中的具纳德对流花纹处于临界变化中的系统的变化过程，将根据激光激发所总结出的这一套理论体系推广到了由大量的子系统所构成的复杂综合系统的分析过程之中。他所创立的这套研究子系统之间相互作用的理论，则被称为协同学。

哈肯教授作为协同学的创始人，数十年间孜孜不倦地从事着协同学领域的相关探讨与研究，可以说，没有哈肯教授的研究，协同学这种针对复杂多变的复合系统变化过程探讨的研究方法或许仍未问世。

（二）协同学的相关概念简介

协同学作为一门全新的学科，自有一套概念体系，以下仅就几个关键概念做以简要介绍。

1. 协同

协同学最重要也是最根本的概念即协同。从字面上直接理解，协同即指互相配合。协同学中的协同，指复杂系统中各个子系统之间互相配合，使得系统的状态从某一状态变化到另一状态。这种子系统之间的互相配合完成状态质变的过程，称为系统的协同变化过程。

2. 相变

物理学中的相变是指物质从某一相变化到另一相的过程。如水经过加热升温到 100℃时，其相由液相突变为了气相。在协同学范畴中，当子系统彼此间的关联消弱到无法束缚其独立运动的程度时，各子系统各自独立运动，系统趋于无序；当这一无序系统靠近某一临界点时，子系统间的关联增强，其独立运动受到束缚，各子系统间逐步按照某一关系协同运动，系统趋于有序。这个系统发生从无序到有序的状态变化的临界点，为协同学中的相变点。因此，协同学概念下的相变即系统状态由无序到有序（或有序到无序）的过程。

3. 序参量

协同学中，序参量被用来描述一个系统宏观有序的程度。系统从无序到有序的变化过程，在数学上可用序参量方程来描述。如若知道从无序到有序相变点的边界条件，带入序参量方程求解，则可用数学的语言定量描述系统的整个变化过程。根据所描述的系统的不同，序参量的物理意义也各不相同。如在信息论中，序参量为信息量；在化学中，反应物浓度则成了序参量。由于序参量被用来描述系统的宏观有序度，故而当系统处于无序状态时，序参量为零。当系统发生相变时，序参量迅速变化，由于序参量的变化过于迅猛，因此在宏观上，我们很难观测到这一变化过程，而只能看到系统的相发生了突变。

4. 快变量和慢变量

快变量又可称为快弛豫变量，同理，慢变量也可称为慢弛豫变量。对一个复杂系统来说，其子系统的数量级十分可观，子系统之间的关系也远非简单的线性叠加组合，寻找出所有描述子系统的自由度和参数的工作量过于庞大而导致其不可实现，因此，我们需要找出在相变发生过程中对描述变化过程起决定性作用的那些变量。在相变发生时，阻尼系数较大因而很快便发生衰变的变量被称为快变量，同理可知，那些相变时阻尼系数很小或为零的变量其数值随相变的发生几乎不发生任何衰减，这样的变量则称为慢变量。由定义可知，慢变量才是决定系统有序度的序参量。从而，我们将寻找描述变化过程中起决定性作用的变量的工作转化为了寻找慢变量的过程。

5. 涨落

当系统处于某一有序状态时，子系统间协同运动的同时，各自的独立运动仍然在同步进行之中，由于独立运动受到较强的限制，故而子系统在宏观上表现为协同运动，即有序。然而那些依然存在的独立运动发生局部耦合的可能性并未消失，而由局部耦合和外界环境变化引起系统宏观量偏离其均值的起伏，则被称为涨落。通常而言，涨落很难得到大多数子系统的响应，其阻尼系数较高，因而会以一个极快的速度衰减下去，在宏观上体现为宏观值发生细小波动后，很快回落到平均值。当某一涨落受到大多数子系统的响应时，其阻尼系数趋于零，因而推动整个系统宏观值彻底偏离原平均值，系统偏离原有序状态而向另一个新有序状态变化。

6. 自组织

当系统发生相变时，系统的外界环境保持不变，如冰融化成水的过程中，其温度始终保持在 0℃。也就是说，外界环境在相变发生的过程中，并未给系统提供其应该通过怎样一种组织形式来达到新的状态的有效信息。系统通过自身的组织实现了这一变化过程，我们可称之为系统的自组织变化。

（三）协同学原理简介

协同学的核心原理包括序参数原理、支配原理和广义演进原理，上文定义序参量的过程已给出了序参数原理的相关概念，现分别就支配原理和广义演进原理作简单说明。

1. 支配原理

支配原理为协同学理论的基本原理。支配原理同快变量及慢变量密切相关，当相变发生时，快变量随时间变化速度极快，弛豫时间极短；慢变量随时间变化速度很慢，弛豫时间长。因此，我们选择慢变量来描述系统的相变。这种慢变量支配快变量的现象，我们称之为支配原理。

需要指出的是，支配原理也存在其适用范围，当系统趋于混沌时，则支配原理不再发生作用。

2. 广义演进原理

任意开放系统，当其发生相变时，系统都会在系统序参量的支配下由无序向有序演进。由于这一演进过程不因系统的改变而改变，因而是普适的、广义的。我们称这一普适性原理为广义演进原理。

（四）协同学的意义

在传统定义中，宏观和微观是以是否可被人感知分辨来区分的。如水烧开后变为水蒸气的过程，可用肉眼观测到，所以我们将之划分在宏观的范畴内，而具体水分子结构之间的变化则无法被观测到，我们将之划分在微观的领域之中。协同学则从一个全新的视角定义了宏观与微观这组概念，所谓宏观指的是一个复杂的综合系统，它可以是一滴水、一本书、一个人、一群人或是一个集团等，相对地，微观则被定义为了构成该综合系统的若干子系统。

物理学、化学、生物学、计算机科学、经济学乃至于社会学、传播学，都可应用协同学原理，解决其学科内问题，协同学原理具有极强的普适性，对于将物理学、化学等科学性较强的学科中的研究方法引入社会学、传播学等科学性较弱的人文学科领域，使用数学的语言来描述这些学科的规律，具有极强的纽带意义。

第二节 社会化媒体与政治生态相关理论梳理

一、马克思主义相关理论

（一）马克思主义主体性理论

公民的主体性问题，反映的是公民在自己对象性活动中的地位和作用，是建构民主政治社会的基础性问题。[①]从马克思主义主体性理论出发，必须认识到，公民的社会化媒体使用行为产生与发展变迁的全过程，都源自公民在认识和改造客观世界的实践活动中，充分发挥人的主体性，通过主体间的自由对话与交往，在改造社会政治环境的同时，也使自己的主体性得以建构。同时，公民主体意识的形成与公民责任的建立又是公民积极参与政治建设、消除政治冷漠的重要基础[②]，而积极的公民政治参与是实现社会多元治理与政治生态良性运转的必要前提，因此，社会化媒体与政治生态之间的关系问题，本质上反映的就是公民主体性崛起及其所引发的政治关系变革。

1. 马克思主义主体性理论的实践维度

关于主客体的关系问题，马克思主义以前的研究，都将二者分开或对立来谈：宗教神学认为，上帝是主体，而人则是上帝的创造物，因此上帝与人的关系表现为具有神秘色彩的主客体关系；唯心主义认为，精神是主体，研究人的主体性，就是研究人的精神主体性；旧唯物主义则将主体与客体割裂开来，“对对象、现实、感性，只是从客体的或者直观的形式去理解，而不是把它们当作感性的人的活动，当作实践去理解，不是从主体方面去理解”[③]。

实际上，对于主体性作用的理解，既要关注人的主观意识，更要关注人的实践活动。马克思主义认为，主体是人，客体是自然[④]，实践则是将二者联系起来并实现相互作用的基础。实践的过程就是人与自然、主体与客体之间发生相互联系、相互作用的过程，是主体对象化的过程，也是人的主体性在实践中得到确证的过程。[⑤]卢卡奇认为，有理由把劳动看成每一社会实践、每一积极的社会行为

---

① 姜涌. 公民的主体意识. 山东大学学报(哲学社会科学版), 2003(3): 91-94.

② 徐婷, 王健. 公共领域、交往理性与网络空间中的主体性建构. 理论界, 2009(6): 37-39.

③ 中共中央马克思恩格斯列宁斯大林著作编译局. 马克思恩格斯选集(第一卷). 2 版. 北京：人民出版社, 1995: 54.

④ 中共中央马克思恩格斯列宁斯大林著作编译局. 马克思恩格斯选集(第二卷). 2 版. 北京：人民出版社, 1995: 3.

⑤ 骆郁廷. 马克思主义主体性理论的三个维度. 武汉大学学报(人文社科版), 2009(1): 5-10.

的模式，它形成真正意义上的主客体关系。[①]这表明，由实践所产生的社会存在也同样具有关系属性，社会存在就是一种“关系”本体。

在人的实践活动中，主体性集中表现为人的能动性，尤其是创造性和创新性。[②]事实上，主客体的关系模式，往往历时性地被特定“工具”的内在规定性所囿定。也就是说，在人类持续不断的实践过程中，主客体关系的实质没有发生变化，然而主体的创新精神与创造能力却通过不断地改造实践工具来驱动主客体的关系形式发生变化。在早期阶段，人们借助手工工具延长了“手”的功能，所从事的初级、简陋和彼此孤立的社会实践确立了分立且富有价值理性的主客体关系模式。进入机器时代后，人类之手被越来越庞大、越来越复杂的“机器”延长到极致，同时确立了以主体性和工具理性等所谓现代性内核为基础的主客体关系模式。时至今日，互联网巨型工具已不再是人类之手的继续延长，而是人类之脑的扩展和增容，工具的内在规定性发生了革命性变化，从而奠定了网络社会存在的技术基础。可见，网络社会存在机制实质上是一种新质的主客体关系模式，它实现了人机交互的生存方式，使人的心智与计算机的高性能得到了良好的嵌合。这种人网合一的嵌合结构使得人的实践能力发生了质的飞跃，人类社会实践不再是单向度地使用工具，而是通过人与工具的交互作用产生倍增之效。以此为基础，人类的生活形态与相互合作模式都呈现出了明显的共生性。[③]从这个意义上说，人类的实践活动不仅改造了自然、创造和改造了客体，而且改造了“人”这个主体本身，从而使得人的主体性得到了不断的增强与发展。

2. 马克思主义主体性理论的价值维度

从马克思主义的视角而言，人是实践主体与价值主体的统一，“‘价值’这个普遍的概念是从人们对待满足他们需要的外界物的关系中产生的”[④]。也就是说，作为价值主体的人，通过自己的实践活动来满足自身的需要，从而实现价值目标，这里所谓的价值，就是对象之于人的需要的满足，倘若脱离了人作为主体的需要的满足，那么对象的价值也就无从谈起了。从这个意义上而言，“人是目的，不是手段”[⑤]。“‘历史’并不是把人当做达到自己目的的工具来利用的某种特殊的人格。历史不过是追求着自己目的的人的活动而已。”[⑥]

---

① 卢卡奇. 关于社会存在的本体论·上卷——社会存在本体论引论. 白锡堃，张西平，李秋零，等译. 重庆：重庆出版社，1993: 50-52.

② 骆郁廷. 马克思主义主体性理论的三个维度. 武汉大学学报(人文社科版)，2009(1): 5-10.

③ 何明升. 中国网络治理的定位及现实路径. 中国社会科学，2016(7): 112-119.

④ 中共中央马克思恩格斯列宁斯大林著作编译局. 马克思恩格斯选集(第十九卷). 北京：人民出版社，1963: 406.

⑤ 周辅成. 西方伦理学名著选集(下卷). 北京：商务印书馆，1987: 370.

⑥ 中共中央马克思恩格斯列宁斯大林著作编译局. 马克思恩格斯全集(第二卷). 北京：人民出版社，1957: 118-119.

人的价值主体性表现为人所具有的各种各样的需要，根据马斯洛的需求层次理论，从生理需要到安全需要，从社交需要到尊重需要，再到自我实现的需要，人的需要多种多样。概言之，就是有物质需要，更有精神需要。在现代社会，科技的进步极大地改善了人们的物质生活水平，人获得了物质上的不断满足；然而相对应的，富足的物质生活与激烈的社会竞争却加剧了人的精神压力，孤独感、焦虑感与空虚感的增加，催生出人类对交往、对友谊、对情感的精神需要。马克思认为，人的本质在其现实性上是一切社会关系的总和。人作为社会人，必然要通过一定的社会关系与相互交往才能存在与发展，通过精神交往，人们收获了理解与友谊，形成了社会凝聚力，获得了精神上的持续满足，同时反过来推动了人类物质需要的更好满足。马克思认为，在社会历史领域内进行活动的，是具有意识的、经过思虑或凭激情行动的、追求某种目的的人；任何事情的发生都不是没有自觉的意图，没有预期的目的的。[①]因此，主体从事实践活动的目的就是满足主体的需要，作为价值主体的人是一切实践活动的出发点与归宿，“马克思列宁主义的基本原则，就是要使群众认识自己的利益，并且团结起来，为自己的利益而奋斗”[②]。

从大众传播的视角来看，媒介是人类实现精神交往活动的手段与工具，是在传播主体与客体间建立起桥梁与纽带作用的工具。从这个意义上而言，媒体存在的真正价值应当是提供主体间自由交流的渠道，而非将自己的思想意识强制灌输给主体。然而，传统媒体时代的单向度传播秉持着一种“权力的媒介”的观念，在市场化逻辑的作用下逐步偏离了民主的正常轨道，对利益的追逐使得媒介丧失了原本赖以生存的独立性与公共性，出现了媒介功能的“异化”。媒介功能的这种“异化”也在很大程度上加速了人的“异化”，没有获得媒介赋权的个体成了话语表达上的弱势群体，失去了主体的能动性与积极性。正因为此，在社会化媒体这种以平等、双向沟通为特征的媒介平台诞生之后，人类的交往行为也出现了某种程度的改变，人类交往行为方式的赋权改变了社会的权力结构，也改变了建构在这种权力结构之上的社会关系。在这里，个体价值开始获得关注，个体主体性获得提高，个体能够实现在社交媒体平台上自由获取政治信息、表达政治观点、讨论政治问题的权利，这其实给予我们基于未来媒介形式的思考：建立一种实现人类精神自由交往的“中介式媒介”，以更好地满足作为价值主体的人的精神需求。

3. 马克思主义主体性理论的社会维度

马克思主义谈人的主体性，绝不仅仅是探讨个体主体性，更重要的是从社会

---

① 中共中央马克思恩格斯列宁斯大林著作编译局. 马克思恩格斯选集(第四卷). 2 版. 北京：人民出版社, 1995: 247.

② 毛泽东. 毛泽东选集(第四卷). 北京：人民出版社, 1991: 1318.

的角度谈主体性，研究人民群众集体的主体性，因为只有人民，才是创造世界历史的动力。一个国家的力量在于群众的觉悟。只有当群众知道一切、能判断一切，并自觉地从事一切工作的时候，国家才有力量。[①]也就是说，只有当人民群众具有高度自觉性，能够充分发挥主体的作用，群体主体性得到加强的时候，这个国家才能获得前进的力量。因此，“任何时候我们都必须坚持尊重社会发展规律与尊重人民历史主体地位的一致性”[②]，满足人民群众的利益需求，从而真正实现人民群众的主体价值。

按照马克思的观点，实践既是人的存在方式，也是社会存在的基础，这使其成为理解社会存在的逻辑起点。以此类推，虚拟社会也是一种借由“在线”所确立的存在机制，是网络条件下的实践形式。人的本质是手持工具的劳动者，他们在改造客观世界的同时，也在改造着人本身。从这个意义上说，网络实践就是网民通过“在线”来建造自己的数字化家园并且进行自我再造的过程。但是，网络实践不是抽象的“网”与“人”的简单叠加，而是要机制性地形成和依托某些单元，其中最基本的就是“群”这种虚拟社团。

实践中，“群”是一个非常宽泛的概念，不同类型的在线者可以根据其不同的性格、需求和行为偏好加入群或创建属于自己的群，每一个群又都是一个相对独立的共在社区。个体在社交媒体平台上，通过“以话题参与为中心的团式交往、以关系拓展为中心的链式交往、以观点展示为中心的簇式交往”[③]等自由交往形式集结为不同的社群。这种作为整体的“社群”概念的诞生，在某种程度上标志着市民社会的崛起，实际上，家庭和市民社会是国家的前提，它们才是真正的活动者[④]，不是国家制约和决定市民社会，而是市民社会制约和决定国家。[⑤]

社会治理是对主客体关系的管控，其本质是社会成员日常生活范式和相互合作模式的建构、维持和不断完善。就网络社会治理而言，一定的网民共在模式即所谓“群范式”也同现实社会群体一样，是不可或缺的组织基础，它是实现虚拟实践有序化的关键所在。然而，这种基于利益和观念的共同诉求而形成的网络社群，也伴随着新的抗拒性认同模式的诞生，对传统社会以国家和民族为代表的认同模式产生消解影响。因此，对这种网络社群的治理，必须更加注重对话与协商，

---

① 中共中央马克思恩格斯列宁斯大林著作编译局. 列宁全集(第二十六卷). 2版. 北京: 人民出版社, 1984: 347.

② 江泽民. 在纪念中国共产党成立80周年纪念大会上的讲话. 人民日报, 2001-07-01.

③ 隋岩, 常启云. 论群体传播中的群体主体性——基于社会化媒体的传播考察. 当代传播, 2014(6): 18-21.

④ 中共中央马克思恩格斯列宁斯大林著作编译局. 马克思恩格斯选集(第一卷). 北京: 人民出版社, 1995: 250-251.

⑤ 中共中央马克思恩格斯列宁斯大林著作编译局. 马克思恩格斯选集(第四卷). 2版. 北京: 人民出版社, 1995: 196.

以缓解群体主体性增强所带来的抵抗情绪。

马克思主义主体性理论的基本观点为研究公民社会化媒体使用及其对政治生态的影响都提供了基础的理论保证，成为本书在当前环境下认识公民社会化媒体使用分类与现状、搭建社会化媒体使用影响政治生态的理论分析框架的最直接指导与缘起。

（二）马克思主义理论中的舆论引导思想

1. 马克思主义精神交往理论中蕴含的舆论引导思想

马克思主义精神交往理论是历史唯物主义在人类社会意识层面的最重要理论成果。该理论认为，人类社会的基本交流包括物质交往和精神交往两个方面。物质交往是精神交往的基础，精神交往是物质交往的直接产物。尤其是精神交往，是推动人类社会向前发展的“平行四边形”中的重要一边。马克思主义精神交往理论论述了精神交往的重要社会作用：首先，交往能形成一种社会凝聚力，本身是部落或民族存在的黏合剂；其次，不同的交往加快社会发展；最后，交往具有拓展性，一旦展开就会冲破阻力，形成“世界交往”。

马克思主义精神交往理论首先提出了“交往”的概念，它是“传播”概念的基础和重要来源。其次，马克思主义精神交往理论提出了“交往革命”的概念，充分肯定和解释了媒介特别是现代媒介对人类社会发展具有的变革性力量。“时间消灭空间”的提出具有很强的理论深度和广度，为揭示网络新媒体的巨大作用奠定了理论基础。

从以上论述可以看出，马克思主义精神交往理论指出了交往的合理性和规范性，认为交往是人类最基本的活动之一。在社会化媒体时代，交往的作用和功能得到进一步的显现和强调，并有了更具革命性的交往工具的承载和支持。从这一理论来看，社会化媒体与政治生态协同发展的最终目标和结果就是进行更好的交往，实现交往革命。它的合理成分为分析和认识社会化媒体时代的舆论引导本质和具体方法提供了基础的解释思路和方法论指导。

2. 马克思主义舆论观及中国化中的舆论引导思想

马克思和恩格斯以精神交往理论为基础，具体探讨不同社会形态下舆论的作用。在马克思主义诞生之前，西方的舆论观点基本都建立在抽象的人性学基础上，马克思和恩格斯从历史唯物主义的立场出发，将舆论视为自然的、普遍存在的一种社会交往和社会意识形态而进行考察，并坚持用历史和逻辑相一致的方法对舆论这一历史现象进行深入的剖析，由此对舆论的本质和特性做出了符合其自身规律性的理论规定。

马克思和恩格斯以启蒙运动时期的伏尔泰、卢梭关于舆论的基本认识为起点，结合黑格尔的舆论思想，认识到舆论在社会发展中的重要作用。马克思和恩格斯首先认为，舆论反映了公众心理的一般状态。[1]他们尤其指出社会舆论的重要作用，认为社会舆论是一种普遍的、隐蔽的和强制的力量[2]，在条件成熟的情况下，社会舆论相当于“法庭”，能对个人和事件进行审判。不仅如此，他们还认为社会舆论是社会变革的先声，这是“交往变革”思想的进一步延伸。

基于对舆论以及社会舆论重要性的认识，马克思和恩格斯结合当时社会发展及媒介发展的实际，创造性地提出报纸是作为社会舆论的纸币流通的[3]这一著名论断。这一论断是对新闻舆论与社会舆论、媒介与舆论之间关系的重要结论。它成为马克思和恩格斯有关舆论的其他论断和观点的基础和元理论，也是后来的马克思主义者们有关舆论理论的源泉。

马克思和恩格斯指出，报刊不仅是社会舆论的产物，同样地，它也制造这种社会舆论。这成为后续“舆论引导”理论的缘起。

列宁提到党报具有榜样引导的作用。“榜样引导”理论主要有三个方面的认识：第一，他认为无产阶级政权建立具有引领性。也就是说，他重视体制优越性的基本作用；第二，他强调党报宣扬典型，发挥榜样的力量。这给后续的舆论引导提供了具体的方法论指导；第三，他认为党报的榜样引导体现在“红榜”和“黑榜”两个方面，舆论监督是舆论引导的一个方面。

毛泽东继承马克思、恩格斯的思想和列宁的理论，进一步结合中国革命和建设实际，提出了“动员舆论”“扶持舆论”“制造舆论”的观点。1955 年，毛泽东在《驳“舆论一律”》一文中提出“舆论既一律又不一律”。所谓“舆论一律”，“就是不许一切反革命分子有言论自由，而只许人民内部有这种自由。我们在人民内部，是允许舆论不一律的，这就是批评的自由，发表各种不同意见的自由”[4]。

邓小平结合中国建设实际提出“舆论宣传”的观点，强调将舆论和宣传结合起来，为社会主义现代化建设服务。1979 年邓小平提出：“我们的宣传教育工作是很重要的，也有很大的成绩。但是，最近在有些问题的宣传上，确有考虑不周和片面性的地方，使我们下面工作的同志遇到一些困难。举例来说，人民日报对上访问题发表过两篇文章，时间相隔不久。第一篇是 9 月 17 日，文章一出去，上访人员呼噜呼噜地都上来了；第二篇是 10 月 22 日，文章把道理讲清楚了，上访人员很快就减少了。这说明什么呢？说明单单是报纸的舆论就可以发生这样大的影响。”[5]从党的历史来看，对舆论工作进行比较系统的论述是从 20 世纪 90 年代

① 中共中央马克思恩格斯列宁斯大林著作编译局. 马克思恩格斯全集(第十二卷). 北京：人民出版社, 1962: 658.

② 中共中央马克思恩格斯列宁斯大林著作编译局. 马克思恩格斯全集(第一卷). 北京：人民出版社, 1995: 385.

③ 中共中央马克思恩格斯列宁斯大林著作编译局. 马克思恩格斯全集(第十二卷). 北京：人民出版社, 1962: 658.

④ 毛泽东. 毛泽东选集(第 5 卷). 北京：人民出版社, 1977: 157.

⑤ 《邓小平与人民日报》，人民日报, 2004-08-18.

末开始的。江泽民在 1989 年首次谈到“舆论导向”的问题：“新闻宣传一旦出了大问题，舆论工具不掌握在真正的马克思主义者手中，不按照党和人民的意志、利益进行舆论导向，会带来多么严重的危害和巨大的损失。”[①]这是他首次提出“舆论导向”的重大命题，在构建中国共产党系统性的舆论观的过程中有着重要意义。

胡锦涛对中国共产党舆论观发展所作的贡献主要有如下两个方面：一是提出“必须坚持以人为本”[②]，二是要求“按照新闻传播规律办事”[③]。这表明中国共产党对新闻舆论工作的认知已达到自觉境界。

习近平拓展了舆论引导理论的深度和广度，在舆论引导环境、对象、原则、方式方法等方面都有了新的认识和观点。他强调，“意识形态工作是党的一项极端重要的工作”[④]，这是在中国进入发展和改革深水区，网络技术高速发展的新形势下的重要认识，这也成为舆论引导的基本前提和背景判断。他指出，“党性和人民性从来都是一致的、统一的”[⑤]，这是舆论引导工作的基本前提和原则；习近平强调，舆论引导要把握“时、度、效”，“时度效是检验新闻舆论工作水平的标尺”[⑥]；习近平还指出，要“坚持党的领导，坚持正确政治方向，坚持以人民为中心的工作导向，尊重新闻传播规律，创新方法手段，切实提高党的新闻舆论传播力、引导力、影响力、公信力”[⑦]。这是在新媒体发展、网上舆论勃发时期对舆论引导工作提出的要求和指导。

马克思主义舆论观的基本观点为研究社会化媒体与政治生态协同发展，特别是社会化媒体与政治生态协同发展的优化机制——舆论协同引导提供了有关舆论和舆论引导的相关论断和重要参考。

二、政治学相关理论

（一）政治系统理论

政治系统理论的重要范畴之一就是政治输入与反馈。在戴维·伊斯顿看来，

① 江泽民. 关于党的新闻工作的几个问题——在新闻工作研讨班上的讲话提纲. 求是, 1990(5).

② 胡锦涛在全国宣传思想工作会议上发表重要讲话. http://news.sina.com.cn/o/2003-12-09/21411299177s.shtml. (2003-12-09)[2020-02-26].

③ 胡锦涛. 在人民日报社考察工作时的讲话. http://www.china.com.cn/news/txt/2008-06/21/content_15865998.htm. (2008-06-20)[2020-02-26].

④ 习近平：意识形态工作是党的一项极端重要的工作. http://www.xinhuanet.com//politics/2013-08/20/c_117021464.htm. (2013-08-20)[2020-02-27].

⑤ 习近平：胸怀大局把握大势着眼大事 努力把宣传思想工作做得更好. http://cpc.people.com.cn/n/2013/0821/c64094-22636876.html. (2013-08-21)[2020-02-27].

⑥ 习近平论新闻舆论工作. http://cpc.people.com.cn/n1/2018/0822/c64094-30242818.html. (2018-08-22)[2020-2-27].

⑦ 习近平谈新闻舆论工作：治国理政、定国安邦的大事. http://cpc.people.com.cn/xuexi/n1/2016/1108/c385474-28844285.html. (2016-11-08)[2020-02-28].

政治就是关于重要公共利益的决策和分配活动。政治系统与它所处的环境中的其他系统的不同之处，就在于一个政治系统可以通过互动为一个社会权威地分配价值。[①]公民和政府之间的信息输入、输出和反馈过程就是政府过程。政治系统的稳定，依赖于信息输入与输出的协调与平衡，这种协调与平衡是依靠反馈才得以实现的，唯有借助反馈，政治系统才能不断地进行输入与输出的无限延续。如果没有反馈，政府就无法对政策的制定与执行做出有效的判断，会对输入与输出环节的信息质量与数量产生直接影响。

如果没有足够数量的信息，任何系统都不能在一个稳定的世界中持续下去，更遑论在一个变化着的世界中持续下去，除非有意外。[②]在现代社会中，作为主要信息生产者与传递者的大众媒介扮演着政治信息沟通与交流的工具角色，公民对政治的参与，也多是借助于大众媒介这个中介平台。从民主政治的角度而言，大众媒介的政治信息输入与反馈，已经成为决定现实民主政治顺利实现与否的关键变量。鉴于社会化媒体对政府与普通民众的互动所起到的加速作用与加深作用，有必要从政治角色互动的角度，对这种新媒体的政治输入与反馈功能进行科学评价。

政治系统理论是本书的重要理论基础之一，在考察社会化媒体使用的分类标准、社交媒体使用影响政治生态关系模式时，本书着重以政治系统理论作为重要理论支撑。

（二）政治社会化理论

政治社会化的概念最早由学者戴维·伊斯顿于 1958 年提出，他认为，政治社会化是人们获得其政治倾向和行为模式的发展过程，是社会将知识、态度、规范、价值等政治取向从一代传到下一代的方式[③]；加布里埃尔·A. 阿尔蒙德和小G. 宾厄姆·鲍威尔将政治社会化看作政治文化形成、维持和改变的过程，认为每个政治体系都有某些发挥政治社会化功能的结构，它们影响政治态度、灌输政治价值观、把政治技能传授给公民和精英人物[④]；弗雷德·格林斯坦则从狭义和广义两个方面来诠释政治社会化，认为狭义的政治社会化是指负责政治教育的机构对政治知识、政治价值和政治实践的反向灌输，广义的政治社会化则囊括了个体生命中各个阶段的或正式或非正式、或有意或无意、或直接或间接的所有政治学习。[⑤]

---

① 戴维·伊斯顿. 政治生活的系统分析. 王浦劬译. 北京: 华夏出版社, 1999: 366.

② 戴维·伊斯顿. 政治生活的系统分析. 王浦劬译. 北京: 华夏出版社, 1999: 145.

③ 戴维·伊斯顿. 政治生活的系统分析. 王浦劬译. 北京: 华夏出版社, 1999: 145.

④ 加布里埃尔·A. 阿尔蒙德, 小 G. 宾厄姆·鲍威尔. 比较政治学: 体系、过程和政策. 曹沛霖, 郑世平, 公婷, 等译. 上海: 上海译文出版社, 1987: 91.

⑤ 转引自郭小安. 网络民主的可能及限度. 北京: 中国社会科学出版社, 2011: 28.

大众媒介的诞生，打破了围绕家庭、学校等展开的传统政治社会化的时空限制，形成了超越地域的信息场域，从而成为影响政治文明程度的重要力量。及至网络媒体特别是社交媒体出现后，媒介与政治的关系变得更加紧密，以至于有研究者认为，在专制体制下，新媒体的政治传播功能甚至对既有政治起到了一种“颠覆性”作用，即使在所谓民主的政治体制中，新媒体的诞生也使得民主的形式更加民主。[①]许多研究认为，新电子媒介是一种逃避传统“自上而下”的大众民主政治所营造的压抑氛围的潜在方式，它改变了传统大众民主中，政党往往不经过与草根阶层的协商而独自拟定政策的专制态势，为高度差异性的政治信息与观念的传输提供了渠道。理想的状态下，它可以无限接收所有意见，并在领导者与普通民众间建立起反馈与协商机制，从而成为政治协商的有效工具。

以政治社会化理论为借鉴，本书在搭建政治生态分析框架时，必须着重考虑政治公开、政治参与、政治修复、政治协调等政治生态要素在社会化媒体环境下所呈现出的全新特征。

三、传播学相关理论

（一）议程设置理论

议程设置理论可以溯源到李普曼的《公众舆论》一书，他首先提出大众传媒的主动塑造功能，大众传媒能以“拟态环境”告诉人们发生的“真相”和“事实”。美国政治学家威廉·科恩正式将这一思想进一步深化和具体，他指出，媒介或许不能直接告诉读者想什么（what to think），却可以告诉读者想些什么（what to think about）。[②]该理论最早由美国学者麦库姆斯和肖正式提出，并发表于1972年《舆论季刊》上的《大众传播的议程设置功能》一文，其中心思想和核心假设为“媒介议程影响公众议程”，即公众利用这些来自媒介的显要性线索去组织他们自己的议程，并决定哪些是最重要的议题。时间长了，新闻报道中强调的议题就成为公众认为最重要的议题。[③]

在网络环境下，议程设置理论的研究者们将这一理论进一步拓展，提出了“第三级议程设置”或者“网络议程设置”的概念，并指出：新闻媒体不仅告诉我们“关注那条新闻”（第一级议程设置效果），以及“如何看待它”（第二级议程设置

① 荆学民. 政治传播活动论. 北京：中国社会科学出版社, 2014: 150.

② 沃纳丁·赛弗林, 小詹姆斯·W. 坦卡特. 传播学的起源、研究与应用. 陈韵昭译. 福州：福建人民出版社, 1985. 注：因翻译版本不同，沃纳丁·赛弗林还译作沃纳·赛佛林，小詹姆斯·W. 坦卡特还译作小詹姆斯·坦卡德。

③ 马克斯韦尔·麦库姆斯. 议程设置：大众媒介与舆论. 郭镇之, 徐培喜译. 北京：北京大学出版社, 2008: 2.

效果），还告诉我们“如何将事件联系起来”[①]。

大卫·韦弗还进一步提出了个体“导向需求”（need for orientation）的概念，这被认为揭示了议程设置理论的心理学基础。个体的“导向需求”通俗地讲，就是个人对使用新闻媒体熟悉外部世界的需要会有所差异，个体本身需要媒体告诉他所需要了解的外部世界的信息。

肖在议程设置理论基础上有进一步拓展，认为媒体议程设置有“融合公众兴趣”的倾向，特别是网络媒体时代更是如此。当今世界正在目睹水平媒体[②]设置议程力量的增强，社会化网络形态将传统的垂直媒体转化为满足个人所需的水平传媒。也就是说，传统媒体是构筑自上而下或者自下而上的信息通道；社会化媒体是构建个人生活领域的服务平台。这些都为本书提供可供借鉴的重要理论基础。

（二）沉默的螺旋理论

沉默的螺旋（The Spiral of Silence）理论由德国学者诺尔-诺依曼提出，是一个有关政治学和大众传播的经典理论。该理论基于这样的基本假设：“大多数个人会力图避免单独持有某些态度和信念而产生的孤立。”[③]沃纳丁·塞弗林和小詹姆斯·W. 坦卡特进一步解释和总结了该理论。

沉默的螺旋理论解释了大众传媒和舆论之间的基本关系，对舆论形成的基本模式给予了描述和总结。

（三）涵化理论

涵化理论（Cultivation Theory），又称教养理论、培养理论、涵化分析、涵化假设等。该理论以美国学者乔治·格伯纳的电视研究为代表。该研究以 20 世纪 60 年代末期美国暴力犯罪问题为背景，研究了电视媒介的负面作用和社会影响。研究结论认为，电视对人们观念和意识具有重要的影响。

涵化理论属于传播学长期效果理论的代表理论，揭示了大众传媒对人们观念和意识的深刻影响。网络时代的新媒体环境下，涵化理论同样发挥着重要作用。特别是对舆论而言，反复强调、重复出现的观点容易形成潜移默化的影响，对人们观念和意识的形成发挥作用。

本书需要借鉴涵化理论解释和分析社会化媒体对公众思想、行为以及舆论产生的长期影响并依据这种影响调试合理的协调方式和方法。

---

① 周树华，张雪莹. 网络议程设置、导向需求和议程熔合：三巨头畅谈议程设置理论. https://wenku.baidu.com/view/e489678a6edb6f1afe001f56.html. (2015-05-23)[2020-02-28].

② 垂直媒体指报纸、广播和电视这些传统媒体，它们自上而下地接触受众，就像是从高山上发出呐喊；水平媒体则是满足个体兴趣，就像社交网络那样的媒体。

③ Noelle-Neumann E. *The Spiral of Silence: Public Opinion—Our Social Skin*. Chicago: University of Chicago Press, 1984.

四、其他理论

（一）协同论

协同论主要研究原理平衡态的开放系统在与外界有物质或能量交换的情况下，如何通过自己内部协同作用，自发地出现时间、空间和功能上的有序结构。[①]本书在进行社会化媒体与政治生态协同发展的理论构建、模式分析、协同度测评以及优化机制研究时，均需要以协同论的基本思想为基础，考察整体和部分、部分和部分之间的关系，使之达到系统的平衡，从而发挥出最优的协同效应。

（二）多中心理论

多中心理论由美国学者埃莉诺・奥斯特罗姆与文森特・奥斯特罗姆共同总结得出。在这之前，迈克尔・博兰尼在其著作《自由的逻辑》中首次使用并确立了“多中心”的概念。

该理论是在国家治理和自由市场都存在“失灵”情况下所诞生的一种最新的公共经济治理理论。“多中心”即由多个主体共同治理公共事务。多中心理论强调集权官僚主义和自有资本市场都存在显著弊端的情况下，多元主体共同治理的重要性和可操作性。

在社会化媒体与政治生态的协同发展实践中，从行政管理角度对社会化媒体进行引导是惯常做法。现实中，媒介背后的商业性仍然起着重要作用，特别是社会化媒体环境中舆论引导主体发生改变，需要从新的理论层面进行分析。

第三节　社会化媒体与政治生态协同发展的理论分析

媒体和政治的关系是人们长久以来都十分关注的，网络反腐、网络问政、网络民主是以微博、微信为代表的社会化媒体作用于政治生态的产物。大量文献表明，社会化媒体与政治生态关系研究已经取得了一些成果。

（1）社会化媒体与政治认同：社会化媒体上政治话语争斗中的“污名”不会导致认同破裂，反而会促进认同的形成，是“政治认同”重要的意义来源。[②]

（2）社会化媒体与政治社会化：与传统的报纸、广播、电视三大媒体相比较，网络媒体的政治社会化功能更为凸显，包括传播政治文化、宣传意识形态、培养政治人等。[③]

---

① 赫尔曼・哈肯. 协同学：大自然构成的奥秘. 凌复华译. 上海：上海译文出版社, 1995: 239.

② 金萍华. 污名与政治认同：社交媒体中的政治话语争斗——以孔庆东“粗骂”为例. 新闻大学, 2013(6): 123-130, 57.

③ 董文芳, 郭秀萍. 网络媒体的政治社会化功能及其实现. 济南大学学报(社会科学版), 2013(6): 46-51.

（3）社会化媒体与政治参与：以微博为代表的社会化媒体改变着普通公民政治参与的方式，其交互性、及时性、透明性等优势推动公民政治参与向更广和更深的方向发展，促进民主价值的实现。①

但陈力丹等人却提出，社会化媒体降低了政治参与度，“沉默的螺旋”在网络媒体上仍然奏效，不敢说、不想说、不能说的中国社会化媒体政治参与的“沉默者”大量存在着。②

（4）社会化媒体与政治文化：网络社会化媒体积极主动参与网络政治文化建设，培养了政治文化的公民气质，引领了政治文化的发展方向。与此同时，网络社会化媒体的不当使用也使网络政治文化更加复杂，商业性威胁民主性，激进性威胁一致性，其不在场特征威胁政治文化秩序。③

不难发现，上述研究多是社会化媒体对政治生态的单向作用，对于二者的相互作用鲜有提及，更不用说协同发展了。在社会化媒体极大释放表达空间的同时，政府的执政过程也受到一定程度的影响。通过实地调研，部分部门对社会化媒体呈现重管制、轻培育，多重复、少整合的局面。在用户呈现快速增长态势、移动社交成为主流趋势的情况下，如何充分发挥社会化媒体传播的潜能，实现社会化媒体和政治生态的协同发展、双向促进成为极具现实意义的课题。

一、社会化媒体和政治生态协同发展以协同学为理论支撑

“协同”一词在汉语史书中早有记载。《汉书·律历志上》里记载：“咸得其实，靡不协同。”《后汉书·桓帝纪》里有：“激愤建策，内外协同。”从上下文语境来看，所谓“协同”就是人与人之间、事物之间到更大的系统之间达成一种合作、协作的状态。德国物理学家赫尔曼·哈肯 20 世纪 70 年代初最早把“协同学”作为独立科学研究。“协同”是指系统的各部分之间相互协作而产生的整体效应或集体效应。④“协同”源自希腊文，“协同学”为“协同合作之学”，是一门在普遍规律支配下的有序的、自组织的集体行为的科学⑤，它的目标是在千差万别的各科学领域中确定系统自组织赖以进行的自然规律。⑥简单来说，“协同学”研究各科学领域中结构如何产生与构成以及各组件如何协作，而后者又是研究重点。“协同学”始于包括激光系统在内的非平衡态开放系统的研究，旋即扩散到物理学、

① 马小娟. 论社交媒体对公民政治参与的影响. 中国出版, 2011(24): 22-25.

② 陈力丹, 谭思宇, 宋佳益. 社交媒体减弱政治参与——“沉默螺旋”假说的再研究. 编辑之友, 2015(5): 5-10.

③ 李娟. 政治文化视野下的网络社交媒体功能. 苏州大学学报(哲学社会科学版), 2015(2): 32-36.

④ H. 哈肯. 协同学引论：物理学、化学和生物学中的非平衡相变和自组织. 北京：原子能出版社, 1984.

⑤ 赫尔曼·哈肯. 协同学：大自然成功的奥秘. 凌复华译. 上海：上海译文出版社, 2013: 8.

⑥ 赫尔曼·哈肯. 协同学：大自然成功的奥秘. 凌复华译. 上海：上海译文出版社, 2013: 9.

化学、生物学，甚至社会学、经济学等不同领域。正如哈肯本人所述，协同学从一开始就将自然界和社会中所有结构的研究作为自己的研究对象。[①]从协同学的应用范围来看，它正被运用到多个领域的现象分析中：如物理学领域中流体动力学模型的形成、大气湍流等问题；化学领域中各种化学波和螺线的形成、化学中的振荡与其他化学宏观模式；经济学领域中城市发展、经济繁荣与衰退、技术革新和经济事态发展等方面的各种协同效应问题；社会学领域中舆论形成模型、大众传媒的作用、社会体制以及社会革命等问题。协同学作为一门以研究不同学科共同存在的本质特征为目的的系统理论,其广泛的适用性或普适性是显而易见的。协同学试图把无生命界和有生命界统一起来，发现它们共同的本质规律。世界的统一既在于微观构成的单一性，又在于遵从宏观结构规律的普适性，这正是协同规律普适性的题中之义。正是这种“普适性”，将协同学引入社会化媒体和政治生态的互动发展中，佐证可行性的同时，也必将对二者的健康发展产生极大的推动作用，这不失为一种新的理论视角和思维视角。

协同论认为，无序和有序在一定条件下是可以相互转化的，有序即协同，无序便混沌。系统结构并非一成不变，而且结构形成的过程似乎不可避免地朝某一方向前进，本来无序的部分系统也被卷入现存的有序状态，而且受序参数的支配。[②]任何系统处于孤立或封闭状态时，即使初始状态是有序的，最终都将被破坏。从历时角度来看，传媒的发展始终保持与社会系统互动的开放姿态，从报纸、广播到电视、互联网，先进的传播工具和专业化的现代传播机构总是伴随社会进步而出现，同时媒介的每一次进化又促进社会更好地前进。威尔伯·施拉姆甚至认为，媒介实际上是一种公共的感觉器官、神经中枢和传播肌肉系统。协同发展是传媒发展的核心规律，遵循这一规律，社会化媒体代表一种全新的媒介形态和技术，它脱胎于新的经济、政治、社会大背景，其自身的完善和发展又必须与传媒外生态，包括政治、经济发展等保持协同进化与发展。在现代信息社会，复杂系统与日俱增，这种复杂性表现在两方面：新系统、新元素时时涌现；原有单元的组合方式变化多端。协同学为我们提供了一种分析和解构复杂系统的世界观和方法论，这种视角同样适用于社会系统之中。所以说协同学是继系统论、控制论、信息论之后出现的系统科学理论，亦是一种社会分析和建构的世界观和方法论[③]也不足为怪。

二、社会化媒体和政治生态协同发展的概念维度

社会化媒体与政治生态协同发展，宏观层面上，指社会化媒体和政治生态两

① H. 哈肯. 协同学引论：物理学、化学和生物学中的非平衡相变和自组织. 北京：原子能出版社, 1984.

② 赫尔曼·哈肯. 协同学：大自然成功的奥秘. 凌复华译. 上海：上海译文出版社, 2013: 15.

③ 曾健, 张一方. 社会协同学. 北京：科学出版社, 2000: 18.

大分别属于不同领域的系统及其内部各要素通过协同合作达到有序状态，不但个体属性增强，实现结构优化组合与配置，而且可能产生新的结构和功能，最终达到整体效果的最大化。协同学的自组织原理认为，在一定的外部能量流、信息流和物质流输入的条件下，系统会通过大量子系统之间的系统作用形成新的时间、空间或功能的有序结构。①因此，微观层面上，我们从以下三个维度对协同发展的概念加以界定。

（一）环境协同、组织结构协同：协同发展的空间维度

1. 环境协同

环境是系统生存和发展的温床，一个开放的系统势必在与内外环境的适应过程之中动态发展。环境提供系统生存发展所需的能量、物质和信息，一旦环境发生变化，系统也会受其牵连发生适应性改变，不管是积极应变还是被动应对，这样系统便达到与环境的协同。将生态学的概念引入政治学研究中，本身就是将整个政治系统看作一个复杂的大环境，多数学者都赞成将政治生态划分为"政治外生态"与"政治内生态"：前者指政治自系统的相对于某个政治主体的政治生态，后者指政治自系统以外非政治系统各要素构成的政治生态。②由此看来，政治生态的内外环境含义都是显著的。社会化媒体，从起源来看，是基于网络社会化的技术与社会共同进化的产物，是信息在互联网传播过程中从传播者到接受者之间携带和传递信息的一切形式的社会性网络。③孙玮和李梦颖认为，社会化媒体展现的传播由社会结构中的一种功能转化为构成社会的基础要素。④社会化媒体既是环境的产物，又是社会环境的一部分，需与包括政治生态环境在内的环境协调发展。所以，社会化媒体与政治生态的环境协同既是两者分别隶属环境的协同，又是两者与包含无数复杂系统的社会大环境的协同，环境上的协同同时也需要理念、举措、规则等方面适宜地改变。环境协同使得社会化媒体的结构功能相协调，与政治、经济、社会发展的目标和路径相契合。

2. 组织结构协同

美国政治学家哈罗德·拉斯韦尔在 1948 年发表的《传播在社会中的结构与功能》中，最早提出 5W 模式：谁（who）→说什么（say what）→通过什么渠道（in which channel）→对谁（to whom）→取得什么效果（with what effect）。基于这样一个过程，社会化媒体的传播由用户、内容、平台、受众、效果等要素构成。

---

① 潘开灵，白烈湖. 管理协同理论及其应用. 北京：经济管理出版社, 2006.

② 乔耀章. 社会转型陷阱生成的政治生态分析. 中共四川省委省级机关党校学报, 2012(6): 40-48.

③ 于婷婷. 基于社会化媒体口碑的营销传播策略创新. 新闻大学, 2013(3): 115-120.

④ 孙玮，李梦颖. "可见性"：社会化媒体与公共领域——以占海特"异地高考"事件为例. 西北师大学报(社会科学版), 2014(2): 37-44.

所谓结构协同，便是指社会化媒体的五要素与政治生态的相互默契、相互配合。尽管结构做了细分，但在组织过程中，不像传统组织理论那样把各要素限定在特定单元中，各要素间的联系和沟通受到各种条件的限制，事实证明，“各扫自家门前雪，不管他人瓦上霜”的组织和观念只能带来较低的效率。相反，社会化媒体和政治生态协同发展的组织协同更强调整体性，社会化媒体作为系统性的工具，拥有高效的协同机制与模式，为政治生态服务，而不着意强调某个要素或某个环节，当然这种整体性是建立在明晰而高效的分工基础之上的。不仅微观层次的结构要素要达到协同，在实际运作的过程中，社会化媒体和政府之间、社会化媒体之间都需合作以共同应对舆情。但实际的走访调研过程中我们发现，社会化媒体之间合作很少，甚至没有，部分地方政府部门也缺少利用社会化媒体的强烈意愿，以至害怕网友评论，不相信网民的理性情绪与表达，视其为洪水猛兽。事物都不是孤立存在的，只有作为先导或者后盾的事物相互联系形成集聚，才能产生竞争力。

（二）先后协同：协同发展的时间维度

协同发展的过程本身就意味着与时间高度关联。社会化媒体和政治生态协同发展的过程性和连续性意味着时间上的衔接，如项目管理中上下道工序之间的交接，以及生产过程中的流水线作业等。时间问题是一个值得关注的问题，尤其在协同发展中。许多在功能上具有协同作用的要素，由于时间上的偏差而不能发挥协同作用或者达不到协同效果。这一点在突发公共事件的危机公关中表现得尤为明显。时效性是新闻报道的天然使命，越是及时的报道，越能体现媒体的价值。在社会化媒体时代，全民皆记者，一旦突发事件见诸社会化媒体之上，便对政府部门的危机公关能力提出了更高的要求。从黄金 24 小时、黄金 12 小时到黄金 8 小时、黄金 2 小时，危机处理的黄金时间随着社会化媒体的普遍使用一再被缩短，时间上的无缝衔接越来越关键，紧急性的突发事件需要信息供应必须在短时间内高效保质地完成。突发公共事件一般被划分为前期、中期和后期三个阶段。公众通过社会化媒体表达诉求和质疑，不同阶段对信息这一公共产品的需求也是不同的。政府为此应在第一时间做出反应，给予官方的严肃回应，并适时调整应急对策。若反应迟钝或不予理睬，错失黄金时间，会直接影响政府的公信力。因此，社会化媒体和政治生态的协同发展若要达到理想的效果，意味着对时间上的衔接提出更为严格和精准的要求。需要指出的是，时间上的协同并非也不可能独立地实现，组织、结构等空间维度的协同是时间协同隐藏的支撑力量，甚至是决定性因素。从实践来看，公共危机事件中政务新媒体发声一直是一个两难的问题，一方面时间上的紧迫性越来越强，另一方面调查事实需要一个严谨细致的过程，这往往导致谨慎有余、主动发声不够的问题，错失协同的大好时机。因此建立专门性的快速反应机制，从舆论监测到高层决策，从基层网评员引导到舆论引导小组的研判，最后再到具体信息与新闻稿件的撰写和发布，都要形成专门性的体系。

（三）资源协同、服务协同：协同发展的功能维度

1. 资源协同

社会化媒体和政治生态协同发展成功实现的关键是资源的协同增效，抑或因为众多主体共享资源而非独立所能增加的价值。①按照存在形式来区分，资源分有形资源、无形资源两种。前者包括基础设施、组织结构等，对有形资源应该统筹规划，避免重复建设、利用率低等资源浪费行为，通过共享和整合达到资源利用的最大化和最优化。后者是文化、理念等无形资源通过交流和共享，不断积累、磨合达到相互适应和兼容。政治生态既是一种制度结构，又是一种文化状态。②因此政治生态既有有形制约，又有无形制约。政治生态中的政治制度、组织结构作为有形制约，以外在力量的方式作用于人，通过统筹，使系统保持高效高质运转，而不至于杂乱无章。文化观念的制约作为无形制约，以其自身的内在力量作用于人的思维和思想，从而形成人们对政治体系的评价直至认同的达成，政治认同所产生的心理归属感是一道缓冲保护带，约束着人们的政治行为，使之按照政治生态形成的固定轨迹运行。③社会化媒体互动、分享、开放、自主的特征造就了崭新的文化形态，圈群文化、关系文化等颠覆了传统惯性思维中的政治观念、制度甚至行为方式。按照协同学的观点，在外来能量的作用下或物质的聚集态达到临界值时，系统之间就会产生协同作用。新的文化形态将产生新的政治文化，反过来新的政治文化又会孕育新的媒介文化形态，经过不断的相互作用和磨合，无序变为有序，混沌产生稳定。

2. 服务协同

政府部门作为公共组织，提供公共服务、保证公共利益是其终极追求。社会化媒体除了向公众提供传统的信息服务，更为公众释放表达空间和参与空间，促进沟通对话。社会化媒体和政治生态分属不同的系统，但在以人为本、为公众服务这一点上是终极一致的，同时也必须承认两者要达到服务协同的困难程度。公共服务越来越多地呈现出系统性的特征，需要主体间的共同合作才能保证其有效性，这种整体性和关联性要求可能因为部门或地方的功能分割而出现碎片化。因此，服务的整体性和连续性、服务的高效性和便捷性，以及服务的人性化是衡量服务协同的标准。运用这一标准我们可以在公共领域的实践中观察到协同与不协

---

① 鲍勃·杰索普，漆芜. 治理的兴起及其失败的风险：以经济发展为例的论述. 国际社会科学杂志(中文版), 1999(1): 31-48.

② 赵淼. 政治生态视阈下党内基层民主问题研究. 长白学刊, 2013(4): 53-58.

③ 丁友文. 论和谐政治生态视阈下宽容机制的构建. 求实, 2011(1): 55-58.

同的现象，以及协同的程度。[①]以微信公众平台为例，经过近几年的发展，其服务功能日渐完善。除了一些固定的功能之外，还可根据需要附加其他功能。微信公众号“武汉交警”和GPS导航连在一起，遇到堵车、违章，关注者会立刻接收到微信提醒，罚款也可通过微信缴纳，既节省了公众办理销违章的排队时间，又省去了交警部门的人力支持。服务协同终究靠人来完成，但当前人员编制、人才素养等方面存在的问题不利于服务协同的实现。

三、实现社会化媒体和政治生态协同发展的理论推演

如前所述，概念维度是从静态的视角定义协同发展以及所应达到的最终状态。然而，真正意义上的协同发展是一个动态的实践过程。因此，协同发展的理论分析框架基于过程来构建。

（一）社会化媒体和政治生态协同发展平台的构建

协同平台是受协同意识驱使，具有共同协同目标的系统及要素的集聚，是协同发展顺利实现的基石，直接为协同关系的建立与发展提供环境支持。集聚并非简单的叠加和组合，在社会化媒体和政治生态协同发展平台上，环境、结构与组织、文化等应该达到协同，为两者协同发展的进一步深入打下坚实的基础。在协同意识的驱动下，协同平台以及后续协同进程得以构建和发展。利益驱动、价值认同等协同意识促使形成协同发展的主观能动性。[②]利益问题既是公共领域的一个复杂问题，也是根本问题。协同主体之间通过合作获取利益是协同能够达成的关键，更是协同效应评价中的标准。如果主体无利可获或者主体之间获利不均衡，协同平台是难以构建的，更谈不上达成协同了。一般而言，利益共识的达成可能基于主体对共同面临的挑战和问题的反应，也可能基于主体对关联和合作可能带来的合作收益的预期。也就是说，问题的压力和利益的交集是利益共识的重要来源。利益相容达成共识后，价值认同是进一步影响协同行动达成的关键因素。一旦面临诸多行为选择，价值抉择可以避免行为的盲目性，保证主体行为按照协同的路径实施而不至于偏离集体行动。主体间关联和合作行为的产生并不仅仅是利益博弈和利益选择的过程，同时也是价值博弈和价值选择的结果。

对社会化媒体而言，其属性有二：一是大众传媒的一部分，本质上是“社会性”的[③]，会引发一种基于社会资本重新分配的重大“关系革命”[④]，带来社会平

---

① 李辉. 论协同型政府. 吉林大学博士学位论文, 2010.

② 李辉. 论协同型政府. 吉林大学博士学位论文, 2010.

③ Howard, P. N., & Parks, M. R. Social media and political change: Capacity, constraint, and consequence. *Journal of Communication*, 2012, 62(2): 359-362.

④ 喻国明. “关系革命”背景下的媒体角色与功能. 新闻大学, 2012(2): 27-29.

等化、资源均衡化的心理感觉和满足[①]；二是信息产业的重要组成部分，产业视角看重的是市场、技术等物质层面。这种双重属性，前者可以理解为通常所说的“社会效益”，后者是“经济效益”。社会化媒体和政治生态在利益统一的前提下，势必会面临经济效益、社会效益等诸如此类的价值抉择。尤其是在市场主导环境下，社会效益，尤其是文化价值、思想导向等非经济因素不能直接实现并产生作用、产生收益。市场的间接作用难以保证社会收益的实现。因此，价值认同度的大小对协同意愿乃至协同发展都起着重要作用。

（二）社会化媒体和政治生态协同效应的实现

协同效应是指开放系统中大量子系统相互作用而产生的整体效应或集体效应。[②]协同效应是资源整合、各方优势充分发挥的结果。其宏观和整体上表现为具有一定的结构和功能。理想状态下的协同结构，应该是有成熟有效的协同模式、协同机制和协同路径的支撑，这样也才能为协同效应的运作提供方式方法。功能方面，达到社会化媒体和政治生态两大系统间及系统内部要素之间配合得当、相互促进的良性耦合。社会化媒体所构建的信息传播网络为实现政治生态的高效运转提供工具性支持，又无形中影响着政治思维和治理文化。良好的政治生态为社会化媒体提供丰富的信息资源、清朗的政治环境和有效的舆论监督。社会化媒体的未来发展方向与政治生态的建构方式、运行方式密不可分。

“序参数”是协同学的核心原理，哈肯称之为“使一切事物有条不紊地组织起来的无形之手”[③]，序参数由协作而来，反之又支配各部分的行为。按照“协同学”的观点，序参数调控系统进程，决定最终的结构和功能。“序参数”在系统协同中的作用可见一斑，掌控好序参数将使复杂问题迎刃而解。在社会化媒体和政治生态的协同效应运作和产生过程中，舆论作为序参数，影响着协同进程。舆论是公众关于现实社会以及社会中各种现象、问题所表达的信念、态度、意见和情绪表现的总和，具有相对的一致性和持续性，对社会发展及有关事态的进程产生影响。其中混杂着理智和非理智的成分。[④]舆论反映社会问题，同时某种程度上又促进社会问题解决，这点在当代中国学界已达成共识。因此可以说，舆论引导工作是实现协同发展的关键，甚至是起决定性作用的。

从“两级模式”到“多级模式”再到“三级模式”，舆论引导格局不断变化，政府、媒体、受众形成三足鼎立之势，这与互联网的出现密不可分，互联网的出

① 支庭荣. 集合传播权与谦抑性原则——解析社会化媒体时代的“两个舆论场”. 西北师大学报(社会科学版), 2014(2): 31-36.

② H. 哈肯. 协同学引论: 物理学、化学和生物学中的非平衡相变和自组织. 北京: 原子能出版社, 1984.

③ 赫尔曼·哈肯. 协同学: 大自然成功的奥秘. 凌复华译. 上海: 上海译文出版社, 2013: 12.

④ 陈力丹. 舆论学: 舆论导向研究. 北京: 中国广播电视出版社, 1999.

现促使舆论引导格局发生巨变，互联网成为舆论引导新格局中最具变化和最不可控的因素之一。社会化媒体本就是互联网技术进化到 Web 2.0 的产物，是一种融社交、自主、互动、分享与合作为一体的新兴在线媒体。以微博为代表的社会化媒体已演进为舆情发酵地、舆论发源地。网络媒体，包括社会化媒体，打破了简单直线式的舆论引导旧格局，政府、媒体、受众形成复杂的网状关联，受众可以通过网络实时反馈信息，表达想法，甚至直接与政府互动。

公共舆论以其强大的影响力倒逼政府部门向公众期望的方向发展，媒体则是政府部门与公众对话的桥梁、互动的平台。舆论在社会化媒体与政治生态的协同发展中起着协同调配的作用，舆论引导工作不可或缺。社会化媒体时代，舆论引导工作的思维和观念都需适时调整和改变。舆论引导工作顺势而为，运用受众思维、迭代思维、大数据思维和融合思维指导网络环境下的舆论引导工作，不仅可以提升舆论引导力，也是对舆论引导“时、度、效”的现实把握。[①]最近几年，各级政府部门纷纷成立舆情监测机构，表明官方对网络舆论高度重视，并且已经落实到具体的行动之中。政府通过设立实质性的机构，运用现代技术手段，监测民众在网络上对新闻事件、政府工作的意见，分析网络舆情概况，并对趋势加以研判，适时以适当的方式作出引导。通过此举改善工作，提高为人民服务的能力。这种通过设立专门的舆情监测部门开展网络舆情收集、处置工作的做法已经普及至区县一级，与此相配套的是专业的网络舆情人才的培养，通过政府与高校共建新闻学院等方式探索人才培养的新路径。另外，政务微博开始由单一的媒体属性向机制化、常规化的网络办公平台转变，变成政府和社会对话与沟通的一种常态化平台。[②]

（三）社会化媒体和政治生态协同度的测评

系统间及系统内部各要素之间因性质不同、功能不同在协同力度上势必存在差异，不能一概而论。这种协同力度可以用协同关联度或协同度来度量，协同度高代表协同程度高，也就是系统达到的有序程度也高，有利于协同目标的实现。“系统的协同发展不是即生的，也不是一蹴而就的，它需要通过对原有系统不断的诊断、调整、评价，周而复始逐步实现。对系统协同发展程度的评价是系统实施协同发展的前提、指导和实现的路径。因此对系统的协同发展程度进行评价尤为重要。”[③]协同度是衡量协同程度和水平的重要指标，在一定程度上也可以用于估

---

① 李明德，张园，刘婵君，等. 互联网思维下舆论引导的改善与创新. 西安交通大学学报(社会科学版), 2015(3): 115-120.

② 赵云泽，韩梦霖. 从技术到政治：中国网络公共空间的特性分析. 国际新闻界, 2013(11): 73-87.

③ 杜志平，穆东. 系统协同发展程度的 DEA 评价研究. 运筹与管理, 2005(1): 75-81.

测协同效应的大小。反过来，协同度的测评又会对优化协同平台起到指导作用。

基于社会化媒体和政治生态系统的互动，主要体现在政治公开、政治参与、政治修复与政治协调四方面。因此，协同度从以下四方面体现和评价。第一，政治公开度。社会化媒体作为政府联系公众的扁平化传播平台，在增进政治透明、提升执政能力、提高行政效率方面具备天然优势，信息公开、政务微博等都是政治公开的有益尝试。但从实践来看，借用社会化媒体进行政治公开在认识与习惯上仍然存有障碍：公开到底是手段还是目标？积极总结、分析政治公开的现状和程度，阐发符合社会利益、国家安全双重需求的政治公开方略是社会现实的要求。第二，政治参与度。社会化媒体开放、透明、平等的环境空间给予了渴望社会增权与权力监督的普通大众“一线生机”。社会化媒体的出现推动了公民的政治参与和政治协商等政治生活方式的进步。然而当前民众通过网络参与政治主要是通过网络围观，形成规模化的舆论，进而影响政府的公共治理与政治决策。这种方式本身包含非理性与不确定性因素，当这些负面因素占主要地位时，网民的政治参与将会面临“多数人暴政”的危险。当前公众通过社会化媒体进行政治参与的模式、类型、特征以及正负影响等都发生了重大变化；在分析政治参与现状和政治参与度的基础上，建构网络政治参与过程模型，为政府建构合理的网络政治参与方式提供可行性建议。第三，政治修复度。从政治生态视角看，民主制度下的政治权力监督，需要监督权力来源的多元化，政治权力监督的社会化是大势所趋。从现实来看，微博问政、网络反腐已经与机制反腐、制度反腐相互促进，成为重建、修复政治生态的重要力量。评价社会化媒体与政治修复之间的互动应该置于更大的社会总体利益和政治总体公信力范围来考虑，怎样实现社会化媒体对政治生态失衡的有序、合法修复是不容回避的现实问题。第四，政治协调度。治理过程的基础不是控制，而是协调，是持续的互动。政治协调包含政府与社会关系的协调、政府内部资源的协调两层含义。考察中国社会化媒体运行的现实，政府与社会的关系成为焦点和热点；更为关键的是政府内部如何整合协调资源实现与社会需求高效互动。依托社会化媒体所做的政治协调和日常行政工作关系如何理顺？政治协调如何与政府工作流程匹配？政治协调的效率如何提高？都是政治协调机制化、常规化首先要回答的问题。

四、小结

基于社会化媒体和政治生态的关系困境，提出二者的协同发展研究，在协同学理论的基础上归纳出二者协同发展的概念维度，基于发展的过程对协同的实现进行理论上的推演，这些虽然是在理论上对社会化媒体和政治生态协同发展的建构和分析，但仍存在一些值得商榷之处。

第一，源于自然科学研究的“协同学”为社会科学的研究提供了崭新的思路，一度被誉为“横断科学的明珠”。虽然协同学一再标榜普适性，其应用范围也已扩展到社会学、经济学等领域，但在研究对象继续下移、更加具体的情况下，社会化媒体和政治生态协同发展仍将面临新的探索和尝试，没有现成的模式和经验可复制，需具体问题具体分析。

第二，协同发展是动态开放的，复杂性和不确定性难以想象、难以预知。要实现协同发展绝非朝夕之事，不能急于求成。切忌坠入“协同陷阱”，盲目地追求协同。不是所有的协同行为都能产生协同效应，协同的结果正负未知，不必苛求每次都能取得协同效应，更不必盲目地追求表面上的协同。有时甚至某些协同效应确实无法真正实现，可望而不可即。

第三，社会化媒体和政治生态的协同发展欲形成长效机制，需要制度的约束和保障。按照协同论的观点，有序和无序是时刻变化的，所以不能保证协同局面的持久和稳定，诸多不确定因素的作用或者一方主体收益不如预期，使得协同主体受利益支配，随时有机会“背叛”已形成的协同局面。因此，协同局面是一个“脆弱”的体系，而非一劳永逸、持久稳定的格局。需要通过制度设计来规范主体间的行为、保障协同主体的权益、明确协同主体的义务、维护协同局面的稳定性。

【理论拓展】

新时期新闻宣传工作重要论述

经济建设是党的中心工作，意识形态工作是党的一项极端重要的工作。

宣传思想工作就是要巩固马克思主义在意识形态领域的指导地位，巩固全党全国人民团结奋斗的共同思想基础。①

——2013 年 8 月 19 日，习近平出席全国宣传思想工作会议并发表重要讲话

做好党的新闻舆论工作，事关旗帜和道路，事关贯彻落实党的理论和路线方针政策，事关顺利推进党和国家各项事业，事关全党全国各族人民凝聚力和向心力，事关党和国家前途命运。②

——2016 年 2 月 19 日，习近平主持召开党的新闻舆论工作座谈会并发表重要讲话

党的新闻舆论工作是党的一项重要工作，是治国理政、定国安邦的大事，要适应国内外形势发展，从党的工作全局出发把握定位，坚持党的领导，坚持正确

① 习近平：胸怀大局把握大势着眼大事 努力把宣传思想工作做得更好. http://cpc.people.com.cn/n/2013/0821/c64094-22636876.html. (2013-08-21)[2020-01-05].

② 习近平：坚持正确方向创新方法手段 提高新闻舆论传播力引导力. http://www.xinhuanet.com//politics/2016-02/19/c_1118102868.htm. (2016-02-19)[2020-01-05].

政治方向，坚持以人民为中心的工作导向，尊重新闻传播规律，创新方法手段，切实提高党的新闻舆论传播力、引导力、影响力、公信力。①

——2016 年 2 月 19 日，习近平主持召开党的新闻舆论工作座谈会并发表重要讲话

在新的时代条件下，党的新闻舆论工作的职责和使命是：高举旗帜、引领导向，围绕中心、服务大局，团结人民、鼓舞士气，成风化人、凝心聚力，澄清谬误、明辨是非，联接中外、沟通世界。要承担起这个职责和使命，必须把政治方向摆在第一位，牢牢坚持党性原则，牢牢坚持马克思主义新闻观，牢牢坚持正确舆论导向，牢牢坚持正面宣传为主。②

——2016 年 2 月 19 日，习近平主持召开党的新闻舆论工作座谈会并发表重要讲话

党的新闻舆论工作是党的工作的重要组成部分。在革命建设改革各个历史时期，新闻舆论战线与党和人民同呼吸、与时代共进步，积极宣传党的主张、深入反映群众呼声、主动开展决策调研，发挥了十分重要的作用。③

——2016 年 11 月 7 日，在会见中华全国新闻工作者协会第九届理事会全体代表和中国新闻奖、长江韬奋奖获奖者代表时发表重要讲话

要坚持正确政治方向，同党中央保持高度一致，坚持马克思主义新闻观，坚守党和人民立场，坚持中国特色社会主义，做政治坚定的新闻工作者。④

——2016 年 11 月 7 日，在会见中华全国新闻工作者协会第九届理事会全体代表和中国新闻奖、长江韬奋奖获奖者代表时发表重要讲话

---

① 习近平：坚持正确方向创新方法手段 提高新闻舆论传播力引导力. http://www.xinhuanet.com//politics/2016-02/19/c_1118102868.htm. (2016-02-19)[2020-01-05].

② 习近平：坚持正确方向创新方法手段 提高新闻舆论传播力引导力. http://www.xinhuanet.com//politics/2016-02/19/c_1118102868.htm. (2016-02-19)[2020-01-05].

③ 习近平在会见中国记协第九届理事会全体代表和中国新闻奖、长江韬奋奖获奖者代表时强调 做党和人民信赖的新闻工作者. http://news.12371.cn/2016/11/07/ARTI1478517807204359.shtml. (2016-11-07)[2020-01-05].

④ 习近平在会见中国记协第九届理事会全体代表和中国新闻奖、长江韬奋奖获奖者代表时强调 做党和人民信赖的新闻工作者. http://news.12371.cn/2016/11/07/ARTI1478517807204359.shtml. (2016-11-07)[2020-01-05].

第二章　社会化媒体使用与政治生态发展的现状

第一节　社会化媒体背景下新闻传播业整体发展现状

一、社会化媒体环境下新闻事业面临的挑战

Web 2.0 环境日益成熟，移动互联网技术不断衍生出新媒体形态，传媒业发展呈现媒体融合趋势，官方和民间两个舆论场改写舆论引导新格局，社会信息领域的种种变革既极大地推动了新闻传播业的快速蓬勃发展，也产生了新问题、新挑战。

（一）新闻事业的党性和人民性关系问题

“党和政府主办的媒体是党和政府的宣传阵地，必须姓党。”[①]当前，有人以人民性否定党性，一些反党反社会主义观点、言论通过网络渠道隐秘而迅速传播，混淆视听，加剧了意识形态斗争的复杂性与严峻性。网络信息传播的即时性、互动性助推着“意见领袖”、网络“大 V”对个别事件的看法如滚雪球般传播，形成一个又一个舆论“冲击波”。这些“冲击波”往往有一个共同点，即凡是体现党和政府立场的，一律否定和反对；凡是体现所谓“草根”立场的，一律支持和渲染。[②]这种党性和人民性关系上的思想偏差，极易导致人心涣散、党群关系紧张，进而威胁党的执政地位。

（二）新兴媒体传播规律意识的缺失

网络赋权拓展了公众政治参与渠道，每个人都可能成为敏感热点问题的意见表达者或突发公共事件的爆料者，尤其是网络上“大 V”“公知”“推手”往往有着一呼百应的能量，多元复杂的舆论生态给宣传工作带来了极大挑战。与此同时，部分缺乏职业操守的新兴媒体忽视新兴媒体的特点和传播规律，导致虚假新闻、信息同质化及娱乐化问题时有发生。

---

① 中华人民共和国国防部. 习近平主持召开党的新闻舆论工作座谈会并发表重要讲话. http://www.mod.gov.cn/leader/2016-02/19/content_4644414.htm. (2016-02-19)[2020-03-01].

② 赵周贤, 刘光明, 徐志栋. 光明专论: 始终不渝坚持党性和人民性相统一——学习习近平总书记在全国宣传思想工作会议上的重要讲话. http://cpc.people.com.cn/pinglun/n/2013/0916/c78779-22931114.html. (2013-09-16)[2020-03-01].

（三）媒体融合进程中的改革瓶颈

从 20 世纪末起，媒体融合成为全球传媒业的发展趋势和媒介研究的重大课题。受政策壁垒、体制壁垒、技术壁垒及观念束缚等影响，始于 20 世纪 90 年代中期的中国媒体融合未能像欧美等发达国家或地区般发展迅速。随着信息全球化进程的加快，网站、微博、微信、新闻客户端等新兴媒体异军突起，态势强劲，打破了传统媒体的大一统传播格局，传统媒体发展遭遇瓶颈，亟须突围，媒体融合呈不可逆转之势倒逼中国传媒领域深化改革。在中国近十年的媒体融合实践中，传统媒体曾先后采用建网站、做电子版、推彩信、设“两微一端”等措施试水转型，但传统媒体数字化转型的成功案例屈指可数。刘奇葆指出：“媒体融合已经到了向纵深推进的关键阶段。必须坚定信心、乘势而上，着力创新工作理念思路，着力深化媒体内部体制机制改革，着力拓宽传播平台载体，着力强化人才支撑和政策保障，推动传统媒体和新兴媒体尽快从相‘加’迈向相‘融’，打造一批形态多样、手段先进、竞争力强的新型主流媒体，建成几家具有强大传播力引导力影响力公信力的新型媒体集团。”①

（四）对外传播的失衡问题

改革开放 40 多年来，包括中国形象建构、中国声音表达在内的我国自身国际传播能力与水平，相较之前已经有更大程度的提升，对外宣传能力逐步增强，这些都明显改善了中国的国际舆论环境和国际形象。

但是，一些境外媒体仍然没有停止在文化上丑化社会主义、抹黑中国形象、煽动民众反华情绪，极尽污蔑之能，这些现象的存在，不断向我们拉响国家意识形态安全警报，催人警醒、发人深思。应该看到，当前我国在国际传播中的声音依然微弱，这与我国不断提升的国际地位和与日俱增的影响力极不相称。“重主题轻主角、重体现轻展现、重论述轻叙述”的传统做法极大削弱了对外宣传实效，“有理说不出”“说了传不开”“传开叫不响”成为外宣工作的困局。

二、社会化媒体用户舆论表达现状

科技赋权与媒介赋权是新媒体时代网络空间中公众舆论表达的基础。在媒介形态更替迭代带来的社会变革中，心理失衡、意识狭窄、群体压力和角色幻构构成公众舆论表达产生和存在的生态现状。

---

① 刘奇葆. 推进媒体深度融合 打造新型主流媒体. http://www.xinhuanet.com/newmedia/2017-01/11/c_135973044.htm. (2017-01-11)[2020-03-02].

（一）公众舆论表达的心理失衡倾向

多向互动和便捷渠道是新媒体时代公众舆论生态的重要支点。人以突发事件为契机，在没有经过协商的情况下，偶尔聚合在一起，以匿名的形式存在于公众舆论生态中，形成集群。互联网集群现象的频发，归因于公众舆论表达的心理失衡。

首先，利昂·费斯汀格在他的“认知失调理论”[①]中提出，人为了追求自身的内在一致性，原本所被知觉的相对平衡的心理状态会在集群心理的作用下，受到认知、感觉、知觉、表象、思维等内部心理机制和外部环境的双重影响，产生心理失衡。公众舆论表达的心理失衡体现在两个层面上，一是舆论表达客体的认知失调；二是舆论表达主体的认知失调。舆论表达的客体是诱发舆情事件的人，舆论表达的主体是发表意见，持有立场与态度的人。主体和客体的双重认知失调构成了公众舆论的非理性表达。众声喧哗的公众舆论表达是人在心理失衡后，通过改变自己的态度和行为释放张力进行的心理补偿。认知失调给人带来的不良情绪是科技赋权下媒介变革对人心理层面的影响。

其次，依据马斯洛需求层次理论的观点，人的“缺失性需要与生长性需要”[②]如未获得满足，即使没有外部环境的刺激，也会诱发人的心理失衡。新媒体时代所创设的隐匿空间是人们心理失衡补偿的心理场。例如，食品安全、药品安全、自然灾害、环境污染等方面的网络舆情事件会威胁到人们的生理需要；交通事故、生产事故等网络舆情事件会威胁到人们的安全需要；家庭暴力、虐童事件、校园欺凌等网络舆情事件会威胁到人们归属与爱的社交需要；医患关系、教育公平等方面的网络舆情事件会威胁到人们尊重的需要；虚假慈善等网络舆情事件会威胁到人们自我实现的需要。这些网络舆情事件会引发热议、质疑与广泛的监督，皆是因为人们的心理需要未获满足而引发了心理失衡现象，这种失衡又会移情到公众舆论的表达中，造成表达上的非理性，影响舆论生态。

（二）公众舆论表达的意识狭窄倾向

公众舆论在多元场域中的表达常常偏离思维驱动下的理性，带有浓厚的情感和情绪色彩。经济的发展和社会的变革加剧了贫富分化与城乡差距，再加上快节奏生活的压力以及社会的集体焦虑，让不同阶层的人们都产生了“弱势”体验，在激情状态下，情绪受到意识广度的限制，造成极端的表达。

新媒体舆论生态环境较为容易滋生公众舆论的情绪化表达，一些带有人格侮辱倾向的表达获得了人们的高度关注并成为流行，像“叫兽”“砖家”“屌丝”等。

---

① 利昂·费斯汀格. 认知失调理论. 郑全全译. 杭州：浙江教育出版社, 1999.

② Maslow, A. H. *Motivation and Personality*. Beijing: China Social Sciences Publishing House, 1999: 26.

当公众看到此类网络流行语后，一般不会经过逻辑判断或理性思考，就迅速将自己代入事件的情境当中，无意识地缩小意识的广度，使自己陷入极端的情绪化之中。极端的情绪化包含两个层次的含义，一是对事件本身的体验，二是对自己相似经历的有感而发。在现实社会中遭遇过“不公”待遇的人，更容易产生极端情绪化的倾向，他们会用过激的语言宣泄自己的情绪，把事件当作茶余饭后的消遣。否定一切、批评一切的话语表达是一种简单的情绪宣泄，会对当事人造成极大的伤害与困扰。

（三）公众舆论表达的群体压力倾向

虚拟网络空间就像一个庞大的信息传播网络，在这个庞大的网络中，信息传播的非线性为公众舆论的自由表达提供了便利。人们常常不需要使用真实的身份就可以置身于公众舆论的场域中发表意见与观点，具有一定的随意性。

与此同时，在新媒体时代，人可以通过网络自由、轻松地寻找到和自己志趣相投的人，并迅速建立一个心理趋同的群体。当身处群体之中时，人由于群体的压力，常常放弃自己的观点和态度，与群体中的多数保持一致，由于害怕自己被孤立于群体之外，往往表现出盲目服从。尤其是认知水平较低、经验不足和自卑的人，更容易在群体中受到他人意见的影响，趋向与群体一致。他们的观点和态度会受到群体的暗示和感染，展现出公众舆论表达的非理性。新媒体化的公众舆论一旦形成，就会有大量的跟帖和转发，再配上惟妙惟肖的图文描述和声情并茂的视频效果，来自不同地域、不同民族、不同身份的人就会不约而同地形成集群，成为事件的旁观者，尤其对重大舆情事件而言，惊人的关注度会在群体极化效应的作用下，使得公众舆论的表达具有群体压力倾向。

（四）公共舆论表达的角色幻构倾向

新媒体时代网络空间的虚拟性，使得公众在虚拟空间中投射了另一个自己。人们在现实社会中的身份无法改变，而虚拟空间中的身份却有着很强的自主性与建构性。Tajfel 的“社会认同理论”[①]认为，个体在特定群体中的社会角色认可，能够给身处群体中的成员带来深刻的存在价值和情感体验。因而，人在现实中的不足往往会在虚拟的空间中获得补偿。弗洛伊德人格结构理论中的“冰山模型”（Iceberg Model）[②]表明，理性的表达一般存在于人的意识状态下，人只有在潜意识活跃的梦境中才会出现非理性的思绪。不论是何种社会阶层的人，在真实的生

① Tajfel, H., & Turner, J. C. The social identity theory of inter group behavior. *Psychology of Intergroup Relations*. 1986, 3: 7-24.

② 西格蒙德·弗洛伊德. 自我与本我. 张唤民, 陈伟奇, 林尘译. 上海: 上海译文出版社, 2011.

活中都会受到各种规则和制度的制约。然而，新媒体环境下互联网的虚拟与隐匿，直接导致新媒体时代公众舆论表达的主观性和自由性。在虚拟社会中，人在潜意识释放的状态下，建构一个自己理想的社会角色就成为可能。

现实中越是处于弱势和劣势的人，在虚拟空间中扮演的角色往往越形象高大，他们会通过建构一个全新的角色，有意或无意地获得自我意识的认同。在虚拟空间中，性别、年龄、地区、职业、受教育程度、头像和个性签名等，能展现自己个性心理和人格特征的因素，都可以通过“设置”来设定，进而建构一个使自我获得价值体验的社会角色。

另外，在新媒体环境下，手机这一网络终端的普及，使人在没有场所和设备局限的环境下，实现了自由切换现实与虚拟通路的构建。人们在现实生活中不敢说的话和不敢表现的状态，都可以在相对宽松的环境下通过自己建构的社会角色，毫无顾忌地暴露出来，从而拥有空前的平等感和安全感。这些感觉强化了人的表达意愿，激发了他们表达的冲动与渴望。人们在现实中受到的委屈和压抑，会通过新媒体的平台，在已经形成的舆论场域中表达出来，尤其是在一些网络社交平台中，现实和虚拟难以区分，虚拟空间中的社会角色扮演和社会认同实际上是现实身份的人格复制与补偿。

第二节　社会化媒体用户使用与政治生态发展现状

一、研究过程概述

（一）研究问题

在前期文献梳理的基础上，本书通过全国性问卷调查，分别对当前社会化媒体与政治生态各自发展现状以及二者的关联发展现状进行总结，找出当前阻碍社会化媒体与政治生态协同发展的因素，归纳二者协同发展的影响因素和作用机制，制定协同发展评价指标，构建协同度的测度模型，逐步建立起二者的协同发展测评体系，从而为社会化媒体与政治生态协同发展的机制构建与路径选择提供更为科学合理的参考。

（二）研究设计与调研

1. 调查问卷设计

本次调查问卷共由三部分组成：个人基本信息、社会化媒体使用现状、社会化媒体与政治生态关联发展现状。

（1）个人基本信息

“个人基本信息”部分主要对受访者的性别、年龄、文化程度、政治面貌、职业、收入 6 方面情况进行统计，对应 6 个主要问题。

（2）社会化媒体使用现状

“社会化媒体使用现状”部分主要考察社会化媒体的用户普及度、用户使用度、用户忠诚度与用户参与度 4 个方面的情况，由 9 个主要问题组成。就社会化媒体用户普及度而言，通过问卷第二部分第二题（B2）来测量；就社会化媒体用户使用度而言，通过问卷第二部分第五题（B5）和第六题（B6）来联合测量；就社会化媒体用户忠诚度而言，通过问卷第二部分第三题（B3）和第四题（B4）来联合测量。同时，还通过（B2-1）和（B2-2）来对微博与微信的用户忠诚度进行专门比较；就社会化媒体用户参与度而言，通过问卷第二部分第九题（B9）和第十一题（B11）来联合测量。

（3）社会化媒体与政治生态关联发展现状

社会化媒体与政治生态关联发展现状部分主要考察当前我国公民社会化媒体的政治性使用现状，通过社会化媒体政治信息获取、社会化媒体政治互动、社会化媒体政治表达和社会化媒体政治事务参与 4 个维度来加以分析。通过 B8 来测量公民的社交媒体政治信息获取现状；通过 B10 来测量公民的社会化媒体政治表达现状；通过 C9-2、C30-1 和 C34-1 对公民的社会化媒体政治事务参与现状进行测量。

2. 抽样与样本

本调查于 2018 年 1 月至 2018 年 6 月实施，采用便利样本的自填式问卷法，共邀请分布于全国 31 个省（自治区、直辖市）的 5000 位在年龄、职业与收入 3 个人口学属性上分属于不同层次的社会化媒体使用者填写问卷。具体过程如下：由 300 名志愿者选择 5～20 名自己身边的朋友或家人（人数根据志愿者所在地域决定：东部地区为 20 名、中部地区为 15 名、东北地区为 5 名、西部地区为 10 名）填写本问卷。最终收回问卷 4436 份，其中有效问卷 3848 份。根据《2015 年中国社交媒体核心用户数据分析》，2014 年中国社会化媒体用户的平均年龄为 30.4 岁，高等学历用户占到 70.7%[①]。在本次的便利样本中，被访者平均年龄为 28.9 岁，男女性别比为 52.91 : 47.09，样本偏向于 19～29 岁、学生群体、高学历社会群体。说明本次样本的人口统计学特征与同年的权威数据报告中的社会化媒体用户构成具有高度可比性。

（三）基本情况

本次调查所采用的正式数据涉及全国 31 个省（自治区、直辖市）3848 名社会化媒体使用者。研究首先对由性别、年龄、文化程度、政治面貌、职业和收入

① 佚名. 2015 年中国社交媒体核心用户数据分析. http://www.sohu.com/a/21880655_117816. (2015-07-08) [2020-03-03].

6 个变量组成的受访者的人口统计学特征进行了测量，具体结果见表 2-1。

表 2-1　受访者基本情况统计（*N* = 3848）

项目	内容	人数/人	百分比/%[①]
性别	男	2036	52.91
	女	1812	47.09
年龄	18 岁及以下	242	6.29
	19～29 岁	2679	69.62
	30～39 岁	430	11.17
	40～49 岁	370	9.62
	50～59 岁	116	3.01
	60 岁及以上	11	0.29
文化程度	高中及高中以下	820	21.31
	大学专科	506	13.15
	大学本科	1902	49.43
	硕士研究生及以上	620	16.11
政治面貌	中共党员	978	25.42
	共青团员	1965	51.07
	民主党派	36	0.94
	群众	869	22.58
职业	学生	2179	56.63
	公务员	592	15.38
	企业员工	744	19.33
	农民	73	1.90
	自由职业者	207	5.38
	退休	16	0.42
	无业/下岗/失业	37	0.96
收入	1000 元以下	1501	39.01
	1000～2999 元	565	14.68
	3000～4999 元	651	16.92
	5000～6999 元	249	6.47
	7000～8999 元	275	7.15
	9000～9999 元	142	3.69
	1 万元及以上	465	12.08

① 因四舍五入原因，计算所得数值有时与实际数值有些微出入，特此说明。

从性别来看，男性占 52.91%，女性则占 47.09%，男性数量略多于女性，但整体差别不大。从年龄分布上看，19～39 岁的群体占比超过 80%，其中 19～29 岁人数占比达到 69.62%，这与社会化媒体用户群体年轻化的特征相吻合。就文化程度而言，大学专科、大学本科、硕士研究生及以上学历人数占到总数的近 80%，说明社会化媒体的主要使用者为接受过高等教育的人群；其中尤以大学本科人数最为庞大，占比为 49.43%，这进一步表明，社会化媒体的使用人群受教育程度高和低的人群占比较低，中间人群占比较高。与文化程度相适应，在政治面貌上，共青团员占比为 51.07%，数量超过总数的一半，侧面印证了 28 岁以下年轻人群已成为使用社会化媒体的中坚力量；其次为中共党员，占比为 25.42%，另有 22.58%的群众和 0.94%的民主党派。职业分布上，学生成为社会化媒体的最大用户群体，占到总体数量的 56.63%，企业员工比重和公务员比重分别占到 19.33%和 15.38%。从收入上看，与学生数量居多的结果相契合，1000 元以下收入者占到 39.01%，5000 元以下收入者更占到总数的 70%以上，说明社会化媒体使用者多数收入水平偏低。

二、社会化媒体用户使用现状

用户普及度部分设置 1 道题来对主要社会化媒体的用户拥有数量进行测量；用户使用度部分设置两道题，分别从宏观与微观两个层面考察用户使用主要社会化媒体的频率；对用户忠诚度的测量主要通过两个串联问题来实现，该部分还针对微博与微信两大社会化媒体的用户忠诚度设置了两个问题展开比较研究；用户参与度部分则设置两道题目对用户参与社会化媒体的不同程度进行测量。综上，社会化媒体用户使用现状部分共设置 9 个问题，从不同角度予以考察与分析。

（一）社会化媒体的用户普及度：两极分化趋势明显

在对题目“您在以下哪个网站或者应用软件上拥有账号”的回答上，分别有 88.62%和 86.56%的受访者选择微信和 QQ，从其占比近 90%的选择情况来分析，微信与 QQ 已经在绝大多数人群中得到普及；位列第三的社会化媒体类型是微博，有一半左右的受访者拥有微博账号。其中，拥有新浪微博账号的用户多于拥有腾讯微博账号的用户，二者的占比分别为 57.82%和 46.93%，表明新浪微博较腾讯微博实现了更高的用户普及度。

反过来看，新浪博客的用户数量占比仅为 0.03%，陌陌、豆瓣网与优酷的用户数量占比也分别仅为 9.12%、16.19%和 26.59%。与微信、QQ 占比近 90%的用户数量对比，社会化媒体的用户普及度呈现出明显的两极分化之势（表 2-2）。

表 2-2　社会化媒体用户普及度调查统计表（N=3848）（单位：%）

题项	新浪微博	腾讯微博	微信	陌陌	QQ	豆瓣网	新浪博客	优酷	其他
您在以下哪个网站或者应用软件上拥有账号	57.82	46.93	88.62	9.12	86.56	16.19	0.03	26.59	2.62

（二）社会化媒体的用户使用度：过度使用与依赖

从宏观上来看，在对用户社会化媒体使用情况的考察中，我们发现，受访者经常或总是使用的社会化媒体类型前两位分别为 QQ 等网络聊天工具和微信等即时通信软件，占比分别为 66.66%和 66.37%，这表明聊天与通信是用户选择使用社会化媒体的第一需求。位列第三的用户经常使用的社会化媒体类型为百度知道/知乎等信息查找工具，占比 51.43%，说明获得信息也是用户使用社会化媒体的重要需求之一。选择经常或总是使用优酷/土豆等视频网站的受访者占到 41.45%，这体现了用户较高的娱乐需求。

用户很少或从不使用的社会化媒体类型为陌陌等交友软件，占比为 80.10%，其中，从不使用陌陌等软件的受访者数量占比达到 64.79%，这与其自身特色不够、优势不明，且伴随较高的个人信息安全风险有关。过去 1～2 年，从不或很少使用高校 BBS/天涯论坛/强国论坛等的受访者数量占到总数的 76.48%。同时，从不或很少使用博客中国/网易博客/新浪博客等的受访者数量占比也达到 58.16%，作为较早出现的社会化媒体形式，这几类软件也曾经有过用户使用度较高的辉煌时期，它们的没落也再一次印证了用户社会化媒体使用习惯的快速变迁以及喜爱追求新事物的心理特点（表 2-3）。

表 2-3　用户对各类社会化媒体平台使用度调查统计表（N=3848）（单位：%）

题项	从不	很少	有时	经常	总是
高校 BBS/天涯论坛/强国论坛等	44.15	32.33	15.96	6.19	1.38
豆瓣网/大众点评等	35.79	31.08	22.64	8.68	1.82
QQ 等	5.87	9.02	18.45	35.32	31.34
百度知道/知乎等	11.12	12.40	25.05	32.98	18.45
博客中国/网易博客/新浪博客等	30.35	27.81	23.70	13.59	4.55
优酷/土豆等视频网站	11.64	16.55	30.35	30.20	11.25
人人网/开心网等	29.57	30.43	23.54	12.66	3.79

续表

题项	从不	很少	有时	经常	总是
新浪微博/腾讯微博等	15.18	19.26	26.43	26.09	13.05
微信等即时通信软件	7.67	8.60	17.36	31.83	34.54
陌陌等软件	64.79	15.31	10.19	6.19	3.53

在具体对用户的社会化媒体使用频率的调查中，我们发现，每天都要使用社会化媒体的受访者数量达到80.43%，若将每周都要使用社会化媒体的受访者数量也算在内，其占比已超过97%，这表明用户对其经常使用的社会化媒体依赖程度极高，社会化媒体已成为其日常生活中不可或缺的组成部分。在受访者中，一天需要数次访问社会化媒体平台的人数更占到65.07%，说明多数用户已经在无形中将使用社会化媒体作为一种生活方式（表2-4）。用户对社会化媒体的强依赖性必然会对其思想与行为产生重要影响，这一点已毋庸置疑。这种行为习惯所带来的正负效应是否会对民众的政治态度产生影响，将是本书的后续探讨焦点之一。

表2-4　用户对整体社会化媒体使用频率调查统计表（$N=3848$）（单位：%）

题项	一天数次	一天一次	一周一次	一周1～2天一次	一周3～5天一次	几周一次	更少
在您经常使用的社会化媒体中，您访问的频率如何	65.07	15.36	5.87	6.19	5.46	1.27	0.78

（三）社会化媒体的用户忠诚度：个别社会化媒体用户忠诚度极高

我们用题目“您在以下哪个网站或者应用软件上注册的账号最早”和题目“您在以下哪个网站或者应用软件上注册的账号持续使用时间最长”来联合测量社会化媒体的用户忠诚度。结果发现，用户的社会化媒体忠诚度呈现两极分化趋势，仅对个别媒体表现出较高忠诚度，多数社会化媒体对用户的持续吸引力不足（表2-5）。

表2-5　社会化媒体用户忠诚度调查统计表（$N=3848$）（单位：%）

题项	新浪微博	腾讯微博	微信	陌陌	QQ	豆瓣网	新浪博客	优酷	其他
您在以下哪个网站或者应用软件上注册的账号最早	6.11	0.91	7.35	0.05	84.12	0.10	0.26	0.39	7.02
您在以下哪个网站或者应用软件上注册的账号持续使用时间最长	4.68	0.44	13.96	0.08	79.65	0.13	0.08	0.23	0.70

首先，根据单项数据统计，84.12%的受访者最早在 QQ 上拥有账号，这与 QQ 的诞生时间较早有直接关系，同时也证明了 QQ 在我国社会化媒体发展的早期阶段的绝对优势地位；位列第二的社会化媒体为微信，虽然占比仅为 7.35%，但其诞生于社会化媒体“群雄逐鹿”的发展浪潮中，能够在同期出现的众多社会化媒体形式中抢占先机、获得用户的关注，也证明了该类媒体的用户影响力。

其次，在持续使用时间最长的社会化媒体中，QQ 获得了 79.65%的投票率，说明 QQ 的用户忠诚度较好，最早在其上注册的用户，也倾向于持续使用该软件；同时，也有 13.96%的受访者持续使用时间最长的软件为微信，结合其 7.35%的用户最早注册率，说明微信虽然发展时间仅有 10 年，但已经获得了很高的用户忠诚度。

最后，我们将两组变量做交叉分析，所构成的列联表以卡方检验分析的结果发现，$\chi^2(1517) = 0.97820.691, p = 0.000$，由于两个类别变项都超过两个水准，卡方值大于样本数，造成ϕ大于 1 的问题，可转化为列联系数= 0.978, $p = 0.000$，达显著水准，二者具有显著的关联。

整体考察结果表明，用户在微信、QQ 和豆瓣网上最早注册账号的情况下，倾向于在该应用软件或网站上持续使用更长时间。其中，在微信上注册账号最早的情况下，选择在其上持续使用时间最长的数量占比为 94.5%；第二为 QQ，占比 93.4%；第三为豆瓣网，占比 66.7%；针对其余网站或应用软件，在注册账号最早的情况下，受访者并未表现出对该网站或软件较高的最长持续使用时间倾向，占比均未超过 50%，在新浪微博上注册最早的情况下，对其持续使用时间最长的占比为 41.2%，持续使用时长占比最低的社会化媒体为新浪博客，仅为 27.3%，这与用户的使用习惯逐渐向快节奏、短阅读方式转变有直接关系（表 2-5）。

鉴于微博和微信这两大社会化媒体类型曾经给我国社会、政治、经济、文化等方面带来的变化，以及其未来可能产生的影响力，我们进一步对受访者的微博和微信使用忠诚度进行了对比考察。需要说明的是，这里将各类网站开设的微博看作整体进行考察，比较作为类的微博与微信的用户忠诚度差别（表 2-6）。

表 2-6 微博与微信用户忠诚度调查统计表（$N = 3848$）（单位：%）

题项	微博	微信	都没有
就微博和微信而言，您更早在哪类社会化媒体上拥有账号	47.14	44.05	8.81
就微博和微信而言，您在哪类社会化媒体上持续使用时间最长	25.10	66.45	8.45

数据显示，最早在微博上注册账号的受访者数量高于最早在微信注册账号的受访者数量，占比分别为 47.14%和 44.05%，但数值差别不大；然而针对“在哪类社会化媒体上持续使用时间最长”的回答，选择微信的受访者数量则远高于选择微博的人数，二者占比分别为 66.45%和 25.10%，说明相较于微博，用户对微

信的忠诚度明显更高。进一步对两个变量进行交叉分析，两个变项所构成的列联表以卡方检验分析的结果发现，$\chi^2(224) = 43009.160$，$p = 0.000$，达显著水准，高度关联。结果显示，在微博注册更早的情况下，微博或微信使用时间更长的比例为 45.6%：54.0%；在微信注册更早的情况下，微博或微信使用时间更长的比例为 5.4%：94.0%。这进一步佐证了微信比微博拥有更强的用户忠诚度，且忠诚度远高于微博（表 2-6）。

（四）社会化媒体的用户参与度：主动性不强、程度不深

我们主要通过题目"您是否使用社会化媒体发表帖子"和题目"您是否在这些媒体上跟帖或者点赞、分享帖子"来测试用户在社会化媒体之上的参与程度与态度表达程度。一般认为，发表帖子是对自己原创性观点的直接表达，具有更强的参与主动性，且态度表达程度更为强烈；跟帖、分享和点赞则是借助他人的观点来间接反映自己意见、态度的行为，隐蔽性较强，参与程度与态度表达程度较弱。因此，发表帖子行为的参与主动性与态度表达程度要高于跟帖、分享和点赞行为。

在发帖行为上，受访者经常和总是使用的社会化媒体前两位是微信等即时通信软件和 QQ 等，占比分别为 37.81%和 34.18%，其余社会化媒体经常和总是使用的占比均未超过 30%，这表明，大多数公众并不愿意使用社会化媒体发表帖子。进而言之，公众并不倾向于在社会化媒体上使用更加明显和程度更强的态度表达方式来实现参与，主动性较弱（表 2-7）。

表 2-7　社会化媒体用户发帖行为调查统计表（$N = 3848$）（单位：%）

题项	从不	很少	有时	经常	总是
高校 BBS/天涯论坛/强国论坛等	58.50	23.31	11.77	4.52	1.90
豆瓣网/大众点评等	55.80	23.83	12.89	5.48	2.00
QQ 等	19.88	18.50	27.45	21.00	13.18
百度知道/知乎等	35.71	23.18	22.40	12.58	6.13
博客中国/网易博客/新浪博客等	47.74	22.32	17.28	8.55	4.11
优酷/土豆等视频网站	50.55	22.84	14.89	8.16	3.56
人人网/开心网等	46.90	24.43	17.57	8.06	3.04
新浪微博/腾讯微博等	30.40	21.26	22.64	16.71	9.00
微信等即时通信软件	22.43	16.40	23.36	22.97	14.84
陌陌等软件	68.92	14.03	9.36	4.89	2.81

在跟帖、点赞和分享行为上，微信等即时通信软件和 QQ 等仍然是受访者最常使用的社会化媒体类型，经常和总是使用的占比分别为 41.63%和 38.67%，这两个数值均高于受访者愿意发表帖子的数值（表 2-8）。

表 2-8　社会化媒体用户跟帖、点赞、分享行为调查统计表（$N=3848$）（单位：%）

题项	从不	很少	有时	经常	总是
高校 BBS/天涯论坛/强国论坛等	54.10	24.17	13.12	6.06	2.55
豆瓣网/大众点评等	50.13	24.40	16.14	6.47	2.86
QQ 等	18.19	16.50	26.64	22.82	15.85
百度知道/知乎等	32.88	20.92	23.52	14.73	7.95
博客中国/网易博客/新浪博客等	44.75	24.19	18.04	8.63	4.39
优酷/土豆等视频网站	41.86	24.32	19.36	10.27	4.18
人人网/开心网等	44.33	24.32	18.04	9.30	4.00
新浪微博/腾讯微博等	29.73	19.28	22.56	18.43	10.01
微信等即时通信软件	20.50	14.84	23.02	24.24	17.39
陌陌等软件	67.12	14.76	9.59	5.51	3.01

同时，从表 2-7 和表 2-8 的数据对比中能够发现，经常或总是使用任意社会化媒体跟帖、分享和点赞的受访者数量全部高于经常或总是使用该媒体发表帖子的数量。也就是说，在社会化媒体上，用户更愿意采用隐蔽的、程度较弱的方式来表达自己的观点和态度，其参与形式以围观为主，参与主动性不强、程度不深。

三、社会化媒体使用与政治生态的关联发展现状

基于对社会化媒体与政治生态关联发展现状的探讨，本书聚焦于公民对社会化媒体的政治性使用现状。伴随社会化媒体的诞生，社会信息生产方式与传播过程被彻底颠覆，传播技术的“Web 2.0”时代也开启了各国政治传播的“政治 2.0”时代。[①]因此，对于公民使用社会化媒体讨论并参与政治事务的考察，就成为各国研究者共同关注的焦点话题之一。

对社会化媒体政治功能的正负价值给出判断的前提，是全面掌握公民社会化媒体的政治性使用现状。本书通过对中国社会语境下的公民社会化媒体政治性使用现状的调查，从公众的政治认知、政治互动、政治表达和政治参与四个维度来归纳当前我国公民社会化媒体政治性使用的特征。

① 韩娜. 社交媒体对政治传播影响的研究——基于批判的视角. 新闻记者, 2015(8): 81-86.

（一）社会化媒体政治信息获取缺乏主动性

处于逻辑链条最前端的政治信息获取属于认知范畴，它对后续的信息处理与参与行为都具有显著影响。[①]政治信息获取反映的是公民对政治的基本关注度，有意识的、充分的信息获取能够帮助其对政府工作有更全面的了解与更深入的理解。公民强烈的政治信息获取意愿也能够在一定程度上对政府的信息公开工作形成倒逼机制，从而提高政治透明度。相较于被看作"意识形态国家机器"和政府"耳目喉舌"的传统新闻媒体，能够开放平等获取政治信息的网络更受公民的青睐，然而谣言与负面信息的大量存在也构成人们对网络政治信息可信度与客观性的质疑，从而又降低公民的网络政治信息获取意愿。

现实的社会化媒体政治信息获取情况佐证了上述推论，在被问及"您是否在最常用的社会化媒体上查找时政类或社会事务类信息"时，选择"从不"或"很少"的受访者占43.6%，接近总数的一半，还有33.37%的受访者的答案为"有时"，三者之和达到70%以上。这表明，当前我国公民通过社会化媒体获取政治信息的意愿不高、行动力不足。同时，我们的辅助调查还显示，相较于其他职业，学生、党政机关工作人员的政治信息获取意愿更强、程度更高。这说明，职业的不同对政治信息的获取具有重要作用，除去与政治系统关系较为密切的行业，其他行业领域通过社会化媒体关注、获取政治信息的主动性整体偏低（表2-9）。

表2-9　公众社会化媒体政治信息获取现状调查统计表（$N=3848$）（单位：%）

题项	从不	很少	有时	经常	总是
您是否在最常用的社会化媒体上查找时政类或社会事务类信息	16.55	27.05	33.37	17.93	5.09

（二）社会化媒体政治互动性不强

互动性强是社会化媒体的标志性特征之一，沟通方式与传播结构的进一步优化，将以往自上而下的垂直型信息发布方式转变为扁平化的信息交流方式。在许多研究中，平等互动交流与强弱关系的维持成为社会化媒体信息传播的讨论的焦点：作为一种去角色化的陌生人互动，社会化媒体的互动方式能够促使互动双方转变为类亲密关系，从而奠定其在信息传播中的强大动员能力[②]；公共话语空间的分化与重构又迫使以往单一的官方话语传播转变为官方话语与民间话语的互动

① 张明新，刘伟. 互联网的政治性使用与我国公众的政治信任：一项经验性研究. 公共管理学报，2014(1): 90-103.

② 张杰. "陌生人"视角下社会化媒体与网络社会"不确定性"研究. 国际新闻界，2012(1): 34-40.

与博弈[①]，这些都进一步推动了各级政府的政务社会化媒体建设进程，以便政府能够在社会化媒体上，以新的角色身份实现与网民的交流沟通。

然而，当前的现实调查与理论设想中社会化媒体对公民政治互动的解放作用却产生了背离：对于“您是否在最常用社会化媒体上讨论时政类或社会事务类话题”的回答，分别有 33.43%和 31.83%的受访者选择了“从不”和“很少”，即超过六成的受访者在社会化媒体上讨论政治话题的意愿不强。还有 22.87%的受访者仅有时讨论政治话题，也就是说，近 90%的受访者不太使用社会化媒体讨论政治话题（表 2-10）。这表明，当前我国公民的社会化媒体政治互动性不强、程度不深。

表 2-10 公众社会化媒体政治互动现状调查统计表（*N*=3848）（单位：%）

题项	从不	很少	有时	经常	总是
您是否在最常用社会化媒体上讨论时政类或社会事务类话题	33.43	31.83	22.87	8.99	2.88

（三）社会化媒体政治表达程度极低

本书将政治互动与政治表达划分为两部分加以讨论，原因有二：其一，政治表达是比政治互动主动性更强、政治态度更明显的政治行为方式；其二，政治表达并不一定伴随政治互动。有研究表明，在网络上，自我表达与独白远比倾听、回应与对话要多，参与者关于某个话题的持久对话是较为罕见的。[②]

与西方国家社会化媒体的生活娱乐化本性不同，我国的社会化媒体自诞生之日起，即表现出一种对现实社会政治运行轨迹的聚焦能力。2010～2013 年，社会化媒体对公民表达权的强大解放效果是显而易见的。关于社会化媒体诞生对公民政治表达能力的提升，许多研究也都给予了充分的肯定，认为社会化媒体作为反映社情民意的重要场所，助推了公共表达权的回归[③]；它所形成的强大网络舆论，能够使人们听到自己的声音，拓宽新闻与意见表达的宽度，从而使普通人得到社会更多的关照与理解。[④]然而，网络暴力行为的出现与网络实名制作用的显现，增加了公民网络表达的感知风险；同时，网络表达权的有限性也使表达结果的不确定性大为提升。现实的调查也反映出公民在社会化媒体平台极低的政治表达意

① 孟建，卞清. 我国舆论引导的新视域——关于官方话语和民间话语互动、博弈的理论思考. 新闻传播，2011(2): 6-10.

② 胡泳. 网络政治——当代中国社会与传媒的行动选择. 北京：国家行政学院出版社，2014: 37.

③ 滕姗姗，李华君. 社会化媒体环境中公共表达权的特性及主体互动. 电子政务，2014(7): 48-53.

④ 喻国明. 社会化媒体崛起背景下政府角色的转型及行动逻辑. 新闻记者，2012(4): 3-8.

愿：对于“您是否在最常用的社会化媒体上发布时政类或社会事务类话题”的回答，有 75.36%的受访者表示从不或很少发布，近八成的占比显示出公众对于主动发布政治话题行为的排斥，加上 15.25%的受访者选择有时发布，也就证明了，绝大多数的受访者都不太会在社会化媒体上进行政治表达（表 2-11）。

表 2-11 公众社会化媒体政治表达现状调查统计表（$N=3848$）（单位：%）

题项	从不	很少	有时	经常	总是
您是否在最常用的社会化媒体上发布时政类或社会事务类话题	49.53	25.83	15.25	6.73	2.65

（四）社会化媒体政治事务参与程度一般

有别于一些将政治表达视为政治参与行为之一的观点，本书将政治表达与政治参与分开讨论，因为我们所说的政治表达更多的是主观态度层面的表达，尽管有关政治的知识、政治兴趣、政治能力和功效感以及对政治相关性的认识可能常常与客观的政治行为密切相关，但在有些时候又与后者不发生直接关系①；同时，朋友之间的政治讨论等意见表达行为的目标对象并不是政治决策者，因而不能被视为政治参与行为。②

政治参与的扩大被认为是政治现代化的标志。③理论上而言，网络技术的发展为公民政治参与渠道的拓宽和参与成本的降低开辟了道路，借助社会化媒体平台，公民直接充分地参与到公共事务决策过程的各个环节，同时将参与行为与切身利益联系起来，从而使强势民主的实现获得了依托。④对于现实的发展状况是否能够与理论设想相契合，本书也从几个方面进行了考察。

社会化媒体政治参与方式多种多样，本书仅选取近年来在我国影响力较大的几种现象为代表，对公众政治参与程度展开分析。结果表明，相较于传统政治参与方式，当前我国公民利用社会化媒体平台进行政治参与的程度较深、效果较好。然而单就社会化媒体本身而言，其参与方式、内容、程度仍然存在较大提升空间，社会化媒体对政治参与的正面促进作用尚未完全发挥。

① 塞缪尔·亨廷顿，琼·纳尔逊. 难以抉择——发展中国家的政治参与. 汪晓寿，吴志华，项继权译. 北京：华夏出版社，1989: 5.

② Verba, S., Schlozman, K. L., & Brady, H. E. *Voice and Equality: Civic Voluntarism in American Politics.* Cambridge: Harvard University Press, 1995.

③ Verba, S., Schlozman, K. L., & Brady, H. E. *Voice and Equality: Civic Voluntarism in American Politics.* Cambridge: Harvard University Press, 1995.

④ 马小娟. 论社交媒体对公民政治参与的影响. 中国出版，2012(24): 22-25.

在被问及“您会考虑通过微博、微信等社会化媒体向市政、卫生、纪检、环保等部门反映问题、提建议吗”时，共46.62%的受访者选择“一定会”或“比较会”，也就是说，近一半的受访者愿意通过社会化媒体渠道实现与相关部门的对话沟通。仍然有超过半数的受访者对这种参与方式的态度并不积极，这表明当前我国公民利用社会化媒体进行官民互动的主动性有待提高，互动程度有待提升（表2-12）。

表2-12 公众社会化媒体政治参与现状调查统计表1（$N=3848$）（单位：%）

题项	一定会	比较会	一般	不太会	一定不会
您会考虑通过微博、微信等社会化媒体向市政、卫生、纪检、环保等部门反映问题、提建议吗	11.87	34.75	28.68	20.95	3.76

针对“微博问政”的重要性，分别有23.42%和36.24%的受访者认为“非常重要”和“比较重要”，占比近60%；针对“微博反腐”的重要性认知，也分别有26.41%和35.60%的受访者选择“非常重要”和“比较重要”，占比超过60%。上述结果显示，多数受访者对“微博问政”“微博反腐”这两种社会化媒体政治参与方式认可度较高，证明公民对这两类政治参与行为的参与力度较大、参与效果较好（表2-13）。

表2-13 公众社会化媒体政治参与现状调查统计表2（$N=3848$）（单位：%）

对以下两个项目的重要性您怎么看					
题项	非常重要	比较重要	一般	不怎么重要	完全不重要
微博问政	23.42	36.24	26.67	10.60	3.08
微博反腐	26.41	35.60	25.27	9.81	2.91

本书还考察了公民对社会化媒体政治参与功能的整体性认知。一半左右的受访者对微博、微信等社会化媒体的政治参与效果给予了正面评价。首先，受访者认可度最高的是微博、微信等拓宽了参政、议政的渠道，占比为52.46%；其次为微博、微信等激发了参政、议政的热情，占比为45.40%；微博、微信等实现了参政、议政的愿望的支持排在最后，占比为42.56%。也就是说，参与渠道的拓宽与参政热情的激发并不代表能够获得令人满意的参政效果。同时还应看到，仍有一半左右的受访者对社会化媒体政治参与功能的满意度不高，距社会化媒体对公民政治参与正面社会效果的充分发挥，尚存在一段距离（表2-14）。

表 2-14　公众社会化媒体政治参与现状调查统计表 3（$N=3848$）（单位：%）

您是否同意以下观点					
题项	完全不同意	比较不同意	一般	比较同意	完全同意
微博、微信等激发了参政、议政的热情	9.96	18.09	26.55	40.58	4.82
微博、微信等拓宽了参政、议政的渠道	5.03	16.60	25.91	45.18	7.28
微博、微信等实现了参政、议政的愿望	7.27	19.14	31.02	36.68	5.88

【理论拓展】

新时期新闻宣传工作重要论述

推动媒体融合发展、建设全媒体成为我们面临的一项紧迫课题。要运用信息革命成果，推动媒体融合向纵深发展，做大做强主流舆论，巩固全党全国人民团结奋斗的共同思想基础，为实现“两个一百年”奋斗目标、实现中华民族伟大复兴的中国梦提供强大精神力量和舆论支持。①

宣传思想工作要把握大势，做到因势而谋、应势而动、顺势而为。我们要加快推动媒体融合发展，使主流媒体具有强大传播力、引导力、影响力、公信力，形成网上网下同心圆，使全体人民在理想信念、价值理念、道德观念上紧紧团结在一起，让正能量更强劲、主旋律更高昂。②

要抓紧做好顶层设计，打造新型传播平台，建成新型主流媒体，扩大主流价值影响力版图，让党的声音传得更开、传得更广、传得更深入。要旗帜鲜明坚持正确的政治方向、舆论导向、价值取向，通过理念、内容、形式、方法、手段等创新，使正面宣传质量和水平有一个明显提高。主流媒体要及时提供更多真实客观、观点鲜明的信息内容，掌握舆论场主动权和主导权。③

准确、权威的信息不及时传播，虚假、歪曲的信息就会搞乱人心；积极、正确的思想舆论不发展壮大，消极、错误的言论观点就会肆虐泛滥。这方面，主流媒体守土有责，更要守土尽责，及时提供更多真实客观、观点鲜明的信息内容，

① 文松辉. 习近平谈融合发展“金句”：建成新型主流媒体 扩大主流价值影响力版图. http://politics.people.com.cn/n1/2019/0125/c1024-30591043.html. (2019-01-25)[2020-01-05].

② 习近平. 加快推动媒体融合发展 构建全媒体传播格局. https://baijiahao.baidu.com/s?id=1628212633843009688. (2019-03-17)[2020-01-05].

③ 文松辉. 习近平谈融合发展“金句”：建成新型主流媒体 扩大主流价值影响力版图. http://politics.people.com.cn/n1/2019/0125/c1024-30591043.html. (2019-01-25)[2020-01-05].

牢牢掌握舆论场主动权和主导权。主流媒体要敢于引导、善于疏导，原则问题要旗帜鲜明、立场坚定，一点都不能含糊。①

——2019 年 1 月 25 日，习近平总书记在十九届中共中央政治局第十二次集体学习时发表重要讲话

① 习近平. 加快推动媒体融合发展 构建全媒体传播格局. https://baijiahao.baidu.com/s?id=1628212633843009688. (2019-03-17)[2020-01-05].

第三章 社会化媒体使用对政治生态的影响分析

从分享照片和联系朋友的日常生活领域，到传送文件和网络会议等工作领域，社交媒体的使用已无处不在。日趋多元的公众社交媒体使用行为，也正在对社会治理及文化变迁产生差异化影响：一方面，社交媒体平台给予了公众更大限度的沟通交流可能，加强了政府与民众之间的信息沟通与反馈；另一方面，少数人对社交媒体的滥用也诱发了群体极化、网络暴力等后果，给社会的良性运转带来危害。既往诸多案例表明，完全放任与全盘遏制公众使用行为，都不利于发挥社交媒体的正面价值，也难以实现社会与国家的双赢协同发展。管好、用好互联网，是新形势下巩固党的新闻舆论阵地的关键所在。[①]因此，唯有加快转变传统治网思路，把社交媒体当作坚持以人民为中心、走好群众路线的最佳平台，学会快速精准地区分公众不同的社交媒体使用行为，预测行为结果并及时引导，才能真正改善网络舆论生态，释放互联网的最大“正能量”，进而促进社会健康、高效运行。

在分析公众的社交媒体使用行为时，我们必须明确一点：无论是对宏观的社交媒体系统来说，还是对微观的用户个人系统而言，信息输入（信息获取）与输出（观点表达）的平衡都是维护系统稳定的基础。要建构一个政府、公民与媒体良性互动的生态回路，就必须考虑信息输入与输出的完整协调，既有信息输入的上行下达，也有民意表达的下行上达；既有公民之间的观点表达，也有彼此的倾听与回应。换句话说，就是依法保障公民的知情权与表达权。现实中的公众社交媒体使用行为就具有上述复杂性，通常同时伴随有信息输入与输出的复合动作。本书以此为出发点，结合已有网络实践，从信息输入与输出视角切入主题，解析公众社交媒体使用的四种组合状态，总结状态的不同特性以及给社会治理带来的启示，为后续准确判断与快速应对不同行为类型的正负效果、完善我国网络社会治理的研究与实践提供借鉴与启发。

---

① 杨振武. 把握好政治家办报的时代要求——深入学习贯彻习近平同志在党的新闻舆论工作座谈会上的重要讲话精神. 人民日报, 2016-03-21.

第一节　公众社交媒体使用状态的理论构建

一、公众的社交媒体使用及其分类

公众的社交媒体使用，就是公众通过社交媒体参与到信息生产、消费的全过程中。由于社交媒体允许用户自主创造并传播内容、支持用户互动沟通并分享信息、促进用户社会交往与合作[①]，因而其持续调动着公众的使用热情，并逐渐开拓出更加广泛的使用范围。迄今为止，对社交媒体使用行为类型的研究，主要依托于对互联网使用行为的分类。早期研究者主要将公民的互联网使用方式划分为“信息性使用”和“娱乐性使用”，认为前者能够促进公众参与进程，而后者则与政治效果无关，甚至产生负面作用[②③]；伴随学界对互联网政治、互联网民主等相关议题研究的不断深入，又有不少学者将互联网的使用划分为“政治性使用”[④]和“非政治性使用”[⑤]，认为前者是指把互联网用于政治目的，从事与政治、政府有关活动的行为，后者则是与政治议题无关的、不是为了达到政治目的的使用方式。[⑥]

本书参考信息系统观点，将公众的社交媒体使用行为区分为信息输入型使用行为与信息输出型使用行为。具体而言，信息输入型使用行为强调公众对信息的接收，即公众的信息获取行为；信息输出型使用行为强调信息的流出，即公众的意见表达行为；意见讨论则属于信息输入与输出的复合行为，因为其既伴随从他人意见中获取信息，也存在自我观点的表达，可以分属于信息获取与意见表达两部分范畴内，因此在这里我们不做单独讨论。

二、信息输入型使用行为——公众社交媒体信息获取的二元对立：同质化与多元化

凯斯·桑斯坦认为，一个表达自由的完善民主机制必须具备的首要条件是，

---

① 刘婵君，李明德. 社会化媒体与政治生态研究谱系：内涵诠释、现实表征与关系构想. 西安交通大学学报(社会科学版), 2015, 35(1): 95-101.

② Shah, D. V., Kwak, N., & Holbert, R. L. “Connecting” and “disconnecting” with civic life: Patterns of Internet use and the production of social capital. *Political Communication*, 2001, 18(2):141-162.

③ 游淳惠，徐煜. 互联网使用与政治参与关系的再审视：基于 2012 年台湾地区 TCS 数据的实证分析. 国际新闻界, 2015(8): 33-46.

④ 张明新，刘伟. 互联网的政治性使用与我国公众的政治信任：一项经验性研究. 公共管理学报, 2014(1): 90-103.

⑤ Yu, R. P. The relationship between passive and active non-political social media use and political expression on Facebook and Twitter. *Computers in Human Behavior*, 2016, 58, 413-420.

⑥ Larsson, A. O. Bringing it all back home? Social media practices by Swedish municipalities. *European Journal of Communication*, 2013, 28(6): 681-695.

“人们应该置身于任何信息下，而不应事先被筛选，未经计划的、无法预期的信息接触，对于民主至关紧要，即便某些主题或观点是人们从没想过，甚至令人不安的”[①]。研究表明，人们在进行网络信息消费时，更容易接触到不同的观点[②]。同时，使用社交媒体的程度越深，越容易接触到更多的挑战性信息。[③]然而，信息筛选与过滤技术的兴起，又将这个本应多样化的媒介环境变成了网民选择性接触的最佳平台，许多网民更倾向于去建立并维系一个基于相同兴趣与意见之上的虚拟社区。当个人失去了与不同观点的人展开讨论的机会，社会的两极化与分散化趋势会逐渐加强，从而构成对民主的严重威胁。[④]因此，社交媒体之上的信息获取，就存在着信息来源多元化与同质化的差异。这种差异是决定公众知识体系全面与否及所得结论客观与否的关键，也是民主讨论是否能展开的前提。

三、信息输出型使用行为——公众社交媒体意见表达的二元对立：理性与非理性

民主公民意识的产生与发展，有赖于公众对公共事务的积极参与和相互争辩[⑤]，这种争辩应当是建立在深思熟虑基础上的理性讨论。社交媒体对公众表达渠道的拓宽与表达渴望的解放作用是有目共睹的；但相对的，也诱发了网络谣言、网络暴力等非理性表达现象，对社会健康发展造成威胁。因此，现阶段公众在社交媒体之上的意见表达行为，既存在着合理建言，提高公共决策质量的一面，也存在着非理性与情绪化，扰乱社会秩序的一面。

四、公众社交媒体使用的组合状态

基于上述分析，我们已经将公众在社交媒体之上的信息获取行为区分为多元信息获取与同质信息获取，将意见表达行为区分为理性表达与非理性表达，如此，我们就得到了公众社交媒体使用的 4 种组合状态：同质化信息获取+理性意见表达、同质化信息获取+非理性意见表达、多元信息获取+非理性意见表达、多元信息获取+理性意见表达。根据 4 种组合状态的内涵与行为特征我们分别将其命名为：封闭型状态、极端型状态、自由型状态与理想型状态（图 3-1）。

---

① 凯斯·桑斯坦. 网络共和国：网络社会中的民主问题. 黄维明译. 上海：上海人民出版社, 2003: 5.

② Mutz, D. C. The consequences of cross-cutting networks for political participation. *American Journal of Political Science,* 2002, 46(4): 838-855.

③ Barnidge, M. The role of news in promoting political disagreement on social media. *Computers in Human Behavior,* 2015, 52: 211-218.

④ Sunstein, C. R. *Republic.com 2.0.* Princeton: Princeton University Press, 2007: 9.

⑤ Maney, A. , & Elkin, S. L. City and regime in the American republic. *American Political Science Review*, 1989, 83(1): 290.

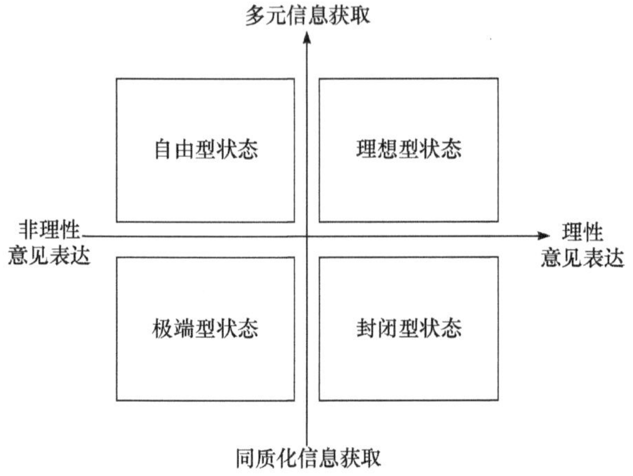

图 3-1 社交媒体使用实践类型划分

第二节 公众社交媒体使用状态的内涵与特征分析

上节 4 种状态的名称是对它们不同内涵与特征的概括总结，以下逐一加以说明。说明之前，我们需要强调一点：这 4 种状态并没有涵盖公众的所有社交媒体使用行为。但是，由于它们是比较典型的组合状态，且它们的出现对社会发展产生了较大影响，因此作为后续研究的基础样本，必须首先加以分析。

一、"同质化信息获取+理性意见表达"的封闭型状态

在封闭型状态中，公众获取的信息具有同质化特征，而输出信息的方式则表现为理性表达。

（一）信息接收的高度同质化

通常而言，社交媒体平台具有高度开放性，用户很难只接收完全同质化的信息。然而，虚拟社区的出现，却打破了这种信息接收多元化的局面。在这些基于共同兴趣而建立起来的封闭虚拟社区里，某个人就议题所表达的观点会得到其他志同道合者的呼应，在这种彼此肯定的信息与情感氛围中，每个个体的既有立场得以不断加固。长此以往，"随声附和"逐渐取代了"各抒己见"，即使起初社区里存在意见的微弱分歧，也会在"沉默的螺旋"与"从众心理"的作用下走向一致，因而导致信息接收的渐趋同质化。

（二）理性意见表达的相对性与暂时性

由于社区内部都是志同道合的交流者，不必面临认知的挑战，无须通过话语

斗争来维护自身存在的合法性，内部关系和谐、感情牢固。这种舒适的交流环境保证了成员情绪稳定与心理平衡。表现在言语行为上，就是能够维持有理智、有逻辑的理性表达。但是，这里的理性表达仅限于群体内部，因而具有相对性；且只能维持在未受到异己观点刺激时，因而具有暂时性。所以是理性意见表达的不完全发展阶段。虽然社区成员有选择去留的权利，但是由于这种虚拟社区的内部交往远超过群外交往，只要在社区内一天，就必须严格遵守社区内的规范，呈现出排他性的封闭特征，因此称为封闭型状态。

二、"同质化信息获取+非理性意见表达"的极端型状态

极端型状态与封闭型状态的类似之处在于信息输入内容非常单一，即公众接收的信息都具有同质化特征，但二者的信息输出特征却完全相反。如上所述，封闭型状态中的理性意见表达具有相对性与暂时性。当同时具备两个条件时，这种理性表达就会被打破：一是外部发生了威胁群体共有立场的公共事件；二是内部出现了极具煽动性的观点，激发起群体的不理智情绪与行动。此时，心理失衡所导致的非理性表达就代替了原先的理性表达，而封闭型状态也就演化为极端型状态。在极端型状态下，由于不理智情绪的蔓延，社区内部已容不得一丝一毫的反对声音，整体的情绪达到了"忍无可忍"的临界状态，群体极化现象随之出现，并可能衍生出群体性事件。群体性事件通常伴随着规模性线下聚集和言语、肢体冲突，给社会秩序带来严重破坏。总之，这是一种非理性情绪发展到极化阶段才会出现的状态，因此称为极端型状态。

三、"多元信息获取+非理性意见表达"的自由型状态

在自由型状态中，公众获取的信息内容具有多元化特征，输出信息的方式则表现为非理性表达。

（一）信息接收的多元化

凯斯·桑斯坦认为，信息内容的多元化对于增强社会黏性、防止国家的四分五裂具有重要意义。[①]除上述虚拟社区这种特殊情况外，通常而言，社交媒体平台上的信息流动都具有多样化特征，也就是说，人们更有可能在该平台接触到立场、观点不同的信息。在接收这些异质信息的过程中，人们能够重新审视自己的观点、产生新的思考，继而更加审慎地下结论或者做出更周全的决策，对彼此的包容度也能逐步提高。

① 凯斯·桑斯坦. 网络共和国：网络社会中的民主问题. 黄维明译. 上海：上海人民出版社, 2003: 5.

（二）意见表达具有非理性特征，且呈现双面效果

多元化的信息获取增加了个体接触到异质性信息的概率，异质性信息会形成对原有认知的冲击，带来心理不平衡与情绪不稳定，倘若调节不好，就会出现表达的非理性现象。但是，自由型状态中的非理性意见表达呈现出与极端型状态中不同的双面效果，而这种双面效果主要源于信息接收的多元化。信息来源的多元化能够帮助公众了解事件全貌，对真相的了解有时能够安抚甚至平复某些不理智情绪，从而将非理性表达转变到适度阶段；有时也可能让原本一知半解的公众看到完全背离其原有认知的真相而变得义愤填膺，从而导致更加极端的非理性表达。程度不同的非理性表达具有不同效果：适度的非理性表达是完全可以接受和控制的，它能够释放压力、缓解矛盾，增加社会空间的弹性与张力，实现某种程度的政治稳定；极端的非理性表达则会严重削弱民意表达效果，对社会环境良性发展造成破坏。在这种状态中，个体不仅有接收信息的极大自由，在表达观点时也以情绪宣泄为主，呈现出不受理性约束、崇尚个性张扬的心理状态，因此我们称其为自由型状态。

四、“多元信息获取+理性意见表达”的理想型状态

理想型状态与自由型状态同样具有信息接收多元化特征，但是在理想型状态中，公众的信息输出行为能够控制在理性范围内，因而其呈现出与自由型状态完全不同的社会效果。

（一）多元信息获取是理性意见表达的必要前提

虽然自由型状态的存在提醒我们，即使获得了充分多元的信息，也可能产生意见表达的非理性。但同时必须明确，只有意见不同的交流，才会产生真正的辩论和思想的交换。[①]因此，在个体能够对自我情绪进行合理调节的前提下，还是应该鼓励其接收充分多元的信息。

（二）理性意见表达的可持续性

虽然封闭型状态中也存在理性意见表达，但表达范围与对象的局限决定了这种理性表达的相对性与暂时性。理想型状态中的理性意见表达是一视同仁的充分理性表达，它强调人们应当直面而不是搁置争议，同时要学会审议式的辩论与倾听，秉持平等包容的态度去解决问题，并在这个过程中学习知识，从而提高个人的思维能力。信息输入的多元性提高了公众的认知储备，信息输出的理性保证了舆论生态的稳定，这两者共同构成了民主社会的基本条件，因而我们称这种组合方式为理想型状态。

---

① 胡泳. 网络政治——当代中国社会与传媒的行动选择. 北京：国家行政学院出版社, 2014: 30.

第三节　理论的适用性：4个案例分析

上文基于信息流动视角提出了公众社交媒体使用的4种组合状态，并对状态的内涵与特征进行了解析。这4种状态是否适用于我国的现实情境？这里还需要通过案例来予以验证。

一、封闭型状态——智能推送背后的“信息茧房效应”

网络定位技术与无限过滤技术的发展，将根据个人阅读习惯推送有用信息的想象化为现实，这虽然极大提高了我们获取所需信息的效率，却也在很大程度上将异质性信息屏蔽在我们的视野之外。

同质信息获取对固有立场会不断强化。诸如网络论坛、微博等虚拟社区，多数是基于兴趣与观点的同构性而建立起来的，因此社区内的成员总愿意接收到同类信息以维持其认知的协调。有些数据分析公司也会利用这种社区的封闭特征，对其成员的价值取向、行为模式、性格特征等进行分析，有针对性地反复推送符合其认知逻辑的宣传信息，强化成员立场，借助对数据的掌握来操纵投票结果，2016年的美国大选和英国脱欧事件中均存在此种现象。

片面理性表达背后的深层隐患。虽然这种虚拟社区对成员进出并无强制性，但是只要选择留在社区，就必须严格遵守社区规范，因而彼此之间的交流也多以相互肯定为主，维持着相对的理性冷静。然而这种同质化信息讨论很难带来新观点的启发，仅仅是一种信息量的积累，充其量是加深了成员对既有立场的信心。长此以往，可能导致凯斯·桑斯坦所言的“信息茧房”的可怕梦魇：在这种只凭个人喜好选择信息的看似和谐温暖的氛围中，公司可能会由于缺少内部挑战而失败，国家可能因为领导人考虑不周全而走向灾难。[①]

二、极端型状态——“上海女孩逃离江西农村”的网络闹剧

发生在2016年的“上海女孩逃离江西农村”事件，虽然最后被证实为一则虚假新闻，但事件发生后所牵连出的有关城乡差异、地域矛盾和择偶婚恋等的社会热点话题，引发了一场线上线下的激烈争论。

同质信息加剧事件影响。题为《有点想分手了……》的帖子发出后不久，迅速在新浪网、凤凰网、腾讯网等知名网站发酵，短短一天时间，引发了10.2万次的相关评论。此后，无论是自称故事男主人公的用户发帖回应，还是“人民日报

① 凯斯·R. 桑斯坦. 信息乌托邦——众人如何生产知识. 毕竟悦译. 北京：法律出版社, 2008: 7.

官方微博”发表《农村，说声爱你太沉重》的评论文章，这些推动事件愈演愈烈的关键环节，都在不同程度上加剧着原帖的舆论影响力，从而引发舆论混战。

情感刺激导致理性崩溃。该事件之所以能够“一石激起千层浪”，就在于其抓住了我国社会建设中的一些棘手问题，后续无论是支持还是声讨事件主人公的言论，都会直接刺激上海人群体、江西人群体等相关人群的敏感神经，挑起许多网民的不理智情绪宣泄。当网络的碎片化信息传播状态叠加网民的非理智情绪，就会将一个虚假网络新闻放大为不同群体的社会矛盾。

三、自由型状态——“榆林产妇坠楼事件”中的舆论“混战”

2017 年 8 月，陕西榆林一名产妇在待产时坠楼身亡。事发后，家属方面与医院方面各执一词，多次发声，引发了一场旷日持久的舆论拉锯战。从事件中能够发现，虽然信息的多元化能够为公众提供了解事件全貌的机会，但其前提是这些多元化的信息必须是客观公正的事实，而不是代表某方立场的情绪诱导性信息。

双方交替发声带来舆情多次反转。家属与医院不断借助自媒体平台交替发声，将社交媒体看作舆论工具，试图借助舆论的力量来左右事件走向，而不是依靠官方力量来查明真相。双方的争执不下导致了事件舆情的多次反转，不仅给正规渠道的真相追查工作带来阻力，更引发了网络舆论的“混战”。

网民非理性表达形成煽动效应。双方诉诸情感、诱导舆论的发声方式，触发了各类网民的“情感共振”，基于共情效应之上的情绪波动极易影响网民的理性判断，因此呈现于我们面前的网民舆论表达，或者是基于片段化报道做出的主观判断，或者是跟随双方发声而摇摆不定，少数理智而客观的言论只能被这些非理性言论淹没。可见，在多元化的信息获取环境中，我们依然要警惕那些以情感动员为目的的信息，遏制其成为左右舆论的可怕推手。

四、理想型状态——从“网络问政”到“网络理政”的协商实践

近年来，我国政府与公众的互动沟通愈发深入，由“网络问政”到“网络理政”的发展过程，见证了政府由较单一的管理模式到广泛听取民意、公民由利益诉求向理性建言的良性转变。政府乐于倾听来自民众的不同声音，民众也愿意通过理性表达来提出诉求，展现出“多元信息获取+理性意见表达”的理想型状态的良好效果。

公众由利益诉求向理性建言转变。伴随政务新媒体运营的日渐成熟和公众网络媒介素养的逐步提高，政府的网络民意征集工作中出现了越来越多有建设性的群众声音。在各类网络论坛、政务微博、政务微信和领导人留言板中，民众与政府互动的主要方式，由以往以表达利益诉求为核心的“问政”，向积极进行理智政策建议的“理政”转变。这种在网络社群中的积极理性的意见表达方式，标志着

我国的网络社会治理已经向更深层次推进。

政府由“孤军奋战”向吸纳民智转变。从将回复网民留言工作制度化，到推行数据信息公开，从将回应网民诉求纳入考核体系，到实现网上与网下政民沟通的逐步衔接，我国政府积极致力于将网络协商讨论常态化、机制化，并努力由发现问题的“问政”环节向解决问题的“理政”环节过渡。显然，政府已经意识到，公共治理的单一模式已一去不复返，公共决策的合法性来源于每一个公民所达成的“共识”，直面民意、协商对话远比“单枪匹马”更契合现代公共治理理念。

第四节 理论的价值：4种状态对社会治理的影响与启示

公众社交媒体使用的4种状态在现实社会实践中具有适用性，证明该理论存在合理性与现实性。那么进一步，更重要的问题是要搞清楚，究竟4种状态会给社会治理带来哪些影响？哪些阻碍社会发展，哪些促进社会进步？哪些负面影响可以被快速“洞察”并“对症下药”？哪些具有隐匿性，需要循着“蛛丝马迹”来判断与预防？回答这些问题，有助于更精准预测公众社交媒体的行为结果，快速采取应对措施，及时引导舆论走向，从而提高网络空间的治理效力。

综合而言，在公众的4种行为状态中，理想型状态对社会治理具有正向推动作用，保持在适度非理性表达范围内的自由型状态也能促进政治稳定，而封闭型状态会给社会发展埋下长期隐患，当其演化为极端型状态时，可能造成这些隐患的集中爆发。在网络社会治理的过程中，必须牢牢抓住不同使用状态的关键因素，采取分门别类的针对性措施。

一、创新政民关系的加强方式，冲破封闭圈群的情感壁垒

封闭型状态是4种状态中监测难度最大的，因为在这种状态中，群体成员的共有观点会持续强化，倘若存在错误的意识形态导向，外人在短时间内很难知晓，若放任其继续扩展，可能造成民主的倒退和整个社会的分化。因此，封闭型状态的治理重点在于打破圈群的排他性与隐蔽性。

这是一个长期性系统工程，它需要政府在日常治理中有意识地加强与民众的关系建设，利用好社交媒体平台，与网民“打成一片”，逐步建立起亲密的强关系，实现二者的情感共振与身份认同。要想在政府与民众之间搭建起真正牢固的强关系，必须将“以人民为中心”“为人民服务”作为二者情感联系的坚实基础。

为此，政府需要借助大数据处理等先进技术方法，对公众需求进行全方位感知，在此基础上，实现精准化公共服务。目前，许多国家都在致力于通过智能国家平台，将智能手机、社交媒体、传感器等作为数据采集来源，依照所获取的数

据预测、分析、计算公民需求，提供更及时完备的公共服务。例如，新加坡政府借助对新加坡民众普遍使用的乘车卡——易捷通刷卡行为的分析，设计合理的巴士等候时间；通过建立公民医疗的数字化共享平台，方便公民实现跨地区、跨部门就医，医生能够通过平台数据，迅速掌握病人以往医疗记录，从而做出准确诊断。①唯有这种建立在政府服务意识深度重构基础上的政民关系，才能令民众感受到政府的真诚，才能实现二者关系的亲密和谐。

二、拓宽网络理政的有效渠道，提高公众的信息接收质量

4 种状态中，极端型状态对社会政治发展的负面冲击最大，它所折射出的社交平台中的理性脆弱、信息封闭和片面言论自由等弊端，需要我们下大力气去反思与整顿。

表面上而言，极端型状态的突出表征是公众情绪的极端化，然而真正的症结，还是在于信息的单一化。因此，除提高公众媒介素养之外，治理的关键在于扩充信息渠道和增加信息数量，通过公众对事件认知的增加来降低情绪化表达的强度。为此，要努力实现由“网络问政”向“网络理政”的彻底转变，推行数据信息公开，将回应网民诉求纳入考核体系，将政务新媒体回应机制制度化、常态化，实现线上与线下政民沟通的无缝衔接。

现在不少政府部门开始在各类网络论坛、政务微博、政务微信和领导人留言板设立公民建言献策、问题征询的官方渠道，这就是实现信息有效公开的积极尝试。另外，政府的数据收集统计部门还可以致力于打造开放式数据平台，为各单位决策提供共享化信息。同时，还可以发动其他力量，共同为回应民众信息需求服务。比如，为贯彻落实司法部关于村（社区）法律顾问微信群工作网络建设的部署要求，无锡市惠山区对开展微信群维护和值班的律师与基层法律服务工作者给予每年 1000 元的补贴，有力推动了当地“指尖上的公共法律服务”进村入户工作。②这些都是拓宽信息公开渠道、启发民智的具体写照。

三、建立有序网络参与制度，约束网民意见表达的过度自由化

比起封闭型状态和极端型状态，自由型状态的监测与治理难度相对较小，因为它允许信息的自由流通，给予不同阶层对话的机会，因而存在一定程度的正面作用。所以，自由型状态的治理重点，是考虑如何将情绪表达控制在合理范围之内，这就需要通过完善的法律制度对网络参与行为进行理性约束，用法治权威的刚性合理调控高涨的公民意识，进而实现政府社会治理效率的提高与治理成本的降低。

---

① 马亮. 大数据技术何以创新公共治理？——新加坡智慧国案例研究. 电子政务, 2015(5): 2-9.

② 姚雪青. 互联网新观察：加强激励监督 逐步完善配套措施. 人民日报, 2018-06-21.

第一，对网络舆论监督建章立制，使公众的各项监督活动都有法可依、有法必依，将公众因情感动员而开展的集体活动限制在法律认可的范围内。第二，鉴于当前的网络公众参与表现出情绪宣泄有余而理性审视不足、围观起哄有余而建设性探讨不足的弊端，经常性地在各类社交媒体平台设置公共议题，创立线上“意见自由市场”，给合理的民意表达建立起正常性程序，在减轻政府决策压力的同时，也避免了信息在体制内的“封闭运行”。第三，由于“人肉搜索”“网络暴力”等现象的存在，公众进行网络参与的风险不断上升，参与积极性大幅下降，长此以往，会阻碍政府与民众的有效交流，加速社会矛盾积聚。因此，保障公众身处网络环境时的隐私权、人身安全权等基本权利，也是建立有序网络参与制度必须考虑的关键一环。

四、建设参与型政治文化，完善社交媒体使用的理想模式

理想型状态赖以存在的理论基础是协商民主，它强调公众在对公共议题进行深思熟虑的基础上，展开平等辩论与理性沟通，对民主政治发展具有重要价值。但是，理想型状态所倡导的协商式公共讨论，仍然存在许多尚未突破的瓶颈。比如，与传统直接民主不同，这种网络空间下的讨论对象非实体化，与缺场的声音进行论辩的结果是否会将对话变成个人独白？经过传播媒介的中介传输后，讨论内容是否会沦为传媒操纵的结果？同时，还有如何将网络协商民主纳入法制化的规范渠道内、如何保证参与讨论的公民有容忍异己声音的雅量等。理想型状态正向功能的完全发挥，尚有赖于理论与实践的不断积累。

为此，要充分利用社交媒体平台，深入开展凝心聚力、效用持久的政治文化建设，如习近平总书记所强调的，要“培育积极健康、向上向善的网络文化，用社会主义核心价值观和人类优秀文明成果滋养人心、滋养社会，做到正能量充沛、主旋律高昂，为广大网民特别是青少年营造一个风清气正的网络空间”①。作为现代政治文明建设的前提和基础，参与型政治文化的发展，能够为政治意识、政治行为以及政治制度的进步提供精神支持。社交媒体中所渗透的民主文化、圈群文化与关系文化等，都能对参与型政治文化的建设起到潜移默化的推动作用。凭借社交媒体的“社会性”特征提高公众的政治社会化水平，通过正向引导与教育，塑造公众的政治认知、政治情感与政治信仰；利用社交媒体的“圈群化”特征培育虚拟社会组织，通过社会组织中的自由交往，帮助公众树立独立自主、民主平等、合作宽容的理性精神。

总之，为了更加准确地区分公众社交媒体使用行为，预测行为结果并及时引

① 习近平：在网络安全和信息化工作座谈会上的讲话. http://cpc.people.com.cn/n1/2016/0426/c64094-28303771.html. (2016-04-19)[2020-03-11].

导，应将网络空间治理提前到用户使用的初始阶段，从而达到改善网络舆论生态的目的。本章基于信息输入与输出视角，提出了公众社交媒体使用的 4 种组合状态，为总结与分析现实中的公众社交媒体使用行为提供了分类依据。围绕 4 种状态，还取得了以下几方面成果：①解析了 4 种状态的内涵与特性，并以此为 4 种状态命名，分别为封闭型状态、极端型状态、自由型状态和理想型状态；②通过 4 个案例分析验证了 4 种状态的合理性与现实适用性；③解析 4 种状态的不同社会影响及相应治理策略，从而为更有针对性、时效性地治理网络社会的研究与实践提供借鉴与启发。

【理论拓展】

新时期新闻宣传工作重要论述

要解决好“本领恐慌”问题，真正成为运用现代传媒新手段新方法的行家里手。要深入开展网上舆论斗争，严密防范和抑制网上攻击渗透行为，组织力量对错误思想观点进行批驳。要依法加强网络社会管理，加强网络新技术新应用的管理，确保互联网可管可控，使我们的网络空间清朗起来。做这项工作不容易，但再难也要做。天下无难事，只怕有心人。不要怕别人说什么。网上负面言论少一些，对我国社会发展、社会稳定、人民安居乐业只有好处没有坏处。

——2013 年 8 月 19 日，习近平出席全国宣传思想工作会议并发表重要讲话

归结起来，坚持党性和人民性相统一，就是要坚持讲政治，把握正确导向，把体现党的主张和反映人民心声统一起来。只有坚持党性、站在党的立场上，才能更好、更全面反映人民愿望。无论是理论研究、宣传报道，还是文艺创作、思想教育，都要把坚持正确导向摆在首位，始终绷紧导向这根弦，讲导向不含糊、抓导向不放松。

——2013 年 8 月 19 日，习近平出席全国宣传思想工作会议并发表重要讲话

我们的同志一定要增强阵地意识。宣传思想阵地，我们不去占领，人家就会去占领。我看，思想舆论领域大致有三个地带。第一个是红色地带，主要是主流媒体和网上正面力量构成的，这是我们的主阵地，一定要守住，决不能丢了。第二个是黑色地带，主要是网上和社会上一些负面言论构成的，还包括各种敌对势力制造的舆论，这不是主流，但其影响不可低估。第三个是灰色地带，处于红色地带和黑色地带之间。对不同地带，要采取不同策略。对红色地带，要巩固和拓展，不断扩大其社会影响。对黑色地带，要勇于进入，钻进铁扇公主肚子里斗，逐步推动其改变颜色。对灰色地带，要大规模开展工作，加快使其转化为红色地

带，防止其向黑色地带蜕变。这些工作，要抓紧做起来，坚持下去，必然会取得成效。

——2013年8月19日，习近平出席全国宣传思想工作会议并发表重要讲话

历史和现实都告诉我们，舆论的力量绝不能小觑。舆论导向正确是党和人民之福，舆论导向错误是党和人民之祸。好的舆论可以成为发展的“推进器”、民意的“晴雨表”、社会的“黏合剂”、道德的“风向标”，不好的舆论可以成为民众的“迷魂汤”、社会的“分离器”、杀人的“软刀子”、动乱的“催化剂”。

——2016年2月19日，习近平主持召开党的新闻舆论工作座谈会并发表重要讲话

增强政治家办报意识。毛泽东同志说：“搞新闻工作，要政治家办报。”办报办刊办台办网都需要坚持这个原则。政治家办报，首先要有大局意识。“不谋全局者，不足谋一域。”要自觉在大局下思考、在大局下行动，在围绕中心、服务大局中找到坐标、找准定位，做到服从服务于党和国家大局不错位、党和人民需要时不缺位。

——2016年2月19日，习近平主持召开党的新闻舆论工作座谈会并发表重要讲话①

① 习近平：党的新闻舆论工作必须挺起精神脊梁. http://cpc.people.com.cn/xuexi/n1/2018/1204/c385474-30440485.html. (2018-12-04)[2020-01-05].

第四章　社会化媒体与政治生态协同发展影响因素的实证分析

通过第三章的问卷描述性分析，我们发现，近两年，我国公民通过社会化媒体获取政治信息的频率持续提高，在个别媒体上进行政治表达与讨论的热情也不断高涨；同时，政治生态建设也取得了良好成绩，无论是在政府自身的政治信息公开、政治协调还是在政治修复工作、公民政治参与水平上，均展现出进步势头。进而，我们要追问，公民对社会化媒体的使用行为，尤其是政治性使用行为，是否对政治生态建设的进步起到了促进作用？如果是，究竟是哪些使用行为对哪些政治生态要素发挥了影响力？对上述问题的回答，对于我们描述与刻画社会化媒体与政治生态各要素间的相互关系、影响机制与作用机理都具有重要意义，这些都是我们在本章需要予以解决的。

第三章的实证分析已经呈现了当前社会化媒体与政治生态的发展现状与困境，本章使用与第三章相同的问卷中的部分题目，来说明社会化媒体政治性使用对政治生态的影响因素，采用 SPSS22.0 对问卷的测量项目进行统计分析，详细情况如下。

第一节　社会化媒体与政治生态协同发展的因素分析与研究假设

一、社会化媒体要素解析

社会化媒体代表了一种全新的新闻消费与政治参与方式，尽管对于登录社会化媒体的大部分人来说，获取信息并不是他们的主要目的，但是他们或多或少都会从社会化媒体上获取新闻信息[①]，其中当然也包括政治信息。社会化媒体和移动设备的使用，加深了公民获取政治信息、创建政治内容，以及表达政治观点和意见的程度。这种在线政治信息获取与政治讨论，对于形成民主的社会氛围具有重要价值，因为它直接促进了公民的政治知识积累和政治参与意愿。[②]因此，在

① Glynn, C. J., Huge, M. E., & Hoffman, L. H. All the news that's fit to post: A profile of news use on social networking sites. *Computers in Human Behavior,* 2012, 28(1): 113-119.

② Choi, S. Flow, diversity, form, and influence of political talk in social-media-based public forums. *Human Communication Research*, 2014, 40(2): 209-237.

本部分，我们着重探讨公民的社会化媒体使用行为，尤其是政治性使用行为如何对政治生态各维度产生影响。

（一）社会化媒体政治信息获取

长期以来，政治理论家们始终强调选民知情权的重要性。充分的了解与思考则来源于对政治信息的接触及由此而来的政治知识积累。处于逻辑链条最前端的政治信息获取属于认知范畴，它对后续的信息处理与参与行为都具有显著影响。①政治信息获取反映的是公民对政治的基本关注度，有意识的、充分的信息获取能够帮助其对政府工作有更全面的了解。因此，考虑政治信息是通过何种渠道获取的（政治信息的学习），以及这些信息的获取会产生怎样的影响（政治信息的积累）是十分必要的。

包括报纸、广播和有线电视在内的大部分传统媒体用户都有通过媒介使用而积累政治知识的经历。这种政治知识的积累经历也同样发生在通过网络媒体接触政治信息的过程之中，我们比较熟知的有新闻网站的各类时政信息及网络竞选信息等内容，社会化媒体上出现的政治信息要比新闻网站与传统媒体上的多得多。通过许多研究，我们已经知道，社会化媒体的使用可能会带来公民参与、社会资本的形成及一系列线下政治参与活动。然而，究竟在线政治信息的积累与这一系列活动的发生是否存在必然联系，研究者尚未给出定论。

（二）社会化媒体政治表达

政治表达对于引导公民实现政治参与具有重要作用。Pingree强调，由于表达能够激发对媒介信息的公开、关注与阐述，因此表达观点才是成为一个更好公民的第一步，而不是通常所言的信息接收。②越多的政治表达机会（包括在线政治表达），越有助于动员人们采取现实行动。现在，借助社会化媒体平台的实时信息流，公民能够有比以往更多的机会接触到政治信息，从而也有更多的机会去进行政治表达。尤其是社会化媒体的互动功能，能够瞬间将一个人所表达的观点分享给许多人，从而提升了个体表达的影响力，使得普通公民的表达潜力发生了革命性变化。现有研究显示，在线政治表达对政治参与具有积极的促进作用，诸如发表博客文章、对时事政治进行评论等方式，都与线下政治参与存在正相关关系③；

① 张明新，刘伟. 互联网的政治性使用与我国公众的政治信任：一项经验性研究. 公共管理学报, 2014, 11(1): 90-103.

② Pingree, R. J. How messages affect their senders: A more general model of message effects and implications for deliberation. *Communication Theory*, 2017, 17(4): 439-461.

③ Jung, N., Kim, Y., & de Zuniga, H. G. The mediating role of knowledge and efficacy in the effects of communication on political participation. *Mass Communication and Society,* 2011, 14(4): 407-430.

即使是关系性的社会化媒体使用，也能够激发人们进行政治性的表达，从而走上政治参与的道路。[①]这个发现还能够帮助我们去理解当前年轻一代中所流行的这种全新的公民表达模式。

（三）社会化媒体政治讨论

信息使用的效果有赖于政治对话和讨论的展开程度，在那些经常就新闻媒体上出现的政治话题进行讨论的人群中，信息使用的效果更明显。这是因为，首先，政治讨论有助于实现更有价值的政治信息学习。[②]从人际交流环境中所学习到的政治知识，能够帮助个体在思考时政问题时，学会将个人经历与政治相联系，学会从不同角度思考问题，从而提升公民的政治参与能力。其次，基于使用与满足理论，政治讨论有助于培养个体获取政治信息的动机。那些经常与他人进行政治讨论的人，往往能够预见谈话的内容与分歧点，因而会进行更仔细的信息收集，以便在谈话中更清晰地表达和论证自己的逻辑与观点。[③]这种积极的媒介使用行为能够帮助个体为采取政治行动而积累有用的政治信息。以往的研究发现，政治讨论能够调节媒介对政治参与的影响效果，无论是线上还是线下，比起那些不积极参与政治讨论的人群来说，新闻消费在那些积极参与政治对话与讨论的人群中的影响更大。[④]

二、政治生态要素解析

良性政治生态的构建、维护与完善是一个复杂的系统工程，离不开经由传媒实现的思想和信息交流。在这个过程中，媒体扩大政治公开，借助议程设置促进政治参与，运用舆论监督完善政治修复，通过舆论导向加强政治协调。这需要不断总结实践经验，使“感性认识理性化、成功经验系统化、有效做法制度化”[⑤]。

（一）政治公开

借助媒体的“耳目喉舌”功能推进政治公开是应对社会转型期官员勤政廉政

---

① 滕姗姗，李华君．社会化媒体环境中公共表达权的特性及主体互动．电子政务，2014(7): 48-53.

② Hardy, B. W., & Scheufele, D. A. Examining differential gains from Internet use: Comparing the moderating role of talk and online interactions. *Journal of Communication,* 2005, 55(1): 71-84.

③ Scheufele, D. A. Examining differential gains from mass media and their implications for participatory behavior. *Communication Research,* 2002, 29(1): 46-65.

④ Yamamoto, M., Kushin, M. J., & Dalisay, F. Social media and mobiles as political mobilization forces for young adults: Examining the moderating role of online political expression in political participation. *New Media & Society,* 2015, 17(6): 880-898.

⑤ 党评文．大力营造良好从政环境．学校党建与思想教育，2014(16): 1.

受到广泛关注、利益诉求表达显性化、群体性事件频发的客观需要。对政府机关和社会公众而言，媒体能够沟通信息、监测环境、引导舆论，是提高政府机构办事效率，推进政治体制改革的重要推手。只有及时有效、客观公正地发布信息，才能满足民众的知情权、参与权、表达权、监督权，实现群众动员和社会规制的有机结合。这就要求媒体在栏目设置及内容取舍上，不断加强对线上线下舆情传播规律和网民心理特征的动态把握，使各级各类媒体在舆情生成和共识培养中具有更大的主动权。同时，也应当看到，科技的进步使人们可以自由地分享信息，但如何做到有的放矢则离不开制度环境、文化背景、心理素质等因素的影响。管理者的干预、意见领袖的言论、从众心理的作祟、非理性情绪的宣泄等，都有可能导致“网络暴力”行为的滋长与蔓延，进而削弱政治公开过程中的“自由、公开和理性”成分，形成“沉默的断层”，阻碍客观理性民意的形成。媒体是“放大镜”“扩声器”，这种放大与发声能够使政治主体的公务行为得到规范，政治生态环境得到优化，民主法治的实现和经济社会的发展也有了可靠的保障，其公开程度还会直接或间接体现为社会心理状态，表现为人民群众对政府的满意程度，直接影响到政府部门的公信力。

（二）政治参与

政治参与是指公民以个体或社团成员身份借助大众媒介有序参与政治生活、表达政治意愿、完善政治生态的政治行为，传媒作为一种工具，可供人们自由选择，所遵循的原则应是人们必须参与影响他们生活的决策过程。[①]传媒“议事日程”的设置功能就体现在通过对社会热点的选择性报道，引导公民以公正的态度、自由的理念、平等的身份、合作的方式参与社会公共事务，进而恰当运用自身的理性思维去评价社会事件。具体步骤就是将新闻报道中的抽象议题进行逐层分解，转化为具体议题，方便生活阅历、人文环境与知识结构不同的受众更好地理解报道内涵。这一做法促使公众将注意力转向某些特定的话题。另外，媒介帮助政界人士树立公众形象，媒介还不断报道某些人与事，从而暗示公众应该去想它、了解它、感受它。[②]新闻学理论往往将抽象议题定义为那些比较宏观、涉及国家长远发展的战略规划，如“依法治国”“新常态”“经济转型”等。涉及国计民生、与民众生活息息相关的多为具体议题，诸如“打虎拍蝇”“户籍改革”“雾霾治理”等。议程设置就是通过将官方语言转化为媒介语言的方式，把正式文件中的抽象议题转化为开放的具体议题，问计于民，增强民众的政治参与度。

① 约翰·奈斯比特. 大趋势——改变我们生活的十个新趋向. 孙道章，路林沙，王金余，等译. 北京：新华出版社，1984: 211.

② 沃纳·赛佛林，小詹姆斯·坦卡德. 传播理论：起源、方法和应用. 郭镇之，孟颖，赵丽芳，等译. 北京：华夏出版社，2000: 248, 259.

（三）政治修复

修复的本义是指机体对受损伤的细胞和组织进行修补恢复。政治生态构建过程中实现良性修复，需要政治主体积极应对自身体制性弊端，借用媒体的舆论监督功能，采取相应的政治举措进行补救。媒介是公众知晓情况、发表意见的公开渠道。舆论监督正是公众借助媒介平台通过行使表达权和否决权来维护自身权利的工具。随着社会的发展和公民权利意识的增强，传播媒介在利用舆论监督职能化解阶层分歧、克服权力“任性”、修复体制弊端、优化政治生态的过程中发挥着越来越大的作用。它能够为相关主体提供一个发挥政治功能、释放政治能量的意见交换平台。作为民主政治的运转条件和政治话语的构建者，传播媒介被视为社会公众据以参与政治活动、了解社会动态、关注人文环境、讨论公共事务的大众平台。它本身不具有行政强制力，但可以通过克服权力运行过程中的主观性、随意性和隐蔽性来履行自己的监督职责。修复机制能否做到运行高效、保障有力，直接决定了人们能否依法行使民主权利，并实现一条自我管理、自我服务、自我教育、自我监督最有效、最广泛的途径。①

（四）政治协调

政治协调是实现全面、协调、可持续进行公共治理的行政保证，政府与市场的关系是其重点。一个政府同另一个政府的最大不同，在于市场取代政府或政府取代市场的程度。②媒体在其中的职责就是通过舆论导向将个体认知、公众情感等因素联合起来，为相关主体提供有效的利益交换场域，促使公众产生价值认同，增强政治生态系统的协调性。个体的态度也会在舆论导向的指引下，经历一个“被动服从→自愿接受→彻底转变”的心理调适过程。当今社会处于传播大众化、信息碎片化、媒介多样化的时代，媒体的叙事方式、评论视角等都会以事实判断和价值判断的形式改变社会舆论的性质、方向、形式和内容，并影响着公众的价值理念和行为选择。因此，传媒需要根据所掌握的信息与受众的特点积极关注社会现状，并加以有效引导，特别是借助社会化媒体的减压阀功能来调解冲突、化解戾气，最终目的是求得“交叉共识”，使多元利益主体得以并存，合理诉求得到满足。只有经过积极有效的政治协调，树立协同发展的全局观念，调整政策的原则性与民意的迫切性之间的张力，增强传媒与政治之间关系的一致性和社会对于良性政治生态构建的认可度，人与人之间才会适度让权，生态系统才能避免因对抗而分崩离析，人类社会才得以赓续繁衍。

---

① 鲁洋，李景平．马克思廉价政府理论及其时代价值．求索，2011(7): 47-49.

② 查尔斯·林德布洛姆．政治与市场：世界的政治—经济制度．王逸舟译．上海：上海三联书店；上海人民出版社，1994: 1.

三、社会化媒体与政治生态各要素的关系及研究假设

在通过文献研究对社会化媒体使用和政治生态的主要组成要素进行分类后，本章的理论分析框架也就此成型。

（一）社会化媒体对政治公开的影响

为从源头上消除权力腐败，保障公民合法的知情权与监督权，真正实现权力在阳光下运行，必须实行政务信息公开制度。有研究者总结了当前我国政务信息公开存在的问题：信息公开的主体缺乏积极性和主动性；信息公开的内容易流于表面化和形式化；信息公开的保障机制尚待健全。[①]作为政府联系公众的扁平化传播网络，社会化媒体在增进政治透明、增强执政能力、提升行政效率方面具备天然优势，信息公开、政务微博等都是政务信息公开的有益尝试。但从实践来看，借用社会化媒体进行政治信息公开在认识与习惯上仍然存有障碍：公开到底是手段还是目标？如何处理好公开与保守秘密的关系、公开与民主集中制的关系、党务公开与政务公开的关系？如何构建政治公开的长效机制？等等。积极总结、分析当前政治公开的实际经验，阐发符合社会利益、国家安全双重需求的政治公开方略是社会现实的要求。由此我们提出以下研究问题与假设。

研究问题 1：社会化媒体使用影响政治公开

研究具体假设如下：

假设 1-1：社会化媒体政治信息获取对政治公开具有正向影响；

假设 1-2：社会化媒体政治表达对政治公开具有正向影响；

假设 1-3：社会化媒体政治讨论对政治公开具有正向影响。

（二）社会化媒体对政治参与的影响

研究者通常将政治参与的概念划分为四个维度：投票、竞选活动、联系官员和集体行动。[②]但是这些传统的参与方式并不能说明对媒介的信息性使用和对政治问题的心理描述直接推动了政治参与的发生。随着网络尤其是社会化媒体的兴起与快速发展，政治参与也出现了全新的在线模式。与报纸、电视相比，社会化媒体的信息能够做到实时更新，同时在时间、金钱和体力上的付出也较小。[③]在社会化媒体的使用过程中，人们不仅能够接触到以往许多线下内容的电子版，还

---

① 桑学成，周义程，陈蔚．健全权力运行制约和监督体系研究．江海学刊，2014(5): 211-218.

② Verba, S., & Nie, N. H. *Participation in America: Political Democracy and Social Equality.* Chicago: University of Chicago Press, 1987.

③ Quintelier, E., & Vissers, S. The effect of Internet use on political participation: An analysis of survey results for 16-year-olds in Belgium. *Social Science Computer Review,* 2008, 26(4): 411-427.

能够自己生成新的内容，从而创造了政治参与的新方式。人们可以通过转发E-mail、与他人分享对政治和时事的看法、在政府官员的社会化媒体主页进行评论以表达自己的不满、在线参与抵制某些政策的集体活动等一系列的方式来实现自己的政治目的[①]，而上述所有活动的实现，比传统政治参与的花费成本要低得多。

研究问题 2：社会化媒体使用影响政治参与

研究具体假设如下：

假设 2-1：社会化媒体政治信息获取对政治参与具有正向影响；

假设 2-2：社会化媒体政治表达对政治参与具有正向影响；

假设 2-3：社会化媒体政治讨论对政治参与具有正向影响。

（三）社会化媒体对政治修复的影响

从政治生态视角看，民主制度下的政治权力监督，需要监督权力来源的多元化，政治监督的社会化是大势所趋。从现实来看，微博问政、网络反腐已经与机制反腐、制度反腐相互促进，成为重建、修复政治生态的重要力量。评价社会化媒体与政治修复之间的互动应该置于更大的社会总体利益和政治总体公信力范围来考虑，怎样实现社会化媒体对政治生态失衡的有序、合法修复是不容回避的现实问题。从 2001 年党的十五届六中全会审议通过的《中共中央关于加强和改进党的作风建设的决定》中提出的“建立结构合理、配置科学、程序严密、制约有效的权力运行机制”[②]，到党的十八届三中全会审议通过的《中共中央关于全面深化改革若干重大问题的决定》中再次强调，“坚持用制度管权管事管人，让人民监督权力，让权力在阳光下运行，是把权力关进制度笼子的根本之策。必须构建决策科学、执行坚决、监督有力的权力运行体系，健全惩治和预防腐败体系，建设廉洁政治，努力实现干部清正、政府清廉、政治清明”[③]，再到党的十九大报告指出，“健全依法决策机制，构建决策科学、执行坚决、监督有力的权力运行体制”[④]，可见，任何时候，对制约和监督权力以实现有效的政治修复都是不能放松的。

研究问题 3：社会化媒体使用影响政治修复

---

① di Gennaro, C., & Dutton, W. The Internet and the public: Online and offline political participation in the United Kingdom. *Parliamentary Affairs*, 2006, 59(2): 299-313.

② 中共中央关于加强和改进党的作风建设的决定. http://cpc.people.com.cn/GB/64162/71380/102565/182138/10326334.html. [2021-07-21].

③ 中共中央关于全面深化改革若干重大问题的决定. http://www.audit.gov.cn/n4/n18/c4169/content.html. (2013-11-18)[2020-3-30].

④ 习近平：决胜全面建成小康社会 夺取新时代中国特色社会主义伟大胜利——在中国共产党第十九次全国代表大会上的报告. http://news.cnr.cn/native/gd/20171027/t20171027_524003098.shtml. (2017-10-18)[2018-03-21].

研究具体假设如下：

假设 3-1：社会化媒体政治信息获取对政治修复具有正向影响；

假设 3-2：社会化媒体政治表达对政治修复具有正向影响；

假设 3-3：社会化媒体政治讨论对政治修复具有正向影响。

（四）社会化媒体对政治协调的影响

治理过程的基础不是控制，而是协调，是持续的互动。政治协调包含政府与社会关系的协调、政府内部资源的协调两层含义。考察中国社会化媒体运行的现实，政府与社会的关系成为焦点和热点；更为关键的是政府内部如何整合协调资源实现政府与社会需求高效互动。社会化媒体出现后，其日益被视为一种潜在的吸引公民参与政治活动的工具，从政治理念、组织架构到权力运行，它对政府产生的影响是有目共睹的。社会化媒体不仅能够协调政治系统与社会环境的互动，即便在政治系统内部，利用社会化媒体同样有统一认知、整合资源、提升行政效率的功效。

研究问题 4：社会化媒体使用影响政治协调

研究具体假设如下：

假设 4-1：社会化媒体政治信息获取对政治协调具有正向影响；

假设 4-2：社会化媒体政治表达对政治协调具有正向影响；

假设 4-3：社会化媒体政治讨论对政治协调具有正向影响。

以上“社会化媒体影响政治生态的研究假设与理论模型”如图 4-1 所示。

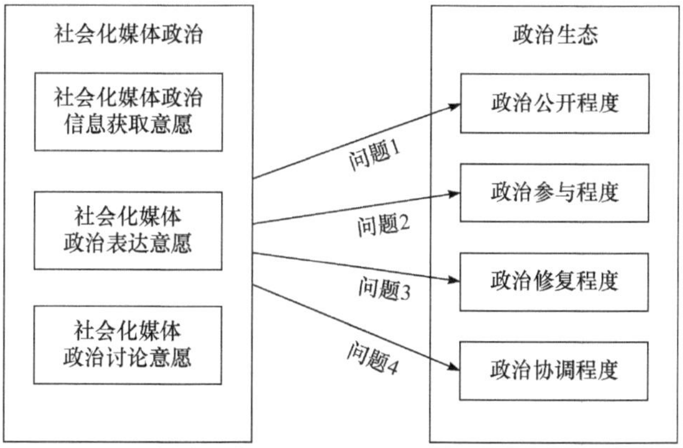

图 4-1　社会化媒体影响政治生态的研究假设与理论模型

第二节　主要变量的描述性统计分析

表 4-1 呈现了主要变量的描述性统计结果，我们首先对其进行大致梳理。

表 4-1　变量描述性统计结果（N=3848）

变量		样本量/个	均值/百分比	标准差	最小值	最大值	变量类型
因变量	政治公开程度	3848	3.9852	2.6572	1.00	5.00	定距
	政治参与程度	3848	3.8875	1.3608	1.00	5.00	定距
	政治协调程度	3848	3.1421	1.8301	1.00	5.00	定距
	政治修复程度	3848	3.6697	1.3098	1.00	5.00	定距
自变量	政治信息获取意愿	3848	3.8426	2.4621	1.00	5.00	定距
	政治表达意愿	3848	3.6241	2.3176	1.00	5.00	定距
	政治讨论意愿	3848	3.7955	2.4359	1.00	5.00	定距
控制变量	性别						定类
	男	2036					
	女	1812					
	年龄						
	18 岁及以下	242					定序
	19～29 岁	2679					
	30～39 岁	430					
	40～49 岁	370					
	50～59 岁	116					
	60 岁及以上	11					
	文化程度						定序
	高中及高中以下	820					
	大学专科	506					
	大学本科	1902					
	硕士研究生及以上	620					
	政治面貌						定类
	中共党员	978					
	共青团员	1965					
	民主党派	36					

续表

变量		样本量/个	均值/百分比	标准差	最小值	最大值	变量类型
控制变量	群众	869					
	职业						定类
	学生	2179					
	公务员	592					
	企业员工	744					
	农民	73					
	自由职业者	207					
	退休	16					
	无业/下岗/失业	37					
	收入						定序
	1000 元以下	1501					
	1000～2999 元	565					
	3000～4999 元	651					
	5000～6999 元	249					
	7000～8999 元	275					
	9000～9999 元	142					
	1 万元及以上	465					

第一，从社会化媒体使用各因素来看，社会化媒体政治信息获取得分最高，说明我国公民通过社会化媒体获取信息的意愿得到了不断增强，并逐渐将其作为一个主要的信息来源，同时也会兼顾多种信息获取渠道，以保证对事实理解的准确性；社会化媒体政治讨论与政治信息获取的分值非常接近，说明我国公民借助社会化媒体实现政治讨论的积极性有了大幅度提高；相比较而言，社会化媒体政治表达的得分最低，说明我国公民对于借助社会化媒体表达自己政治观点与政治立场的意愿仍然不高且形式较为单一。

第二，从政治生态各要素来看，政治公开的得分最高，说明社会化媒体的发展最直接的促进作用在于政府政治公开工作的改善，政府意识到及时公开公共事务信息的威力与价值，也看到了信息不透明的社会危害，因而用及时的信息公开代替了简单粗暴的“捂”和“堵”；政治参与的得分略低于政治公开，证明我国公民政治参与的范围和程度都较以往有了不少提高，当然当前流行的网络政治参与仍然存在合法性与合理性的争议，未来还是应该在进一步提高公民政治参与质量问题上下功夫；政治协调成为四个因素中得分最低的项目，说明当前政治系统与公民、媒体、社会系统，以及政治系统内部各要素之间的协作程度仍然不高，直接影响了社会治理效力（表 4-1）。

第三，关于控制变量的测量结果，第三章第三节中已做了详细描述，这里不再赘述。

第三节　多元回归分析

本书为了验证社会化媒体使用的三个方面——社会化媒体政治信息获取、政治表达与政治讨论对政治生态的四个维度——政治公开、政治参与、政治修复、政治协调的影响情况，采用多元线性回归模型的最终结果来进行假设验证。在运用 SPSS 建立模型之前，我们对因变量各个维度进行加总求平均值的处理，并进行标准化，形成连续的定距变量；另外，我们在第二层模型中都对自变量各组成因素做了多重共线性诊断，方差膨胀因子（VIF）的检验结果显示，所有模型均不存在明显的共线性问题（$0<VIF<10$）。具体分析结果如下。

一、社会化媒体对政治公开的影响

从表 4-2 中能够发现，政治信息获取意愿与政治公开程度（$\beta=0.044$，$p<0.001$）之间的相关性非常显著，说明伴随公民政治信息获取意识的增强，公民对自身知情权、参与权、监督权的维护力度也在无形中得到提升，使得公民本身由行政过程的外在要素逐渐向内在要素转变，公民学习政治与理解政治的能力也随之增强，从而推动政府转变以往的单向管制思维，在公共事务的处理上，需要更多听取公民建议，在政策的制定上，需要获得公民的许可，因此也就必然要实现行政工作的公开透明，这与当前我国的服务型建设理念是完全契合的。因此，假设 1-1 得到了验证。

公民的政治表达意愿同样与政治公开程度（$\beta=0.242$，$p<0.001$）之间存在非常显著的正相关关系，因为积极的政治表达行为代表着公民表达权利意识的增强，公民权利意识是推动政府信息公开不可或缺的内在因素与持续动力。因此，假设 1-2 在此得到验证。

当然，分析结果显示，政治讨论意愿对政治公开程度并无显著影响。因此，研究问题 1 在这里得到了部分回答，社会化媒体使用对政治公开程度基本存在影响。

表 4-2　社会化媒体使用各方面对政治公开的影响（N=3848）

变量	政治公开程度
政治信息获取意愿	0.044***
政治表达意愿	0.242***
政治讨论意愿	0.040
R	0.52
R^2	0.26
ΔR^2	0.24
F 值	44.65***

注：此表内的回归系数为标准化系数 β；双尾检验显著度* $p<0.05$，** $p<0.01$，*** $p<0.001$。

二、社会化媒体对政治参与的影响

根据表 4-3 可知，政治信息获取意愿与公民政治参与程度（β=0.339，$p<0.01$）之间存在比较显著的正相关关系。公民获取政治信息的积极性对其政治参与水平存在影响，这与以往许多研究者的结论相吻合，他们认为社会化媒体对于公民的政治参与具有积极的促进作用，其中一个重要的原因就是社会化媒体所扮演的信息提供者角色。作为一种替代性的信息源，社会化媒体提供给公民与主流媒体不同的观点，以及有关时事政治、竞选活动的基本信息，这些都会对公民的政治参与产生正面影响。因此，假设 2-1 在这里得到了验证。

政治表达意愿与公民政治参与程度（β=0.341，$p<0.001$）之间具有非常显著的正相关关系。政治表达意愿与形式代表着公民对政治的热情程度，越是强烈的表达欲望和多样化的表达形式，越能激发公民参与政治的积极性，由于社会化媒体能够顷刻间将政治表达扩散到更大范围内，因此在某种程度上能够推动政治表达的愈演愈烈，进而带来大范围的线上、线下政治参与。因此，假设 2-2 得到了验证。

政治讨论意愿对公民政治参与程度（β=0.325，$p<0.001$）具有非常显著的正向影响。公民在社会化媒体上持续不断的信息交流，不仅使更大范围内的人们建立起联系，也为政治动员提供了最佳渠道，源源不断的煽动性信息激发起公民的参政热情，从而引发了更大范围的线下社会运动。因此，假设 2-3 得到了验证。

综上，研究问题 2 在这里得到了回答，社会化媒体使用对政治参与存在影响。

表 4-3　社会化媒体使用各方面对政治参与的影响（N=3848）

变量	政治参与程度
政治信息获取意愿	0.339**
政治表达意愿	0.341***
政治讨论意愿	0.325***
R	0.43
R^2	0.12
ΔR^2	0.10
F 值	31.73***

注：此表内的回归系数为标准化系数 β；双尾检验显著度* $p<0.05$，** $p<0.01$，*** $p<0.001$。

三、社会化媒体对政治修复的影响

对表 4-4 的分析结果显示，政治信息获取意愿与政治修复程度（$\beta=0.341$，$p<0.01$）之间的相关性较为显著，说明伴随公民政治信息获取意识的增强，在推动政府在公共事务的处理上，需要更多地听取公民建议，在政策的制定上，需要获得公民的许可，因此也就必然要实现接受司法监督、公民监督及自我监督，这在很大程度上助推了反腐倡廉等政治修复工作的进程。因此，假设 3-1 得到了验证。

公民的政治表达意愿与政治修复程度（$\beta=0.352$，$p<0.001$）之间存在非常显著的正相关关系，因为积极的政治表达行为代表着公民表达权利意识的增强，公民权利意识的增强则有助于公民对政府的权力运行工作展开舆论监督，通过话语权的提升获得更多的制约政府合理行政的机会与能力，倒逼政府更好地改善其行政生态。因此，假设 3-2 在此得到验证。

公民政治讨论意愿对政治修复程度则并无显著影响，因此只能说，研究问题 3 在这里得到了部分回答，社会化媒体使用对政治修复程度基本存在影响。

表 4-4　社会化媒体使用各方面对政治修复的影响（N=3848）

变量	政治修复程度
政治信息获取意愿	0.341**
政治表达意愿	0.352***
政治讨论意愿	0.012
R	0.32
R^2	0.16
ΔR^2	0.10
F 值	36.15***

注：此表内的回归系数为标准化系数 β；双尾检验显著度* $p<0.05$，** $p<0.01$，*** $p<0.001$。

四、社会化媒体对政治协调的影响

基于对表 4-5 的分析发现，政治信息获取意愿与政治协调程度（β=0.291，p<0.05）之间存在正相关关系，说明公民渴望政府提供更多的信息、做出更多的解释必然会迫使政府给出更多的回应以满足公民需求和安抚民情，从而促进政府与公民之间、政府与社会之间，甚至政府与媒体之间的关系趋于和谐。假设 4-1 得到了验证。

政治表达意愿与政治协调程度（β=0.359，p<0.001）之间具有非常显著的正相关关系，因为社会化媒体能够将公民通过发帖、留言等方式所表达的政治诉求迅速扩散，提升个体政治表达的关注度，推动网络舆论的形成，强大的网络舆论本身，就代表着新媒体平台对政府工作的强有力监督，表达意愿越强，形成的舆论就越强，对政府的监督力度也越强；另外，舆情热度的高涨也会提高政府的关注度，为了提升对舆情事件的处理效果，政府也会寻求与媒体的更多合作，以使舆论朝着更有利于自己的方向发展，从而促进了政府、公民与媒体之间的良性互动。基于此，假设 4-2 得到验证。

政治讨论意愿与政治协调程度（β=0.532，p<0.001）之间也存在显著正相关关系，这是因为，对交流环境与政府的信任能激发公民讨论公共事务的积极性；公民与政府之间的积极互动也折射着公民对政府及其工作的不同程度的信任，而讨论过程的持续也势必需要政府持续不断的信息回应，从而加强了二者的良性互动。假设 4-3 得到了验证。

因此，研究问题 4 在这里得到了回答，社会化媒体使用对政治协调存在影响。

表 4-5　社会化媒体使用各方面对政治协调的影响（N=3848）

变量	政治协调程度
政治信息获取意愿	0.291*
政治表达意愿	0.359***
政治讨论意愿	0.532***
R	0.52
R^2	0.26
ΔR^2	0.24
F 值	50.07***

注：此表内的回归系数为标准化系数 β；双尾检验显著度* p<0.05，** p<0.01，*** p<0.001。

第四节　主要结论

通过对社会化媒体使用对政治生态影响因素的实证考察，我们可以得出几点结论。

（1）社会化媒体使用各方面对政治生态各维度的影响是：政治公开程度受到社会化媒体政治信息获取意愿、政治表达意愿的正向影响；政治参与程度受到社会化媒体政治信息获取意愿、政治表达意愿、政治讨论意愿的正向影响；政治修复程度受到社会化媒体政治信息获取意愿、政治表达意愿的正向影响；政治协调程度则受到社会化媒体政治信息获取意愿、政治表达意愿、政治讨论意愿的正向影响。

（2）就影响的全面性而言，社会化媒体政治信息获取意愿和政治表达意愿对政治生态各维度均存在正向影响，影响面最大；社会化媒体政治讨论意愿则只对政治参与程度和政治协调程度存在正面影响，因而影响面最小。

（3）就影响强度而言，政治公开程度受到社会化媒体政治表达意愿影响的强度最大，其次为社会化媒体政治信息获取意愿；政治参与程度受到政治表达意愿影响的强度最大，其次为社会化媒体政治讨论意愿，影响强度最小的为社会化媒体政治信息获取意愿；政治修复程度同样受到社会化媒体政治表达意愿影响的强度最大，其次为社会化媒体政治信息获取意愿；政治协调程度则是受到社会化媒体政治讨论意愿影响的强度最大，其次为政治表达意愿，影响强度最小的是社会化媒体政治信息获取意愿。

根据以上分析，我们可以说本书的研究问题均得到解答，研究假设均得到验证。根据研究假设的验证情况，可以进一步修正与完善社会化媒体对政治生态的影响因素理论模型（图 4-2）。

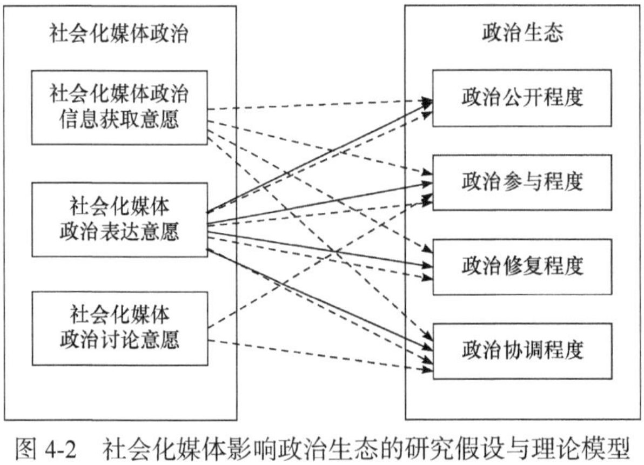

图 4-2　社会化媒体影响政治生态的研究假设与理论模型

注：图中实线表示假设得到验证；虚线表示假设没有得到验证

【理论拓展】

新时期新闻宣传工作重要论述

坚持党性原则，必须自觉在思想上政治上行动上同党中央保持高度一致。报刊、通讯社、电台、电视台、新闻网站的所有工作都必须体现党的意志、反映党的主张，必须维护党中央权威、维护党的团结，做到爱党、护党、为党。要增强看齐意识，自觉向党中央看齐，自觉向党的理论和路线方针政策看齐，自觉向党中央决策部署看齐。要增强战略定力、站稳政治立场，在“乱花渐欲迷人眼”的诱惑干扰面前，保持“乱云飞渡仍从容”的政治定力，决不能发表同党中央不一致的声音，决不能为错误思想言论提供传播渠道。

——2016 年 2 月 19 日，习近平主持召开党的新闻舆论工作座谈会并发表重要讲话

牢牢坚持马克思主义新闻观。新闻观是新闻舆论工作的灵魂。山无脊梁要塌方，人无脊梁会垮掉。党的新闻舆论工作必须挺起精神脊梁。古人说：“先立乎其大者，则其小者弗能夺也。”对党的新闻舆论工作来说，这个“大”，就是马克思主义新闻观。要深入开展马克思主义新闻观教育，把马克思主义新闻观作为党的新闻舆论工作的“定盘星”，引导广大新闻舆论工作者做党的政策主张的传播者、时代风云的记录者、社会进步的推动者、公平正义的守望者。

——2016 年 2 月 19 日，习近平主持召开党的新闻舆论工作座谈会并发表重要讲话

牢牢坚持正确舆论导向。舆论导向正确，就能凝聚人心、汇聚力量，推动事业发展；舆论导向错误，就会动摇人心、瓦解斗志，危害党和人民事业。这一点，全党同志特别是新闻舆论战线的同志要时刻牢记。要坚持以正确舆论引导人，做到所有工作都有利于坚持中国共产党领导和我国社会主义制度，有利于推动改革发展，有利于增进全国各族人民团结，有利于维护社会和谐稳定。讲导向，这是最重要、最根本的导向。

——2016 年 2 月 19 日，习近平主持召开党的新闻舆论工作座谈会并发表重要讲话

我说过，宣传思想战线的同志要当战士、不当绅士，不做“骑墙派”和“看风派”，不能搞爱惜羽毛那一套。宣传思想战线的同志要履行好自己的神圣职责和光荣使命，以战斗的姿态、战士的担当，积极投身宣传思想领域斗争一线。

——2016 年 2 月 19 日，习近平主持召开党的新闻舆论工作座谈会并发表重要讲话

阵地是意识形态工作的基本依托。人在哪里，新闻舆论阵地就应该在哪里。对新媒体，我们不能停留在管控上，必须参与进去、深入进去、运用起来。近几年，新闻媒体在融合发展方面做了大量工作，取得令人可喜的成绩。但是，从总体上看，发展还很不平衡，有的是“+互联网”，而不是“互联网+”，只是将传统

媒体和新媒体作简单嫁接，“左手一只鸡，右手一只鸭”，没有实现融合。融合发展关键在融为一体、合而为一。要尽快从相“加”阶段迈向相“融”阶段，从“你是你、我是我”变成“你中有我、我中有你”，进而变成“你就是我、我就是你”，着力打造一批新型主流媒体。需要强调的是，内容永远是根本，融合发展必须坚持内容为王，以内容优势赢得发展优势。

——2016 年 2 月 19 日，习近平主持召开党的新闻舆论工作座谈会并发表重要讲话[①]

① 习近平：党的新闻舆论工作必须挺起精神脊梁. http://cpc.people.com.cn/xuexi/n1/2018/1204/c385474-30440485.html. (2018-12-04)[2021-08-25].

第五章　社会化媒体与政治生态协同发展的实践模式

唯物辩证法认为，技术作为生产力要素中的活跃因子决定着上层建筑（包括政治制度）的变革，制度变革又为技术发展提供支持和动力，技术创新与制度变革是相辅相成的关系，共同推动经济增长和社会进步。马克思主义基本原理从哲学高度提出了技术-制度的辩证关系，而协同学为研究技术与制度的互动关系提供了具体的、科学的方法，丰富并深化了技术与制度之间存在的各种矛盾关系及其辩证原理。社会化媒体作为一种新兴的媒介技术应用，以其特有的工具属性和文化属性作用于政治生态，主要表现为社会化媒体政治内生态和文化生态对政府主导型政治生态建设发挥作用，而政治体系的生态化建设也必然对社会化媒体的发展与规制产生深刻影响。因此，以协同论为视角，构建社会化媒体与政治生态的协同发展模式，应是探讨社会化媒体与政治生态两者相互作用的重要指向。

第一节　社会化媒体与政治生态的传统关系模式：以政府为视角

学界一般认为，“政治生态”是一个带有中国特色的概念，并且在政治生态的内涵梳理、概念界定、构成要素上说法不一，但是政府作为政治生态的责任主体则成为普遍共识，政府系统始终占据政治生态系统的核心位置。因此，厘清社会化媒体与政府的关系自然是研究旨要。互联网产品的快速迭代是社会化媒体演进的技术逻辑，互联网的发展进路是研究社会化媒体与政府关系的时间坐标。根据现有研究结合近年来的公共危机案例，可将社会化媒体与政府的关系大致梳理为三种模式。

一、侍从型模式

侍从型模式是指，政府与社会化媒体之间是利用与被利用的关系，政府把社会化媒体仅仅当作信息渠道的延伸，较之传统媒体，它更是一种工具或一个助手，相应地认为网络舆论只是民意的一小部分，没有意识到互联网思维与模式带来的社会话语权力结构的变革。

《关于进一步加强政府信息公开回应社会关切提升政府公信力的意见》《积极利用即时通信工具开展政务服务的通知》等文件相继出台，意味着政府主导下的政务新媒体服务体系建设已经纳入国家顶层设计层面，与之相适应，以“两微一端”为主流应用的政务新媒体建设驶上快车道。从规模和数量上看，已经取得较为显著的成绩，但从公共信息服务意识及渠道维护方面看，问题仍然普遍存在。课题组以往进行的“陕西省三市八区（县）的政务微博传播效果”调查数据显示，“26.4%的社会居民认为‘有些官员与网友互动交流流于形式，有些部门对待微博缺乏真诚，敷衍了事’。25.1%的人觉得‘政务微博与网民互动沟通力度不够，有的问题没能得到重视或实际解决’”，还有 17% 的受访居民认为一些政务微博新闻信息更新不够及时。……网民对政务微博参与度偏低的主要原因是政务微博在多媒体功能使用方面比较落后，对网络舆情民意缺乏足够重视。①

部分政府部门看待社会化媒体带有工具性思维，忽视了社会化媒体对舆论环境的深刻影响和网络参与对政治权力结构的强大效应。有学者指出，一些政府部门和官员之所以在面对媒体时说出一些“雷人语言”、做出一些“雷人行动”，其本质不是应对媒体的技巧生疏，而是对媒体的角色、功能的认识错位。其没有把媒体作为社会公器来看待，不理解媒体所应扮演的角色和履行的职责，同时，对今天的大众传播规律也缺乏了解。②

二、管控型模式

“控”有“掌握，操纵”之义，“制”就是“约束、限定、管束”。控制是掌握住对象不使其任意活动超出范围，或使其按控制者的意愿活动。所以，“管控”一词在这里可解释为“管理控制”之义。“管控型模式”是指政府和社会化媒体之间是管控与被管控的关系，在两者关系中，政府占绝对的主导地位，可以发号施令或控制议程。在新兴媒体环境下，信息供给和沟通渠道空前增加，但由于受传统媒体时代形成的自上而下的信息管制传统影响，部分政府部门仍以传统管控思维与规制模式，试图管控或驾驭社会化媒体。

部分政府部门最初对网络舆论和网络参与实行严格管理、监控和限制的政策，试图将网络纳入自己的言论管制范围，用一张巨大缜密的监控网络将网络参与的主导权牢牢掌握在自己的手中。事实证明政府这种以堵为主的治理策略不太奏效。从山西黑砖窑案、湖北石首事件、邓玉娇案中，政府开始意识到传统的监控模式

① 李明德，张宏邦，蒙胜军. 政务微博的现实困境与发展对策——基于陕西省三市八区(县)的受众调查分析. 西安交通大学学报(社会科学版), 2014, 34(3): 104-110.

② 彭兰. 社会化媒体时代的三种媒介素养及其关系. 上海师范大学学报(哲学社会科学版), 2013, 42(3): 52-60.

在网络时代会走向失灵。①

社会化媒体在拓展公共传播空间的同时，社会化媒体场域的信息秩序危机、非理性表达、公共安全威胁等传播失灵问题频现，使得社会风险陡增。韩国网络实名制的兴废是政府对网络媒体强制管控的典型例子。韩国政府意识到，实名制治理网络乱象并未达到预期的效果，而强制的实名会让那些应该得到政治表达自由保障的一般民众的自由表达行为减少或招致他们意气消沉。②于是，2012 年韩国正式废除了 2007 年生效的网络实名制法案。诸多案例证明，缺少法理依据和忽视社会化媒体特性的行政管控，必然会矫枉过正。

三、博弈型模式

博弈型模式，是指社会化媒体与政府之间存在诸多对立面或利益的不一致性，二者在竞争博弈中达到自身收益最大化的目标。正如有学者根据代理问题原理指出，授权方（政府）和代理方（社会化媒体）均为自利者，所追求目标的不一致势必导致利益的冲突和权益的抗衡。作为媒体机构，媒体公司追求企业的利益最大化，以吸引用户为目的；政府以监控网络言论，封锁不利于国家治理的信息，以及维稳为目的。在政府监管下，新浪和腾讯等媒体需要对网民的言论做出过滤和筛选，才能有效履行其作为公众媒体的责任。

2011 年 12 月，《北京市微博客发展管理若干规定》（以下简称《规定》）发布，规定微博用户必须使用真实身份注册信息，《规定》的出台意味着以北京地方政府普通行政程序通过了一项具有全国规范意义的法规。③《规定》出台当天，新浪股价开盘大跌，一度跌逾 10%。当然，随着新浪、搜狐、网易、腾讯四大门户网站微博实名制的全面实施，新浪股价又有一定幅度的上涨，这表明在这场实名制浪潮中，社会化媒体（包括运营商、用户）与政府是最大的博弈主体。在政府利用行政指令维护网络安全、强化网络监管的同时，新浪不得不面临粉丝锐减、活跃度下降、微博营销失效等风险。关于微博实名制的规制成效，学界给予了充分关注，其中以经济学视角的研究成果居多。我们此处暂且不讨论关于微博实名制孰输孰赢的问题，只是在此用博弈关系来呈现社会化媒体与政府之间由目标的不一致性而产生的某种对立和失衡状态，重在强调非合作博弈现象的存在。

在公共危机事件中，政府部门如果为了维护自身形象出现权衡、推诿或滥用权力，社会化媒体内部的耦合关系，个体、信息间的连接关系，就可能导致

---

① 王法硕. 由“堵”到“疏”的政策学习：政府应对网络参与的行动变迁. 电子政务, 2013(3): 18-26.

② 车永浩. 韩国网络实名制度对我国网络规制的启示. 延边大学硕士学位论文, 2012.

③ 顾理平, 徐尚青. 微博实名制：“错装在政府身上的手”——兼论基于“成本-收益”分析的网络空间规制理念与管理战略. 新闻与传播研究, 2013, 20(9): 65-81.

话语垄断、舆论审判、社会责任脱逸等问题的出现。例如 2005 年 11 月 13 日中石油吉林石化分公司发生爆炸事故，事件缘起吉林石化分公司双苯厂一车间硝基苯精馏塔发生爆炸，造成严重的生态环境问题，松花江沿岸数百万居民的生产生活用水受到影响。事故发生后，哈尔滨市政府却发公告称全市停水 4 天，要对市政供水管网进行检修，随后又修正，告知市民真实原因。这种纸包不住火的“前后不一”行为严重地影响了事件的处理和政府的公信力。还有 2012 年广西龙江镉污染事件中，起初当地政府部门采取封堵信息的办法，直到网络论坛、微博爆出后才出面应对，当时在事故发生后的第 16 天，河池市才就应急处置工作举行首场新闻发布会。尽管最近几年政府机构对舆情与舆论有了前所未有的重视，但是，其中也存在着把舆情当作“敌情”来监测和防范、把舆论简单当作“坏话”或“险情”来处理的过失。

四、三种传统模式的比较

侍从型模式和管控型模式，两者既有共性又有区别，共同之处在于两者都受到传统“喉舌论”和“第四种权力”理论的影响，是一种单向的、静态的关系。两者的区别在于，侍从型模式中，政府用工具性思维看待社会化媒体，管控型模式中，政府又过分夸大了社会化媒体的负面影响，对其严加管制，但从本质上讲，这两种模式体现了自上而下的信息管制模式，都忽视了社会化媒体自主性、独立性、公共性等自身特性及其规律，过于强调工具化、管制化，不利于政府管理目的的有效达成和社会化媒体功能的充分发挥；博弈型模式，强调竞争与制衡，优势在于可以使社会化媒体与政府在制衡中发展，打破了侍从型模式和管控型模式中单向的、静态的关系，形成了一种多级的、动态的关系，防止媒体附庸于政府，政府钳制舆论。但是，博弈型模式中，将政府与媒体关系在某种程度上进行了对立，在特殊情境下极易形成“对抗”或“对峙”状态，任何一方的输赢最终只能导致功能的丧失或权力的僭越。

因此，我们在此基础上以协同论为理论依据，以公共危机事件为例，提出协同关系模式：试图寻求实现社会化媒体与政府各自利益最大化，实现协同发展的关系探索。协同模式是社会创新治理背景下，社会化媒体与政府关系的一种重构与进步，从本质上体现着媒介技术（生产力）与社会制度（生产关系）之间的一致性要求。

第二节　社会化媒体与政治生态的协同关系模式的构建

协同学研究的是系统中各个子系统之间的协同作用如何使系统从无序向有序转变。协同学力图阐明开放系统中存在的大量异质子系统相互作用可以产生新结构和自组织的共同性，并揭示这种协调、合作效应引起的系统的自组织作用。自组织是开放系统在子系统的合作下出现的宏观尺度上的新结构，自组织过程是一种非平衡相变（系统所处的不同结构或状态称为不同的相，在一定条件下，系统从一种相转变为另一种相的现象称为相变过程）。[①]简言之，协同学的核心议题即为系统观尺度上自发产生的自组织，这种自组织作用便是协同形成过程。自组织理论启发我们可以从揭示某一系统内部的关系形成及与外部的能量交换过程入手，来研究系统的运行机制。

一、作为系统的社会化媒体政治生态的形成

政治系统论的创立者、美国政治学家戴维·伊斯顿采取模拟和系统控制论图示的方式来阐述政治系统模式及其与外部环境的关系，如图 5-1 所示，①政治系统是一个开放的系统，它容易受到环境的影响。从静态角度来看，环境由社会大系统中除政治系统之外的各种状况和条件所构成的其他要素子系统组成，包括社会内部环境和社会外部环境。②从动态过程来看，政治系统和环境形成互动关系，系统的运转通过持续不断的输入、转换、输出、反馈过程实现。政治系统分析模式是在批判“国家中心论”和“权力中心论”基础上产生的，该模式将系统作为核心变量或从系统（体系）整体的视角来对政治生活和政治行为进行解释和说明，其最大的价值在于将动态研究和静态研究相结合，在宏观框架内把政治互动行为作为政治分析的起点，有助于了解复杂的政治现象和推动科学决策。

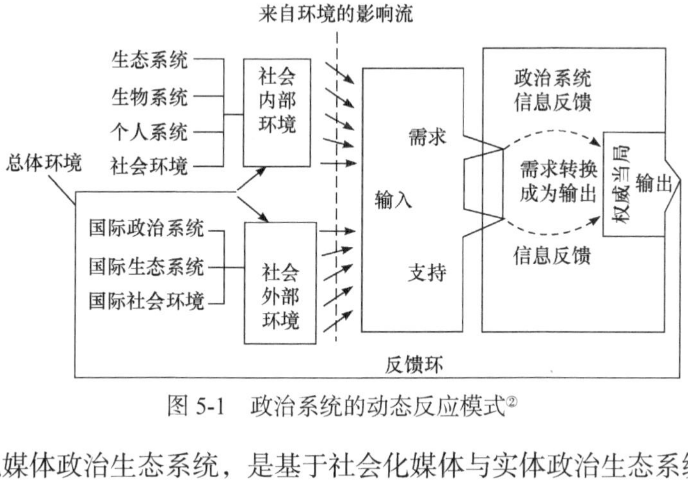

图 5-1　政治系统的动态反应模式[②]

社会化媒体政治生态系统，是基于社会化媒体与实体政治生态系统的映射和重组关系、与互联网政治生态系统的相仿和同构关系及其自身特性而提出的。如图 5-2 所示，一方面，社会化媒体从工具性和文化性两方面对政治生态系统发挥作

① 郭治安等. 协同学入门. 成都: 四川人民出版社, 1988.

② 郭治安等. 协同学入门. 成都: 四川人民出版社, 1988.

用。政治发展中许多问题的解决，不仅需要有价值和理念，还需要有技术手段。①社会化媒体能够被政治主体用来解决诸如“公共权力的腐败、电子政府的发展、政府管理的专业化”等问题，在扩大政治参与、促进信息公开、完善政治修复和增强政治协调方面发挥重要作用，并形成独特的社会化媒体政治生态；同时，媒体本身也属于文化系统的重要组成部分，社会化媒体通过影响文化系统的发展作用于政治系统。另一方面，政治生态作用于社会化媒体，表现在以公共利益为杠杆，通过政治决策对社会化媒体进行技术赋权、政治赋权和内容规制，本质上体现制度对技术发展的调节或促进作用。微博反腐被视为网络反腐的主阵地，也是社会化媒体时代网民揭发和监督腐败行为的一把利器。学者对中国各省数据研究发现，互联网普及率越高，地方政府的治理水平越高，政府提供的公共服务和公共产品也越多。信息技术发展与腐败水平之间的关系可能是倒 U 形的曲线关系。②

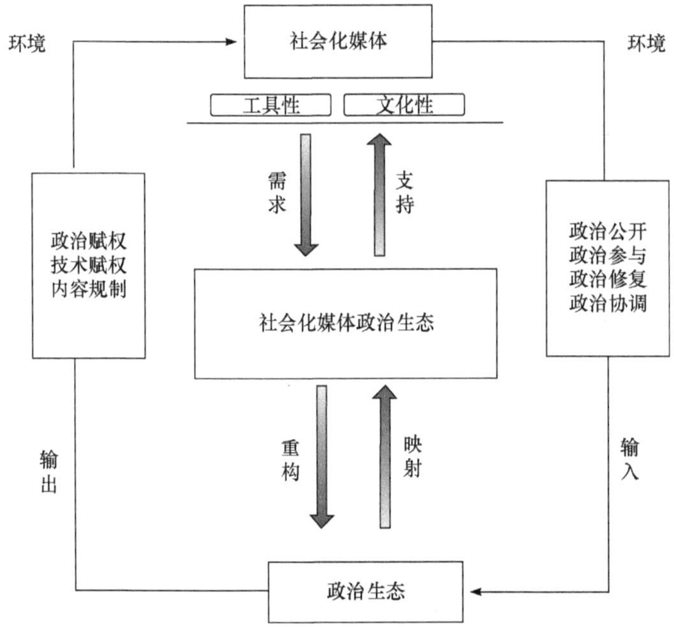

图 5-2　社会化媒体与政治生态协同发展模型

因此，社会化媒体政治生态系统的动态平衡一方面作用于实体政治系统，主要表现为政治体系内生态的关系，实体政治生态与技术环境、实体政治生态与社会化媒体文化的关系；另一方面又作用于社会化媒体系统，主要表现为社会化媒体系统内生态的关系、社会化媒体与政治环境（包括政府）的关系。这些子系统

① 桑玉成. 政治发展中的政治生态问题. 学术月刊, 2012(8): 5-13.

② 马亮. 腐败案件越来越多，互联网有罪吗. 财新周刊, 2016(16): 14.

及子系统之间的相变过程，就是社会化媒体与政治生态协同作用的过程。

二、社会化媒体政治生态系统的构成要素

互联网政治生态是指一个以信息为核心的生态系统，是在一定时间和空间范围内，由互联网政治成员与其环境组成的一个整体，该整体具有一定的大小和结构，具备成员产生信息，并借助信息的传递而相互联系、相互影响、相互依存，最终形成具有自组织和自识别功能的复合体。[①]社会化媒体是互联网技术的新运用，Web 2.0 时代，社会化媒体作为网络舆情的主要承载空间，使社会化媒体政治生态形成了一个以“舆情”为核心的生态系统，成为整个互联网政治生态系统的镜像。

在社会化媒体政治生态系统中，存在着包含各类复杂关系的异质子系统与要素，如图 5-3 所示，主要包括社会化媒体政治舆情系统、电子政务系统、专业媒体系统、网民系统、非政府组织系统等五大系统。①政治系统的动态反应模式认为，政治系统与环境形成信息“输入—转换—输出—反馈”的开放性机制，因此，社会化媒体政治舆情系统处于社会化媒体政治生态系统的核心位置，来自子系统的各类信息（表现为舆情）在此汇集（输入）并产生影响（输出），其他子系统通过社会化媒体政治舆情系统发挥作用。②电子政务系统是社会化政治生态系统的

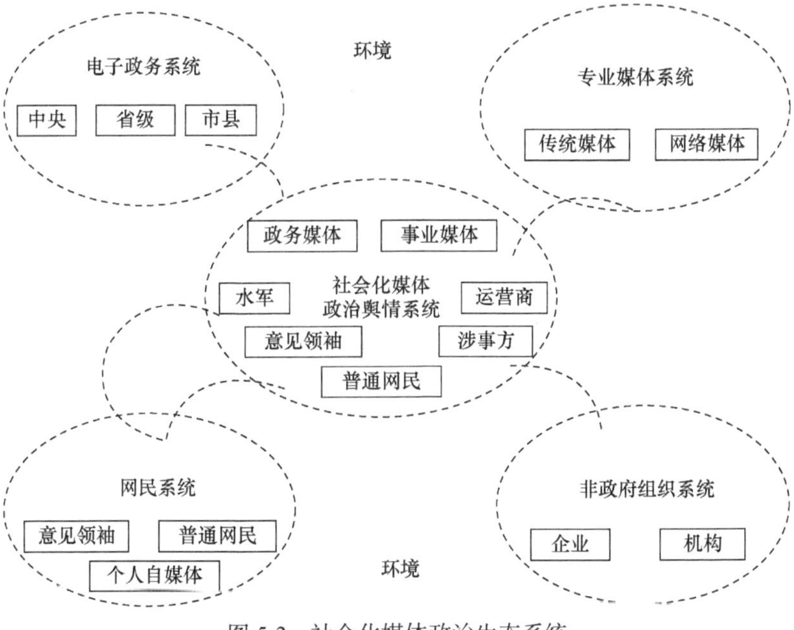

图 5-3　社会化媒体政治生态系统

① 史达. 政府网络与网络政治多维视角的研究. 大连：东北财经大学出版社, 2011, 142.

主导因素，也是社会化媒体政治舆情系统中的舆情管理主体和舆论引导主体。③专业媒体系统主要是指传统媒体与网络媒体的“两微一端”，该系统是社会化媒体政治生态系统的信息传播者，也是社会化媒体政治舆情系统中的舆情引导主体，发挥议题设置、完善报道、环境监测、舆论沟通等功能。④网民既是社会化媒体生态系统的信息源，也是社会化媒体政治舆情系统中的舆情主体。网民系统既包括普通网民，也包括意见领袖等关键性传播节点和各类个人自媒体。选择性接触、“沉默的螺旋”效应、蝴蝶效应、群体极化、人肉搜索等现象在网民系统的非线性活动中最为常见。⑤非政府组织系统在社会化媒体政治生态系统中是信息生产者，在社会化媒体政治舆情系统中常常以涉事方出现，成为舆情焦点。

第三节　协同关系模式的实践探索：公共危机事件网络舆情协同治理

根据协同论，社会化媒体政治舆情系统是一个以舆情为核心的开放性系统，在舆情萌芽、发酵、爆发和衰退的全流程中，如果各个子系统的信息、能量和资源通过“输入—输出—反馈—再输入”作用机制达成一个动态平衡的过程，则该系统就是健康有序的；相反，就需要对各个子系统、要素进行调节，促进微观系统和宏观系统的运作从无序走向有序。

公共危机事件是指由自然灾害、社会运行机制失灵而引发的，可能危及公共安全和正常秩序的危机事件。[①]公共危机事件中，社会化媒体政治舆情系统的自组织性发挥作用，并与电子政务系统、专业媒体系统、网民系统、非政府组织系统等外部环境相互作用，与事件相关的各种政策流、信息流、舆情流不断交互、汇集并产生影响。如前文所述，在公共危机事件中，信息流通不畅、政府规制失灵等，导致舆情生态系统的失衡与无序。

社会化媒体时代，公共危机事件的网络舆情生态是转型期社会矛盾的风向标和社情民意的晴雨表，因此，公共危机事件成为政府舆情治理的试金石。现行公共危机管理系统是一种复杂、开放的系统，系统内部存在大量的非线性作用，系统目前处于非稳定的远离平衡的状态，系统存在明显的涨落。[②]同时，协同学还提出，协同效应使子系统的协同行动催生出超越子系统单独行动的功能，使整个系统趋向有序和稳定。网络公共事件由政府、媒体、网民、网络运营商和社会组织等子系统构成，它们在不同的演变阶段发挥着不可替代的作用，但是却很少联

① 姚惠忠. 公共关系理论与实务. 北京：北京大学出版社, 2004.

② 谭九生, 任蓉. 网络公共事件的演化机理及社会协同治理. 吉首大学学报(社会科学版), 2014, 35(5): 20-27.

合行动。[①]因此，受协同学的协同效应、伺服原理和自组织原理等理论启发，以社会化媒体环境下公共危机事件舆情协同治理为例，呈现社会化媒体与政治生态的协同发展关系，如图 5-4 所示。

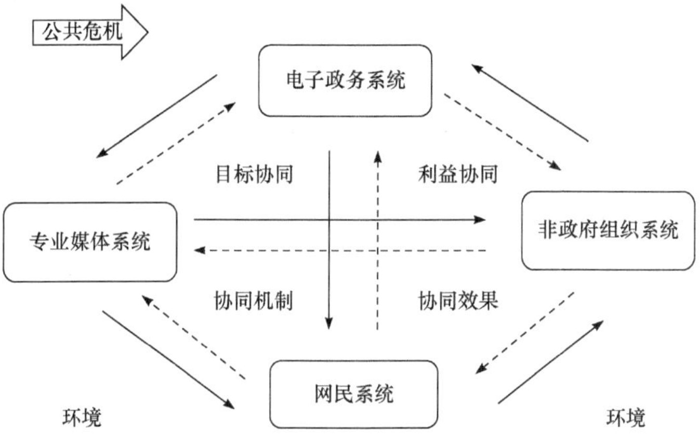

图 5-4　社会化媒体政治舆情协同治理系统

一、形成子系统间的协同效应

协同论认为，协同效应是系统整体性功能的体现，系统能否发挥协同效应是由系统内部各子系统要素的协同作用程度决定的。舆情生态治理旨在实现舆情生态系统由无序到有序的转变，其实现方式是政府、媒体、网民、网络运营商和社会组织等子系统间的协同作用。协同效应原理普遍适用于千差万别的自然系统或者社会系统，因此，在充分认识社会化媒体政治舆情生态治理系统的复杂性、动态性和开放性基础上，构建多元主体协同治理模式应成为公共危机社会化媒体政治舆情治理的现实路径。

从子系统的角度来说，控制参量的变化，起着改变子系统之间关联强弱和改变子系统独立运动与系统运动的相对地位的作用。没有温度的降低来减少分子热运动动能（独立运动）和同时增加分子之间的相互作用（关联）,水是不能结成冰的。因此说，环境不提供促成子系统之间关联的转化条件，系统是不能产生自组织的。[②]可见，外部环境提供适当的控制参量，是系统自组织结构产生和性能发挥的重要保障。上下同欲者胜，建立目标协同和利益协同就是子系统协同行为的控制参量，是形成耦合结构的驱动因素。近年来公共危机事件频发，网络舆情治理难度加大，从根本上讲是政策目标、利益诉求多元化的体现。“社会结构变迁造成的

① 张立荣，冷向明. 协同治理与我国公共危机管理模式创新——基于协同理论的视角. 华中师范大学学报(人文社会科学版), 2008, 47(2): 11-19.

② 郭治安等. 协同学入门. 成都: 四川人民出版社, 1988: 30.

利益受损和行为失衡成为网络公共事件形成的根源，利益受损带来的权利抗争是网络公共事件发生的精神内核。”①因此，在公共危机事件舆情治理的诸多实践中，一些地方政府出于维护形象的目的而违背民意，媒体报道追求轰动效应传播虚假信息，网络运营商盈利至上忽视社会效益，网民舆论表达以正义为旗却超越法律底线等现象仍然存在。可见，要实现子系统的协同作战，就要突出协同行为价值，强化子系统间的协同意识，并在各方平等对话、理性交流的基础上充分重视各个子系统目标的实现程度，从而能够有效识别影响子系统目标协同性因素；考虑正确处理好政府与市场、管理与治理、维稳与维权、活力与秩序等各种关系，以公共利益为杠杆协调利益关系，从民意中找到最大公约数。

二、构建序参量支配子系统行为

伺服原理认为，序参量是子系统间协同运动的产物，是系统相变最突出的标志，序参量一旦形成就反过来支配子系统的行为，对系统演化的最终状态起着主导作用。受序参量原理的启发，构建协同机制这一序参量，正是公共危机舆情协同治理的实现路径。建立并完善信息发布机制、舆情监测与研判机制、舆情处置与效果评估机制都是协同机制的重要内容。在公共危机事件中，电子政务系统和专业媒体系统作为社会化媒体舆论引导主体，要通过拓展信息渠道、促进信息公开、及时发布新闻等方式实现信息资源对称。政府与媒体在协作过程中要将舆情研判与预警相结合，在舆情监测上将技术与内容、信息与数据、智能与人工相结合；将危机公关和应急联动相结合，将危机处置与效果评估相结合。

三、发挥子系统的自组织作用

所谓自组织是指在没有外界指令的条件下，仅仅控制参量变化，通过内部子系统之间能够按照某种规则的合作，就能够形成新的有序结构。网民系统是社会化媒体舆情主体，社会化媒体活动大多源于公众无意识的行为，但是在这种集体无意识下却能够呈现出有序传播趋势，在人人都有摄像机，全民皆记者的社会化媒体环境下，微博被称为“新闻发布厅”，喻国明将微博带来的事件还原效应称为“手电筒原理”，这种“群氓”的智慧与力量正体现着社会化媒体的自组织功能，推动网民系统内部的自我修正与自我完善。

可见，充分发挥子系统的自我调节和核心优势对系统整体运作有着重要意义。公共危机事件面前，政府不要依靠“封、堵、删、压”等手段控制舆论掩盖矛盾，否则有可能造成管制失灵问题。在社会化媒体舆情生态治理中，既要重视和培养网络意见领袖，又要提升普通网民信息辨识能力和信息生产素养，充分发挥信息

① 石任昊. 网络公共事件中政府回应研究. 郑州大学硕士学位论文, 2012: 8.

的汇集和聚合效应。顺应舆情演变规律，是节约行政成本的有效之举。自组织能力同样存在于媒体“两微一端”系统，马克思将这种媒体分工和协作，报道纠偏和完善称为“报刊的有机运动”。从马克思指出的要“尊重报刊的内在规律”，到习近平提出的“遵循新闻传播规律和新兴媒体发展规律”[①]，这些都包含着对新闻传播活动及新闻媒体功能的系统论思想，任何违背新闻传播规律的行政施压都要受到规律的惩罚。同时也应该意识到，自组织性能的发挥是以控制参量为前提的，所以，重视社会化媒体舆情治理的规则和制度体系的建设才能为舆情主体系统发挥各自核心功能保驾护航。

【理论拓展】

新时期新闻宣传工作重要论述

政府职能转变到哪一步，法治建设就要跟进到哪一步。要发挥法治对转变政府职能的引导和规范作用，既要重视通过制定新的法律法规来固定转变政府职能已经取得的成果，引导和推动转变政府职能的下一步工作，又要重视通过修改或废止不合适的现行法律法规为转变政府职能扫除障碍。只有让人民监督权力、让权力在阳光下运行，做到依法行政，才能更好把政府职能转变过来。要推进法治政府建设，坚持用制度管权管事管人，完善政务公开制度，做到有权必有责、用权受监督、违法要追究。[②]

——2013 年 2 月 28 日，习近平总书记在党的十八届二中全会第二次全体会议上发表重要讲话

要强化制约，科学配置权力，形成科学的权力结构和运行机制。[③]

——2014 年 1 月 14 日，习近平总书记在第十八届中央纪律检查委员会第三次全体会议上发表重要讲话

---

① 习近平：共同为改革想招 一起为改革发力 群策群力把各项改革工作抓到位. http://cpc.people.com.cn/n/2014/0819/c64094-25490968.html. (2014-08-19)[2020-04-05].

② 深化行政体制改革，推动政府职能转变. http://theory.people.com.cn/n1/2017/1121/c40531-29658332.html. (2017-11-21)[2020-01-05].

③ 习近平在十八届中央纪委三次全会上发表重要讲话. http://www.gov.cn/ldhd/2014-01/14/content_2566862.htm. (2014-01-14)[2020-01-05].

第六章　社会化媒体与政治生态协同发展的评价与测度——以政务微博为例

现如今，人们只需打开手机，轻触屏幕，就可轻松实现足不出户而知天下事的愿望。信息获取的时效性和便利性都大大得到了提升。由此，社会公众对于政府工作知情权的渴求不断提升，参与和监督政府各项行政工作的意识也大大强化，这对于各级政府部门及时公开政务信息、回应公众各项查询要求等都提出了很高的要求。利用微博、微信等社会化媒体来发布信息，实现同公众零距离、零延时的互动沟通，就成了一个必然的选择。在这一需求的推动下，大量政府机构纷纷入驻微博，政务微博如雨后春笋般快速成长了起来。

迅猛发展的政务微博，可以说是社会化媒体与政治生态协同发展的典型产物，它所具备的信息传递实时高效和官民互动便捷的优点，使得其发挥官方政务信息发布功能的同时，能够更及时地收集群众对于一些政务处理的反馈意见，从而成为政府、媒体和公民沟通联系的重要纽带。因此，对于一个地区政务微博整体综合发展指数的测量，能够帮助我们全面掌握该地区政府、公民和社会化媒体关系的协调程度。一个地区某个时间段内政务微博的综合发展指数越高，该地区的社会化媒体与政治生态协同发展程度越高。因此，本章对于社会化媒体与政治生态协同发展的评价，就以考察政务微博的综合发展程度作为代表。

第一节　政务微博发展现状概述

自 2009 年政务微博诞生以来，其在数年间一直保持着高速的发展态势，成了政府开展政务工作的重要网络支持之一。根据《2015 年人民日报·政务指数微博影响力报告》中的数据，本节分别就政府机构所开设的政务微博的地域分布、行政级别分布和部门分布总体情况加以简要介绍。

一、政务微博的地域分布

截至 2015 年底，我国 114 706 个政务微博账号中，广东省所开设的政务微博账号数量位居榜首，共计 9163 个，紧随其后的省份为：河南省、江苏省、四川省和浙江省。山东省、北京市、陕西省、湖北省和安徽省则分别位列榜单的第 6 位到第 10 位。西藏自治区、青海省、海南省、宁夏回族自治区及天津市的政务微博账号数量均不足 1000 个，发展潜力巨大。

二、政务微博的行政级别分布

截至 2015 年底，我国的 114 706 个政府机构的政务微博账号中，县处级以下政府机构的政务微博账号数量最多，共计 100 701 个，同比增幅显著，基层政务微博仍旧是全国各级政务微博的主体。县处级政府机构政务微博账号数量为 11 579 个，厅局级政府机构政务微博账号数量为 2282 个，省部级则为 144 个。政府机构政务微博账号数量按照机构行政级别由高到低呈“金字塔”式排列，行政级别越高，政务微博账号数量越少。政务微博的具体行政级别分布情况如图 6-1 所示。

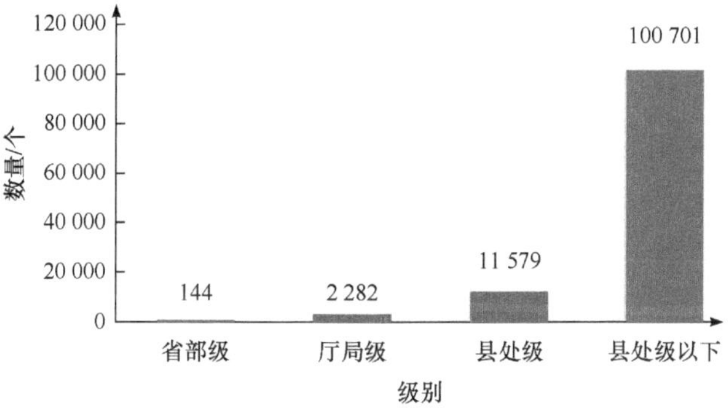

图 6-1　2015 年政府机构政务微博开设行政级别分布数量

（节选自《2015 年人民日报 · 政务指数微博影响力报告》）

三、政务微博的部门分布

截至 2015 年底，我国的 114 706 个政府机构政务微博中，部门分布居于前三的分别为党政宣传系统、团委系统和公安系统，其政务微博发布总数量均已超过万条。公安系统及党政宣传系统的影响力也名列前茅，成为政府机构政务微博体系中的发展典范。政务微博的具体部门分布情况如图 6-2 所示。

通过对政务微博发展现状的综合分析，我们发现，当前我国的政务微博发展已步入务实运营阶段，政务微博账号的规模体量日趋稳定，账号功能日益完善，在北京、上海、广州等一线发达城市中，已经形成了一批颇具影响力的政务微博账号群体。然而，政务微博账号的地区发展极不均衡，同一地区不同级别政府职能部门的政务微博账号，其更新速度和服务水平也参差不齐，如何度量政务微博账号的综合发展程度？某一微博账号的规模体量同其在网络中的传播影响力是否匹配？在整个政务微博体系中，它究竟处在怎样的一个位置上？这些都成了本章的主要研究内容。

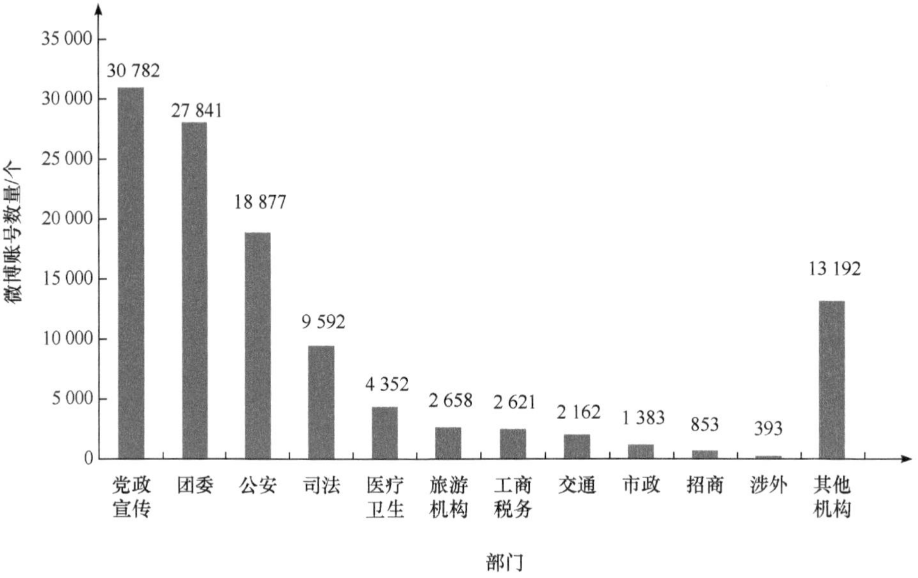

图 6-2　2015 年政府机构政务微博账号开设部门分布图

（节选自《2015 年人民日报·政务指数微博影响力报告》）

第二节　政务微博综合评价指标体系的构建

所谓评价，即根据确定的目的来测定对象系统的属性，并将这种属性变为客观定量的计值或主观效用的行为。综合评价则是只对具有多重属性的综合系统做出全局的、整体的评价并赋予其一个具体的评价数值的评价过程。综合评价指标体系的构建主要由确定评价目标、评价对象、建立评价指标体系、确定相关参数、确定各评价指标权重系数、构建评价模型和综合评价值计算等几个基本过程所组成。以下仅对综合评价指标体系构建原则、指标的预处理方式、模型选择及权重确立这四个关键环节的操作过程进行简要论述。

一、综合评价指标体系的构建原则

构建一套微博的综合评价指标体系，可用于对某一特定类型的微博账号的总体综合发展水平进行定量评价与分析，通过计算不同微博账号的综合发展指数，预测该账号的未来发展趋势，同时亦可对不同微博账号间发展水平的差异进行比较分析，找出该账号的优势及薄弱环节所在，从而总结经验做出合适的应对措施。

构建综合评价指标体系的具体设计原则有很多，根据文献检索情况，本章所选取的设计原则主要包括以下几条。

（一）系统全面性原则

综合评价指标体系必须能够全面地反映微博某一子系统（如传播影响力）的各个方面，符合该微博子系统定义的内涵，同时尽量避免指标与指标间的重叠，使评价目标和评价指标能够有机地组合起来，构成一个层次清晰、架构分明的整体。

（二）科学性原则

综合评价指标体系的构建应当建立在科学的基础上，其所选指标的物理意义和测量方法必须明确清晰，应用统计计算其综合发展指数的方法规范合理，如此才能最大限度地保证评价结果的真实有效和客观公正。

（三）可操作性原则

由于人文社会科学研究领域相较于自然科学领域数据获取难度较大，因此，当部分指标无法由某个具体数值来度量时，综合考虑指标的具体量化过程、数据获取的难易程度以及数据可靠性的高低，尽量利用现有的有关社会化媒体的统计资料来选择主要指标，甚至放弃部分获取难度极高的指标，成了较为务实的选择。

（四）可比性原则

在不同的时间、不同的空间范围之内，所选取的指标应具有可比性。对不同区域、不同行业之间进行比较时，指标应具有相同的口径与范围。另外，尽量选取相对数、比例数、指数以及平均数等经过预处理后的数据信息来比较，从而提高数据信息的可靠性和准确度。

（五）最小辨识原则

尽可能用最少量的指标来描述微博各子系统的发展状态，这样可以避免由指标的冗余所造成的计算误差，减少计算量，明确各综合指数的具体含义。

（六）定性与定量指标相结合原则

在设计综合评价指标体系时，如条件允许，应尽可能选择定量指标来描述子系统，这样所确定的指标可由某一具体数值来描述，从而明确数据需求的方向。但是，当一些指标存在量化困难时，可选择由定性指标对其进行描述的构建方式，最终设计出一个定性与定量指标相结合的综合评价体系。

二、综合评价指标体系的预处理方式

通常来说，指标 x_1，x_2，…，x_n 之间单位以及量纲的差异使得指标度量变得几近不可能，这为综合评价指标值的计算带来了极大的麻烦。因此，为了解决指标单位及量纲不同而带来的计算困难，在对综合评价指标值进行计算之前，需对其进行无量纲化的预处理，这一预处理过程也被称为指标的标准化过程。在无量纲化过程中，根据对数据预处理需求的不同，可分别对其进行标准化、均值化和极值正规化等不同的预处理。具体选取哪一种无量纲化预处理方式，则由我们最终所确定的综合评价指标值计算方法及对于数据所需保留信息的取舍等因素共同确定。

由于本章采用的主成分分析法的特点，参考司光南的研究成果[①]，采用直线型 z-score 无量纲化的方法，这一处理方法经过处理后所得数据同原始数据保持线性关系。具体预处理数学方法详见下文。

三、综合评价指标体系的模型选择

综合评价指标体系构建过程中有多种不同的模型可供选择，最常见的几种模型包括线性加权模型、非线性加权模型和增益型线性加权模型等，本节仅就上述所列出的三种评价模型做以简单说明。

（一）线性加权模型

设 y 为复杂系统某一子系统的综合评价数值，x_j 为 y 系统的第 j 个评价指标，w_j 是 x_j 所对应的权重的系数值 $(0\leqslant w_j\leqslant 1(j=1,2,\cdots,m),\sum_{j=1}^{m}w_j=1)$，则线性加权模型可用公式（6-1）表示：

$$y=\sum_{j=1}^{m}w_jx_j \tag{6-1}$$

从线性加权模型的公式（6-1）可看出，该模型通过对各评价指标 x_j 的线性叠加来计算其综合评价数值。应用线性叠加模型来计算时，各评价指标对最终计算所得的综合评价数值的贡献由其权重和评价指标值大小共同确定，评价指标值越大，对综合评价数值的贡献越大；权重越大的指标，其单位变化量对综合评价数值的贡献越大。

需要注意的是，如果各项评价指标 x_j 之间彼此不独立而具有一定程度的相关性，则通过线性加权算法计算的综合评价数值必定会有一定的重复性，使得最终得到的计算结果同实际结果之间产生一定偏差，综合评价指标数值无法反映该子系统的真实发展水平。

（二）非线性加权模型

字母 y、x_j、w_j 的定义同线性加权模型一致，$x_j\geqslant 1$。非线性加权模型可用公

① 司光南. 人口—经济系统的协调度分析. 统计与决策, 2008, (4): 48-50.

式（6-2）表示：

$$y=\sum_{j=1}^{m}x_j^{w_j} \tag{6-2}$$

由公式（6-2）可看出，非线性加权模型是通过不同指标 x_j 的幂次方相加来计算其综合评价数值的，通过该模型计算评价数值时，若某一评价指标 x_j 显著地变小而其他评价指标不变，则最终计算所得的结果也会发生较大的变化，非线性加权模型对于评价指标的变化感应较为敏感。然而采用该模型时，则要求所有评价指标 x_j 的值均不小于 1，这对指标的选取及预处理要求较高，因此该模型的适用范围不如线性加权模型广泛。

（三）增益型线性加权模型

字母 y、x_j、w_j 的定义同线性加权模型一致。s 为任一取定数值，$s>0$ 且 $s\neq1$，构造增益函数 μ 为如下映射：

$$\mu:\ [0,1]\rightarrow[0,\sigma]$$

该增益函数满足如下三个条件：

（1）μ 为连续分段可导函数；

（2）若 $x_1\geqslant x_2$，则 $\mu(x_1)\geqslant\mu(x_2)$，$\mu'(x_1)\geqslant\mu'(x_2)$；

（3）$\mu(0)=0$，$\mu(1)=s$，$\mu(0.5)<0.5$。

引入增益修正系数后，非线性加权模型可用公式（6-3）表示：

$$y=\sum_{j=1}^{m}w_j\frac{x_j+\mu(x_j)}{2} \tag{6-3}$$

由公式（6-3）可看出，增益型线性加权模型是通过对线性加权模型引入增益项 $\mu(x_j)$来计算其综合评价数值的，通过该模型计算评价数值时，当 $s>1$ 时，μ 为增益项；当 $0<s<1$ 时，μ 为损耗项；$s=1$ 时，则公式（6-3）蜕化为公式（6-1），增益为零。

四、综合评价指标体系的权重确定

权重是评价指标影响力的重要数据，根据权重性质的不同，可分为实质性权重、估价权重、信息量权重、可靠性权重和系统效应权重等不同类型。

权重的确定有很多不同的方法，常用的权重确定方法如下。

（一）德尔菲法

德尔菲法（Delphi method）又称为专家调查法。通过背对背的方式，分别征询不同专家的意见，经过多轮次意见征集后，最终各专家意见趋于集中，所确定的权重也具有较高的准确性。

（二）层次分析法

层次分析法（analytic hierarchy process）是通过将复杂目标分解为多个子目标，再进一步将子目标分解为多个指标的方式，建立多层级的指标体系，并通过定量计算的方法确认各个层级上的权重数值，最终构建出一个总的权重体系的运筹学决策方法。

（三）统计方法

统计方法（statistical method）是通过对收集来的数据矩阵进行统计运算变换的方式，确定出权重的一种方法。本章所采用的主成分分析法其权重便是通过统计方法确认的。

不同的权重确认方式各有优劣，德尔菲法准确性较高，然而在前期收集专家评议意见过程中需要投入大量人力，所选取专家对研究对象的熟悉了解程度也会影响最终确认的权重的可靠性，主观因素影响较大。统计方法是三种方法中最为客观的一种，然而其所确认的权重含义不明确，运算量较大，需计算机辅助实现。层次分析法是介于其余两种方法之间的一种权重确认方法，其运算量大于德尔菲法，主观性又强于统计方法，在具体问题的解决中，究竟采用哪一种权重确认方法，有赖于研究人员的经验，或可通过多次尝试后选取最优方案。

五、规模及传播影响力两个子系统的综合评价指标的选择

由于本章所探讨的对象为政务微博这一复杂系统中政务微博规模及政务微博传播影响力这两个子系统的协同发展度测算，通过二者的协同发展程度来反映某地区政务微博整体的综合发展程度，故此，需分别对政务微博规模及政务微博传播影响力综合评价指标体系进行建构。

有关传播影响力评价指标的建构，根据《2015 年人民日报 · 政务指数微博影响力报告》所给出的指标体系建构原则，分别由微博阅读数、发博总数和原创发博数来度量。其中，微博阅读数指全年某一政务微博账号发布的所有微博的阅读数总和，发博总数为该账号全年所发微博总条数，原创发博数为全年所发表的原创微博总条数。

同时，建构政务微博规模评价指标体系，包含粉丝总数、发博总数、微博建立时间和 PR 值四个指标。其中，粉丝总数为截至年底某一政务微博账号所拥有的粉丝总数；微博建立时间为截至年底某一政务微博账号注册年数；PR 值为用户重要度，是新浪微博度量粉丝质量的重要指标，PR 值越高，说明该账号所拥有粉丝质量越高，通过引入 PR 值，可部分消除由“僵尸粉”等无效粉丝所引起的政务微博规模综合评价数值虚高的现象。

第三节　政务微博规模指数和传播影响力指数的测算

一、主成分分析法的基本概念

主成分分析法（principal component analysis, PCA）是一种十分常用的统计方法，它通过将多个指标的问题转化为为数不多的几个重要的新综合指标的方法，将高维空间的问题降低到一个维度较低的空间，从而降低问题的处理难度，使得原本复杂的问题变得更加直观、简洁与明了。通过矩阵的正交化处理后所得出的各个主成分（综合指标）之间彼此相互正交，从而确保它们之间无相关关系，在应用线性加权模型计算综合评价指标数值时，最终的计算结果不至于由于指标相关而出现冗余现象。同时，由于新的综合指标是由原选取指标计算求得，故确保了其包含原有指标的大部分信息，避免了信息丢失现象的出现。

主成分分析法的分析过程是将原指标体系中的各指标重组成一组全新的非线性相关的新指标，其中每一个新指标由所有原指标及应用统计方法所算得的系数相乘后累加得到。

作为最重要的多元统计方法，主成分分析法有着广泛的适用范围，在生物、化学、社会、经济、管理等众多不同的学科领域，都拥有多年的实证实践经验累积，不同学科门派的学者应用主成分分析法对不同系统进行综合评价，建构综合评价指标体系的论文数量庞大。同时，在过程控制与诊断、信号处理、模式识别等方面，主成分分析法也已被证明是行之有效的统计分析方法之一。

主成分分析法的基本分析思路可以简略地用一句话概括为：通过对所收集得到的数字矩阵进行正交变化，从而得到一个全新的正交矩阵，使得原本彼此相关的随机变量变成新的彼此正交（不相关）的新变量。

如果我们将所收集来的数据样本看成未知数 x，则所有数据样本共同组成了一个未知数矩阵 $X_{m\times n}=\begin{bmatrix} x_{11} & x_{12} & \cdots & x_{1m} \\ x_{21} & x_{22} & \cdots & x_{2m} \\ \vdots & \vdots & \vdots & \vdots \\ x_{n1} & x_{n2} & \cdots & x_{nm} \end{bmatrix}$，根据线性代数相关理论，我们可应用求解特征值及特征向量的方法，逆推出该未知数矩阵的系数，最终计算求得综合评价指标数值。

当应用主成分分析法求解综合评价数值时，若假设原选定的指标体系中含有 n 个指标，所收集的数据样本个数为 m 个，根据统计学相关原理，只有当 $m \gg n$ 时，才能够满足应用主成分分析法求解的条件，即选定原指标数为 3 时，所收集来的样本数至少为 6 或更多时，才可应用主成分分析法求解。

二、主成分分析法的基本步骤

主成分分析法的基本步骤如图 6-3 所示：

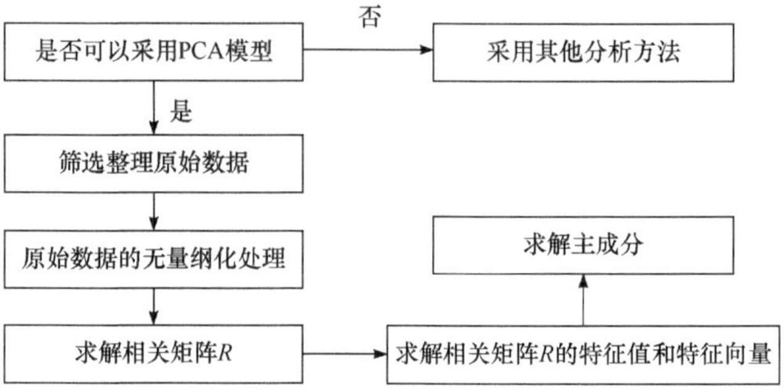

图 6-3　主成分分析法的基本步骤

从图 6-3 可以看出，主成分分析法的主要步骤包括原始数据的无量纲化处理、求解相关系数矩阵 R、求解相关系数矩阵 R 的特征值和特征向量以及求解主成分这四个核心步骤。下文分别就这四个核心步骤的原理及相关操作方法加以简要论述。

（一）原始数据的无量纲化处理

结合主成分分析法自身的特点，参考司光南有关人口与经济复合系统的协同度分析研究成果，本书采用直线型 z-score 的无量纲化方法，其无量纲化的处理过程如下所述。

用 $x_{ij}(i=1,2,\cdots,n;j=1,2,\cdots p)$ 来表示根据最初建立的原始指标体系所收集来的原始数据；$z_{ij}(i=1,2,\cdots,n;j=1,2,\cdots p)$ 表示无量纲化后的标准化数据；$\overline{x}_j$ 表示 n 个原始数据样本的 j 指标的平均值；s_j 表示 j 指标的标准差。由相关定义可知：

$$\overline{x}_j=\frac{1}{n}\sum_{i=1}^{n}x_{ij} \tag{6-4}$$

$$s_j=\sqrt{\frac{1}{n-1}\sum_{i=1}^{n}(x_{ij}-\overline{x}_j)^2} \tag{6-5}$$

$$z_{ij}=\frac{x_{ij}-\overline{x}_j}{s_j} \tag{6-6}$$

将公式（6-4）及公式（6-5）带入标准化处理公式（6-6）中，则可求得标准

化数据 z_{ij}，实现对原始数据的无量纲化处理。经过无量纲化处理过的数据，消除了不同指标之间由单位量纲不同所带来的无法比较的问题，为进一步求解主成分做好了充分的准备。

（二）相关系数矩阵 R 的求解

所谓相关系数矩阵，指的是去量纲化后的标准化变量矩阵的协方差矩阵。标准化数据矩阵 $Z=\begin{bmatrix} z_1' \\ z_2' \\ \vdots \\ z_n' \end{bmatrix}=\begin{bmatrix} z_{11} & z_{12} & \cdots & z_{1p} \\ z_{21} & z_{22} & \cdots & z_{2p} \\ \vdots & \vdots & \vdots & \vdots \\ z_{n1} & z_{n2} & \cdots & z_{np} \end{bmatrix}$，根据协方差矩阵的定义，可知矩阵 Z 的相关系数矩阵 $R=[r_{ij}]_{p\times p}=\dfrac{Z'Z}{n-1}=\begin{bmatrix} 1 & R_{12} & \cdots & R_{1p} \\ R_{21} & 1 & \cdots & R_{2p} \\ \vdots & \vdots & \vdots & \vdots \\ R_{p1} & R_{p2} & \cdots & 1 \end{bmatrix}$；其中 Z' 为标准化数据矩阵 Z 的转置矩阵，$R_{ij}=R_{ji}$。

（三）相关系数矩阵 R 的特征值和特征向量的求解

特征值（eigen value）和特征向量（eigen vector）是一组密切相关的概念。设矩阵 A 为 n 阶矩阵，若存在常数λ及 n 维非零向量 x，使得 $Ax=\lambda x$，则称λ为矩阵 A 的特征值，x 是矩阵 A 属于特征值λ的特征向量。矩阵 A 可以有 n 个不为零的特征值，每一个特征值同一个特定的特征向量相对应。这些特征值共同组成了新的经过线性变化后的评价指标体系的每个新综合指标的权重，其对应的特征向量则为这一新综合指标同原选定指标之间的关系系数。由此，我们通过对特征值λ及特征向量 x 的求解，求得了新的综合指标体系权重及每一个指标同原指标间的相关系数。将所收集来的样本数据反带入这一全新的综合指标体系中，则可实现对综合系统评价数值的求解。

特征值及特征向量通常采用雅可比法（Jacobi method）来求解，其基本求解思路为通过对矩阵 A 进行一系列的正交相似变换，消除其非对角线上的非零元素，直到将其转换为一个对角阵，从而得到矩阵 A 的全部特征值及其相应的特征向量。当原评价指标体系中的指标数量较多时，往往需要经过多次迭代，才可实现对矩阵 A 的对角化处理，对于一个三阶实矩阵，有可能需要经过九次迭代，才能够实现对角化，当矩阵阶数更高时，迭代的次数也会更多。因此，通常借助 Matlab 等高级计算机语言编程实现雅可比法求解特征值及特征向量。相关编程方法受篇幅所限，不再展开进行说明。

（四）主成分的求解

用$\lambda=[\lambda_1, \lambda_2, \cdots, \lambda_p]$来表示相关系数矩阵 R 的特征值向量，其中$\lambda_1 \geqslant \lambda_2 \geqslant \lambda_3 \cdots \lambda_p \geqslant 0$，用$\beta_i=[\beta_{i1}, \beta_{i2}, \cdots, \beta_{ip}]^{\mathrm{T}}$来表示特征值$\lambda_i$所对应的特征向量。由$\lambda_1 \geqslant \lambda_2 \geqslant \lambda_3 \cdots \geqslant \lambda_p \geqslant 0$可知，$\lambda_1$所对应的新综合指标对最终计算得的综合发展指数贡献率最高，λ_2次之，λ_p所对应的新指标贡献率最低。因此，λ_1所对应的新指标被称为新指标体系下的第一主成分，λ_2所对应的新指标则被称为第二主成分，以此类推。通常情况下，只需选取少数几个主成分，其累加所得到的方差贡献率已经足够说明指标的综合评价水平。用P_j来表示第j项主成分的方差贡献率，其求解方法如公式（6-7）所示，用$\sum_{j=1}^{m} P_j$表示前m项主成分的累计方差贡献率，其计算公式如公式（6-8）所示。取累计方差贡献率大于85%的前m个主成分，构成新的体系下的新综合指标。

$$P_j=\lambda_j \Big/ \sum_{i=1}^{p} \lambda_i \tag{6-7}$$

$$\sum_{j=1}^{m} P_j=\sum_{j=1}^{m} \lambda_j \Big/ \sum_{i=1}^{p} \lambda_i \tag{6-8}$$

用 Z 表示标准化数据矩阵，则考虑方差贡献率后，所保留下来的主成分 F_m 分别为：

第一主成分$F_1=\beta_{11}Z_1+\beta_{12}Z_2+\cdots+\beta_{1p}Z_p$；

第二主成分$F_2=\beta_{21}Z_1+\beta_{22}Z_2+\cdots+\beta_{2p}Z_p$；

…… ……

第m主成分$F_m=\beta_{m1}Z_1+\beta_{m2}Z_2+\cdots+\beta_{mp}Z_p$。

综合评价数值$U=\lambda_1F_1+\lambda_2F_2+\cdots+\lambda_mF_m$。

至此，用主成分分析法综合评价数值的整个计算过程完结。

由上述分析可知，应用主成分分析法求解综合评价数值的过程十分复杂，计算量较大，因此通常采用计算机辅助计算的方式来完成主成分分析。因此，本章研究将采用 SPSS 软件对政务微博的规模的综合评价指标系数进行求解。

为了使研究过程更加具体、清晰、易懂，下文选取北京市政务微博作为研究样本，来完整呈现政务微博规模的综合评价指标系数测算方法。之所以选取北京市政务微博作为研究样本，一是因为北京市作为全国政治中心与传媒业发达地区，其媒体与政治的交融程度更深、联系更为紧密，代表性更强；二是因为根据主成分分析法自身特质，所选取的指标应尽量趋同，即指标取值统统较大，或趋于均值，这样计算出的系数取值准确性较高，由此，对于一些政务微博发展尚在起步阶段，协同性较差的地区来说，主成分分析法并不适用。北京市政务微博发展态势良好，许多官方微博账号经过长期的自主发展，已经进入一个相对稳定的发展阶段，故本章研究最终选取了北京市政务微博为研究对象，以确保研究结论的准确性。

需要说明的是，本书对社会化媒体与政治生态协同发展探讨的前提是，社会化媒体的发展规模与影响力已达到一定水平，因此才会产生相应的政治影响力；对于社会化媒体发展尚处于起步阶段的地区，则应将研究重点放在如何助推社会化媒体自身的建设上，而不是过早地考虑其政治影响力问题。

三、求解政务微博规模

有关北京微博发布厅中的政务微博的传播影响力综合评价指标，人民网发布的《2015 年人民日报·政务指数微博影响力报告》中已给出了权威数据，故本书直接引用该项数据值，而不再就这一数据进行实证分析。

本书根据新浪微博官方数据，结合微博风云榜数据平台所提供的数据，选取研究数据样本。本节所选取的政务微博规模评价指标为粉丝数、发博总数、微博建立时间和 PR 值。

截至 2015 年底，北京微博发布厅中的政府机关官方微博账号数量已达到 74 个。经过数据筛选分析，最终选取北京微博发布厅所认证的“@平安北京”、“@北京发布”、“@气象北京”、“@交通北京”、“@北京交警”、“@北京消防”、“@北京朝阳”和“@北京昌平”这 8 个在其所属行业中传播影响力排名北京地区前十的官方微博账号为主成分分析的样本数据。

具体数据值如表 6-1 所示：

表 6-1 用于主成分分析的样本数据

微博账号名	粉丝数/个	PR 值	发博总数/条	微博建立时间（截至 2015 年）/年
平安北京	11 093 978	2.00	40 467	6
北京发布	6 962 216	2.60	34 517	5
气象北京	1 395 509	3.30	20 897	4
交通北京	4 096 255	2.60	52 130	5
北京交警	3 402 582	3.30	26 166	3
北京消防	5 950 272	3.00	11 574	5
北京朝阳	885 023	2.80	12 917	5
北京昌平	789 556	3.30	22 427	5

PR 值为度量粉丝质量的指标，PR 值越高，表明该账号的粉丝质量越高，

故构造一新指标称为加权粉丝数，令其数值为某一微博账号的粉丝数与 PR 值的乘积，则原本的四指标体系被化简为了一个新的三指标体系，其具体数值如表 6-2 所示：

表 6-2　经初步指标合并后的用于主成分分析的样本数据

微博账号名	加权粉丝数/个	发博总数/条	微博建立时间（截至 2015 年）/年
平安北京	22 187 956.00	40 467	6
北京发布	18 101 761.60	34 517	5
气象北京	4 605 179.70	20 897	4
交通北京	10 650 263.00	52 130	5
北京交警	11 228 520.60	26 166	3
北京消防	17 850 816.00	11 574	5
北京朝阳	2 478 064.40	12 917	5
北京昌平	2 605 534.80	22 427	5

由于加权粉丝数和发博总数数据远远大于微博创立时间，分别对其取对数后再进行主成分分析，以避免加权粉丝数过分影响综合评价数值的计算结果。

应用 SPSS 软件对其进行主成分分析后，得到相关系数矩阵 R，如表 6-3 所示：

表 6-3　相关系数矩阵 R

	X_1	X_2	X_3
X_1	1.000	0.751	0.633
X_2	0.751	1.000	0.512
X_3	0.633	0.512	1.000

其中，X_1 为加权粉丝数，X_2 为发博总数，X_3 为微博建立时间。从表 6-3 中可看出 X_1 与 X_2 的相关度较高，即加权粉丝数和发博总数之间的相关性较强，我们可认为，某一政务微博官方账号发布的微博数量越多，则其吸引的有效粉丝也越多。X_2 与 X_3 的相关性较弱，说明发布微博的条数多寡同微博账号注册时间的长短之间的正向相关性相对并不是那么明显。观察表 6-2 中样本数据实际情况，同相关系数矩阵 R 所得结论规律一致。

根据表 6-4，第一主成分的累计方差贡献率已超过 85%，故提取第一主成分计算综合评价指数。

表 6-4　主成分提取结果表

成分	初始特征值			提取主成分		
	合计	方差贡献率%	累计方差贡献率%	合计	方差贡献率%	累计方差贡献率%
1	5.137	87.210	87.210	5.137	87.210	87.210
2	0.325	9.597	96.807			
3	0.081	3.193	100.000			

计算得对应第一主成分特征值 5.137 的特征向量为[0.417　0.203　0.019]，由此可得政务微博规模综合评价数值的计算公式为：

$$U = 0.872(0.417\ln x_1 + 0.203\ln x_2 + 0.019x_3) \quad (6\text{-}9)$$

根据上述计算公式，分别计算北京市党政部门和公安系统十个重要政务微博账号的规模综合评价数值，计算结果如表 6-5 所示（其中传播影响力指数引用自《2015 年人民日报·政务指数微博影响力报告》)。

表 6-5　北京市部分政务微博规模及传播影响力指数表

微博账号	规模综合指数	传播影响力指数	微博账号	规模综合指数	传播影响力指数
北京发布	11.09	88.37	平安北京	11.37	94.02
北京昌平	8.88	71.82	北京交警	10.28	82.91
北京丰台	8.13	72.72	首都网警	9.83	79.24
北京西城	8.92	71.38	北京消防	10.95	77.12
北京东城	8.73	67.77	北京公安出入境	6.24	69.05
海淀在线	9.05	67.74	北京边检	8.47	71.41
山水怀柔	6.53	64.40	北京首都国际机场警犬队	4.58	67.32
北京房山	8.97	65.42	丰台警事	3.49	67.23
北京朝阳	8.34	65.83	海淀公安分局	6.53	68.96
北京市石景山	7.23	63.33	平安北京昌平	3.02	68.44

由图 6-4 及图 6-5 可看出，北京地区发展最好的党政部门政务微博和公安系统政务微博其规模指数较为接近，而党政微博规模水平相对更加稳固，规模指数在 6～12 之间震荡。公安系统政务微博的规模则更不均衡一些，2015 年表现抢眼的微博账号的粉丝数从千万到数万不等，规模综合指数在 2～12 之间震荡。党政部门政务微博规模总体大于公安系统政务微博。

从图 6-6 及图 6-7 直观看来政务微博规模同其传播影响力基本成正比，由于在计算规模指数的过程中对加权粉丝数和发博总数分别做了取对数的处理，因此计算所得的规模综合指数值变化较为平缓，不同微博账号之间的指数值差异较小。

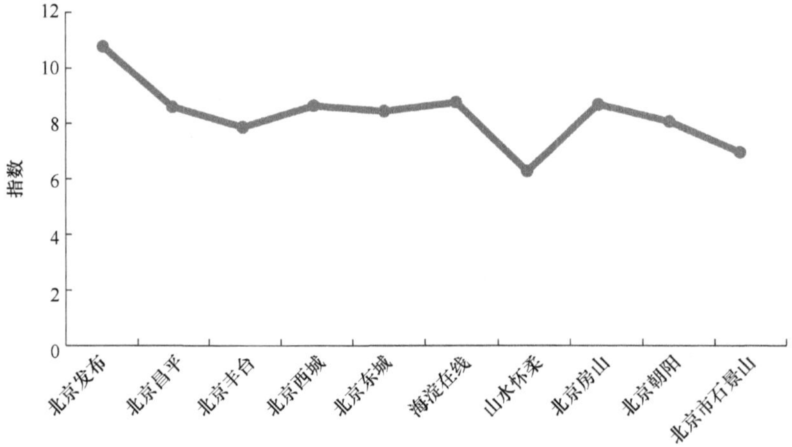

图 6-4　北京市党政部门政务微博规模指数

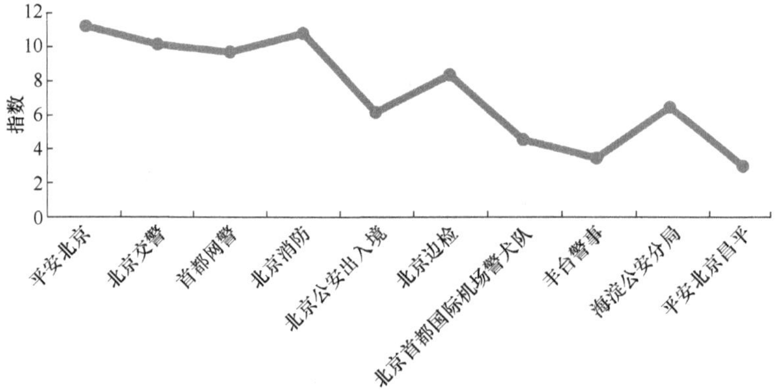

图 6-5　北京市公安系统政务微博规模指数

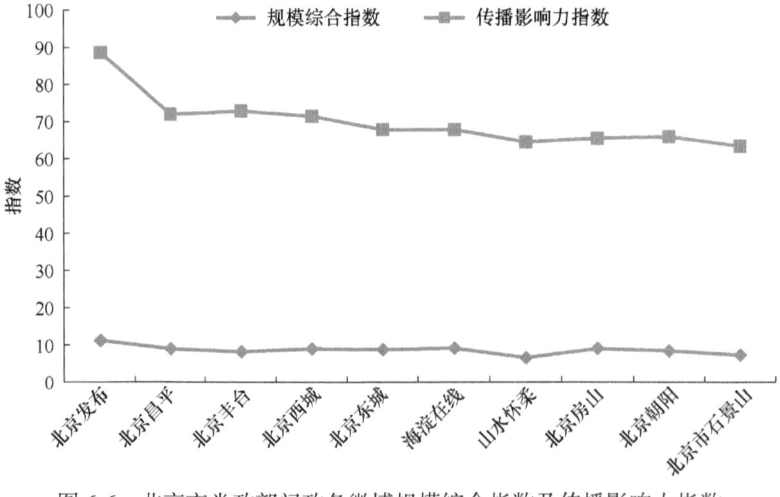

图 6-6　北京市党政部门政务微博规模综合指数及传播影响力指数

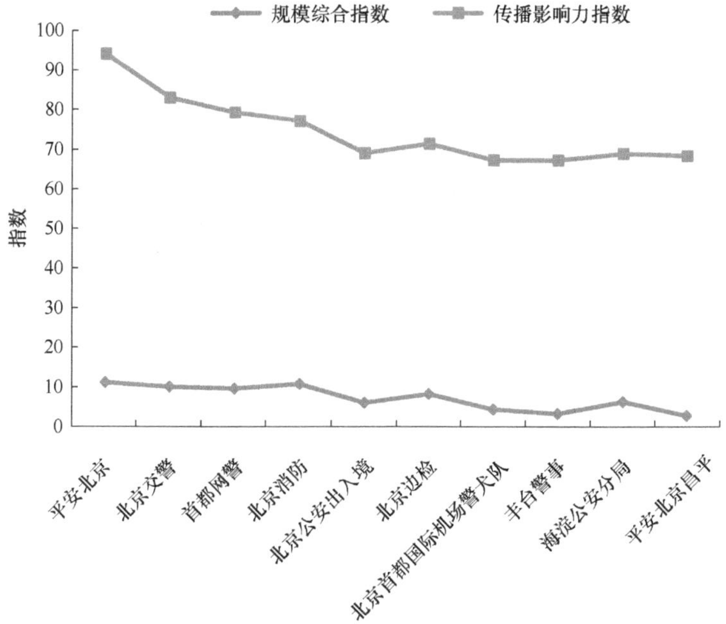

图 6-7　北京市公安系统政务微博规模综合指数及传播影响力指数

第四节　政务微博规模和传播影响力协同发展程度的计算

一、协同度测算模型简介

在物理、化学及生物学等领域之中，前文中介绍的哈肯教授所提出的协同学的相关理论和研究方法具有极强的指示性作用，其关于序参量求解的方法可以直接移植到这些学科的相应问题的求解过程中，并取得极佳的效果。然而，对于经济学、社会学及传播学这样的科学性相对较弱的学科领域而言，由于变量数据的不确定性及数据采集难度较大等，求解序参量方程几乎成了不可能的任务，于是这些领域的学者们纷纷采用其他的计算模型来实现协同度的测算。

协同度的测算是对复杂综合系统内部各子系统之间协同程度的定量计算，对于协同度的计算模型，经济学领域的相关体系较为完整，方法也相对成熟。目前常见的模型包括比值模型、弹性模型、序参量模型、函数关联综合模型、系统动态综合模型和离差模型等。

其中，比值模型使用范围有限，弹性模型只能动态地体现两个子系统的协同变化过程，离差模型不适用于子系统多于二的复杂综合系统度量，因此，本节不再对这三种模型建模方式展开介绍。

（一）序参量模型

李秉强、逯宇铎在关于辽宁省可持续发展的文章中，从协同学的基本定义出发，通过构造序参量模型结合支配原理，对辽宁省的可持续发展协同度计算进行数学建模。该理论模型的建模思路如下所述。

用 S 代表可持续发展这一复杂综合系统；$S_1, S_2, \cdots S_n$ 代表可持续发展总系统的 n 个子系统；子系统 $S_j(j \in [1, n])$ 的序参量（根据支配原理，该序参量即 S_j 系统的慢变量）为 $e_j = (e_{j1}, e_{j2}, \cdots, e_{jm})$，其中 $m \geqslant 1, e_{jx}$ 的取值范围为 $[\beta_{jx}, \alpha_{jx}]$；序参量 e_j 的功效函数为 $u_j = u_j(e_{ji})$,其中，i 的取值范围为[1, m]。

该模型用加权平均的方式求解功效函数 u_j，构造 u_j 函数表达式如公式（6-10）所示：

$$u_j(e_{ji}) = [a_1 u_j(e_{j1}) + a_2 u_j(e_{j2}) + \cdots + a_m u_j(e_{jm})]/m \qquad (6\text{-}10)$$

用 $u_j^0(e_j)$ 表示系统初始时间点子系统 S_j 的序参量有序度，$u_j^1(e_j)$ 表示 t_1 时间点子系统 S_j 的序参量有序度，CI 表示系统 S 的协调度，定义系统 S 的协调度函数如公式 6-11 所示：

$$\text{CI}=\frac{\min\left[u_j^1(e_j)-u_j^0(e_j)\right]}{\left|\min\left[u_j^1(e_j)-u_j^0(e_j)\right]\right|}\times\left\{\left|\prod_{j=1}^{n}\left[\min\left[u_j^1(e_j)-u_j^0(e_j)\right]\right]\right\}\right. \qquad (6\text{-}11)$$

根据公式（6-11）定义，当系统随时间变化的序参量有序度增加时，则该系统的协同度为正，反之则为负；序参量有序度增加的绝对值越大，则协同度的取值越大。

使用构造序参量模型求解协同度的方法时，需要知道该系统的序参量有序度大小，而如何获取序参量有序度，以及怎么定义其数值，则是这一模型应用求解过程中的重点与难点所在。

（二）函数关联综合模型

孙卫东、顾培亮和阎军印所撰写的关于国土资源可持续发展的协同度分析文章中，所采用的协同度模型为函数关联综合模型，又可称为函数构造法。

文章中将主导趋于可持续发展的诸多因素大致分为了两类，一类因素为促进可持续发展的因素，如资金投入增加、环境容量增大、资源储备增多等；另一类因素则制约着国土资源的可持续发展，如人口的增长、环境污染恶化和资源大量耗损等。在构造协同度函数的过程中，促进因素被放在了分子的位置上，而制约因素则位于公式的分母位置。文章建构的协同度公式如公式（6-12）所示：

$$H=K\frac{S\cdot G/G_0}{(1-S)\cdot(P/P_0)\cdot(R/R_0)\cdot e^{D/D_0}} \tag{6-12}$$

公式（6-12）中，各字母所代表的含义为

H：系统协同度

K：构造常数

S：社会指数

G：资源经济指数

G_0：基准年的资源经济指数

P：资源人口指数

P_0：基准年的资源人口指数

R：资源指数

R_0：基准年的资源指数

D：资源环境指数

D_0：基准年的资源环境指数

随后，文章又对如何获取上述指数进行了新一轮的构造，最终计算得出系统协同度。

在使用函数构造法的过程中，需要对该复杂系统具有较强的认识，对于某指数对系统的影响程度的大小均由构造者凭借经验进行确定，该方法对于多子系统的复杂系统协同度测算应用前景较多，然而由于构造函数过程中，涉及较强的主观因素，因此最终构造函数式是否准确，需要通过大量实证分析进行验证。

（三）系统动态综合模型

李崇明有关小城镇可持续发展与城镇化进程的协同性研究文章中，首先通过建立可持续发展和城镇化进程这两个子系统的评价指标、确定指标权重后测算出其综合评价指标的数值的方式，分别将两个子系统随年份变化的综合发展评价值的数值计算了出来。

随后，作者指出，如若一个地区的城镇化进程与可持续发展协同，则可知其城镇化进程不应当阻碍其可持续发展的过程。用数学的方式进行描述，设 y_{ur} 为描述城镇化进程的函数，y_{sd} 为描述可持续发展进程的函数，若二者协同发展，则应满足公式（6-13）：

$$\frac{d(y_{sd}-y_{ur})}{dt}\geqslant\frac{dy_{sd}}{dt} \tag{6-13}$$

随后，文章根据所求得的 y_{ur} 和 y_{sd} 随时间变化的数值，拟合得到了函数关系式，后分别求导，并带入实际数据，根据实际计算结果是否满足 6-13 公式条件，

来判断某一年份某地区其城镇化进程同可持续发展程度是否协同。

需要注意的是，应用这一方法求解的时候，要求使用者自行确立两子系统协同的条件，如所确立条件不能真实反映两子系统是否协同，则判断协同的过程无效。另外，该方法只能够判断两个子系统是否协同，具体协同程度的大小则无法计算。

二、政务微博规模和传播影响力协同度的计算模型

本节研究所选用的协同度的测算方法，借鉴司光南计算人口与经济系统协同度的测算方法，通过构造协同度函数的方式，求解规模子系统和传播影响力子系统的协同值。

用 X、Y 分别代表规模和传播影响力的综合评价数值，每一个政务微博账号对应一组 X 与 Y 的数值，以 X 为横坐标，Y 为纵坐标，作图 6-8：

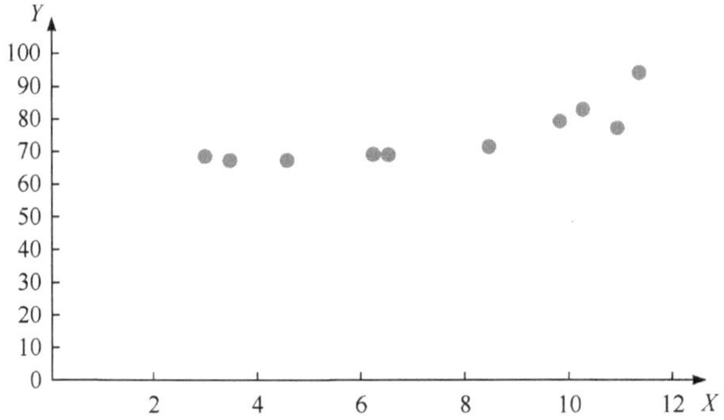

图 6-8　规模和传播影响力综合评价数值关系

我们假设存在这样一条理想直线，当 X、Y 取值恰好落于这条直线上时，我们认为 X、Y 是协同的，根据最小二乘原理，所有 X、Y 的实际取值点距离这条理想直线的距离之和应为最小，据此，通过线性回归的方式，可拟合求得这条直线的一次项系数 β_1 及常数项系数 β_0。该直线方程可写作 $Y=\beta_0+\beta_1X$。将 X 的实际取值带入该方程，则可求解出 Y 的理想取值来。

构造状态协调度函数如公式（6-14）所示：

$$U(i/j)=e^{\left[-\frac{(F_i-F')^2}{S^2}\right]} \tag{6-14}$$

其中，$U(i, j)$ 为系统 i 相对系统 j 的状态协调度；F_i 为系统 i 自身的综合评价数值，F' 为系统 j 对系统 i 的理想评价值，S^2 为系统 i 评价数值的方差。F' 可由公式（6-14）计算求得。

构造协同度计算公式 $U(i, j)=\min\{U(i/j),U(j/i)\}/\max\{U(i/j),U(j/i)\}$，根据该构造定义可知，协同度取值范围为[0,1]，当且仅当 $U(i, j)=U(j/i)$ 时，即两系统完

全协同时，$U(i, j)=1$。$U(i, j)$取值越小，则说明i、j系统的协同程度越差。

三、政务微博规模和传播影响力的协同度分析

根据表 6-5 北京市部分政务微博规模及传播影响力指数表中所示党政部门及公安系统十大政务微博账号规模及传播影响力数值，计算其协同度指数，如表 6-6 所示。

表 6-6　北京市部分政务微博规模及传播影响力协同度指数表

政党机构	协同值	公安系统	协同值
北京发布	0.87	平安北京	0.93
北京昌平	0.68	北京交警	0.71
北京丰台	0.69	首都网警	0.63
北京西城	0.66	北京消防	0.54
北京东城	0.63	北京公安出入境	0.31
海淀在线	0.69	北京边检	0.62
山水怀柔	0.54	北京首都国际机场警犬队	0.28
北京房山	0.40	丰台警事	0.19
北京朝阳	0.45	海淀公安分局	0.33
北京市石景山	0.59	平安北京昌平	0.18

从表 6-6 中我们可以看出，党政机构政务微博的协同度要优于公安系统的政务微博，其协同值基本都在 0.5 以上，而公安系统政务微博的协同值则相差较大。从最好的 0.93 到最差的 0.18 之间，其协同值相差极大。笔者认为，之所以公安系统的政务微博会呈现出如此参差不齐的协同值，主要是由于 2015 年评选公安系统十大账号的过程中，《人民日报》更多考虑的是其 2015 年的综合表现，而部分创建历史较短的账号，其规模尚不足以同“@平安北京”等创建多年的账号相比拟，故这些账号其规模同其传播影响力的协同度较弱。

图 6-9 及图 6-10 为北京市党政部门及公安系统政务微博规模及传播影响力协同度折线图。

由图 6-9 可看出，北京市党政部门政务微博中，其规模同其传播影响力协同度最低的账号为房山区政府官方微博账号“@北京房山”。这一账号截止到 2021 年 8 月 18 日拥有超过 160 万的微博粉丝数，且其注册年限也已超过 5 年，是一个规模较大的政务微博账号，之所以其规模同其传播影响力不协同，主要原因是其 2015 年的传播表现力欠佳，由此可知，该账号 2015 年的活跃度较前期有所回落。

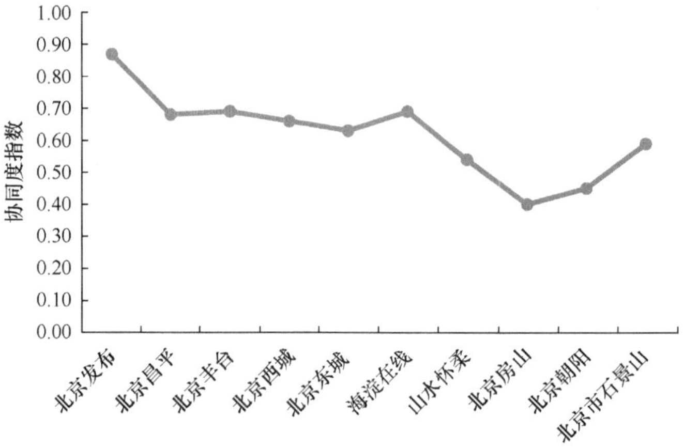

图 6-9　北京市党政部门政务微博规模及传播影响力协同度指数折线图

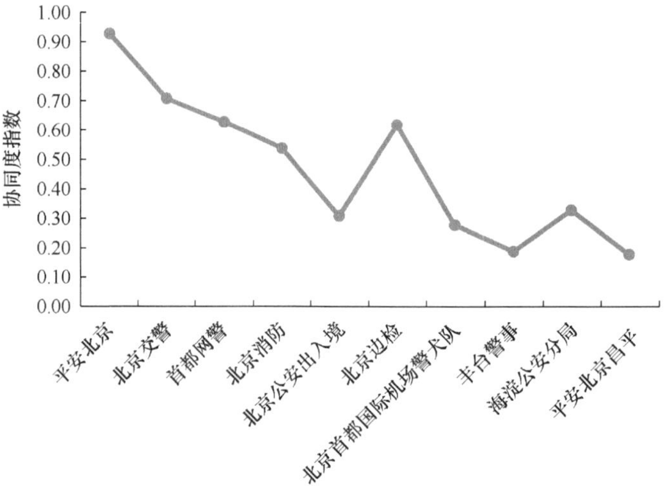

图 6-10　北京市公安系统政务微博规模及传播影响力协同度指数折线图

由图 6-10 可看出，北京市公安系统政务微博中，“@丰台警事”“@平安北京昌平”这两个账号，其规模同传播影响力协同度较低。这两个账号均开设于 2014 年下半年，其粉丝规模较小，在 2014 年期间，发博数量极少，直到 2015 年才开始发力。其传播影响力在 2015 年得到了大幅度提升，而其规模则远不如那些创建时间较长、粉丝数量庞大的微博账号。

“@平安北京”“@北京发布”作为北京政务微博中的佼佼者，创立时间较长，粉丝数量在 2015 年均在千万左右，且一直保持一个较高的发博频率，故其规模同其传播影响力均表现优异，协同度极高。

表 6-7 为这 20 个政务微博账号创立时间表，从该表格中，我们可以看出，党

政部门政务微博建立时间普遍较长，而公安系统政务微博建立时间则参差不齐，联系党政部门政务微博协同度的优异表现，我们可以近似认为，党政部门的这些微博账号经过多年发展后，其传播影响力同其规模已基本匹配，达到某一均势状态，而对于公安系统的部分政务微博账号来说，由于其发展历史较短，尚在探索发展之路，故其协同度较低。可以说，公安系统的很多政务微博账号，尚未达到协同发展，仍处在无序发展的阶段。

表 6-7　北京市部分政务微博创立时间

政党机构	微博创立时间（截至 2015 年）/年	公安系统	微博创立时间（截至 2015 年）/年
北京发布	5	平安北京	6
北京昌平	5	北京交警	3
北京丰台	5	首都网警	5
北京西城	5	北京消防	5
北京东城	5	北京公安出入境	3
海淀在线	5	北京边检	4
山水怀柔	5	北京首都国际机场警犬队	4
北京房山	5	丰台警事	2
北京朝阳	5	海淀公安分局	6
北京市石景山	5	平安北京昌平	2

以上，我们应用主成分分析法计算政务微博的规模综合指数，结合《2015年人民日报·政务指数微博影响力报告》中所给出的政务微博传播影响力指数，应用线性回归拟合的方式，构造协同度计算函数，并以北京市为例，对北京地区党政部门及公安系统的政务微博中发展势态较好的部分政务微博账号的发展现状进行实证分析，得出党政部门政务微博的协同度总体优于公安系统政务微博；那些注册时间较长，经过长期发展后，拥有大批量粉丝和固定发博数量的成熟政务微博，其规模和传播影响力协同度更高的结论。该结论同主观感受相一致，符合人们的经验常识。

第五节　结　　论

在本章研究中，我们首先应用统计学原理，自行确立了一套客观评价政务微博规模指数的计算方法，该统计方法不依赖于研究人员的主观意志，完全通过所收集来的样本数据来测算评价指数，一定程度上降低了由主观认识偏差所造成的评价指数计算误差；在此基础上，我们将统计学、经济学和管理学甚至物理学方面相关理论方法引入传播学问题的研究之中，对政务微博的综合发展程度的计算方法和其协同度的测算模型都进行了一定程度的探讨,并进一步进行了实证分析。

后续的研究工作是：首先，我们将继续采用本章所设计的一套政务微博协同度测算模型对其他政务微博发展势头较好地区（例如，微博发展势头位列全国前六位的广东、河南、江苏、四川、浙江和山东等地区）进行类比研究，并同北京市的政务微博的结果进行对比，以验证所得出结论的普适性和选取评价指标的合理性；其次，尝试采用其他确定综合评价指标权重的方法重新确定权重，并计算综合评价数值，同本章中的结果进行对比，以论证该结果的有效性；最后，进一步了解数据挖掘方面的研究，通过网络数据挖掘抓取的技术，获取更多更有价值的数据，建立一套更加完备的评价指标体系。

当然，在本书中，我们侧重于对当前研究进展与研究方法的介绍，因此后续研究与其他结论不在这里一一展示。总之，本章应用数学的语言来描述传播学的概念，通过建模的方式对协同度的测算方法进行了大胆的尝试，希冀能够为今后进一步开展社会化媒体与政治生态协同发展的定量研究提供一种新的思路。

【理论拓展】

新时期新闻宣传工作重要论述

当今世界，信息技术创新日新月异，数字化、网络化、智能化深入发展，在推动经济社会发展、促进国家治理体系和治理能力现代化、满足人民日益增长的美好生活需要方面发挥着越来越重要的作用。

2000 年我在福建工作时，作出了建设数字福建的部署，经过多年探索和实践，福建在电子政务、数字经济、智慧社会等方面取得了长足进展。

党的十九大描绘了决胜全面建成小康社会、开启全面建设社会主义现代化国家新征程、实现中华民族伟大复兴的宏伟蓝图，对建设网络强国、数字中国、智慧社会作出战略部署。加快数字中国建设，就是要适应我国发展新的历史方位，全面贯彻新发展理念，以信息化培育新动能，用新动能推动新发展，以新发展创造新辉煌。①

——习近平总书记 2018 年 4 月 22 日致首届数字中国建设峰会的贺信（节选）

① 习近平. 习近平致首届数字中国建设峰会的贺信. https://baijiahao.baidu.com/s?id=1598422577363004556&wfr=spider&for=pc. (2018-04-22)[2021-04-10].

第七章 社会化媒体与政治生态协同发展的评价与测度——以陕西媒体微信公众号为例

第一节 微信公众号传播力概述

一、媒介传播力

国内外有很多学者从不同视角研究传播力，尤其是针对以大众媒介为主体的传播力概念、构成及评价展开讨论。国外学者重在探讨何谓媒介传播力。Graham Williamson 从符号学意义上提出传播力是指传播者和受众成功地对信息进行编码和解码的能力[①]。Manuel Castells 从传播技术与社会发展关系角度，提出大众传媒已成为政治经济力量角逐的场域，力量掌握在那些理解并能够控制传播的人手中，主要指传播主体的实力。[②]国内学者主要是从信息传播机制和媒介职能角度研究传播力构成及其评价。2003 年刘建明最早将传播力界定为"媒介的实力及其搜集信息、报道新闻、对社会产生影响的能力，包括媒介的规模、素质，传播的信息量、速度、覆盖率及影响效果"，强调传播效果是媒介传播力的主要表征。[③]张春华从媒介社会职能角度提出大众媒介的传播力是一种能力，一种到达受众、影响社会、充分发挥大众传媒社会功能的能力。[④]在此基础上，孟国凤、乌桂生从受众行为层面提出受众人数的多寡、知晓的程度、接受的层次可以成为衡量媒介传播力的指标。[⑤]张春华基于大众传媒的核心职能与价值取向，构建了大众传媒传播力评估指标体系模型，并用加权平均算法统计传播力指数。[⑥]以上研究从不同角度研究了传播力内涵、构成及评价，本书在此基础上总结出易于量化或描述的考察维度，并为甄别传播力指标提供了理论依据。

---

① 沈正赋. 新媒体时代传播力的影响要素及其建构路径. http://media.people.com.cn/n1/2018/0925/c421527-30312016.html. (2018-09-25)[2021-09-17].

② Manuel Castells. *Communication Power*. Oxford: Oxford University Press, 2009: 37.

③ 刘建明. 当代新闻学原理. 北京: 清华大学出版社, 2003: 37.

④ 张春华. 传播力: 一个概念的界定与解析. 求索, 2011(11): 76-77.

⑤ 孟国凤, 乌桂生. 论地方广播媒体传播力的实现与拓展. 中国广播, 2009(7): 27-32.

⑥ 张春华. "传播力"评估模型的构建及其测算. 新闻世界, 2013(9): 211-213.

二、媒体微信公众号传播力

目前,针对微信公众号传播力尤其是媒体微信公众号传播力的相关研究甚少，学界主要对媒体微信公众号的传播特性、传播模式、平台运营等具体问题进行了研究，但缺乏从整体上对媒体微信公众号传播力的综合评价，而且涉及研究媒体微信公众号传播力的研究成果更是少见。蔡雯、翁之颢从新闻内容生产、推送、接收和反馈 4 个环节阐述微信公众平台带来的新闻传播变革。①王海燕重在探讨传统媒体微信公众号发展现状与编辑运营策略。②沈阳从微信的传播特性出发，建立“微信传播指数（WCI）”指标体系，采用 8 个指标，包括总阅读数（R）、平均阅读数（R/N）、总点赞数（Z）、发布文章数（N）、最高阅读数（R_{max}）、最高点赞数（Z_{max}）、平均点赞数（Z/N）、点赞率（Z/R）。③这是少有的用定量方法研究微信公众号传播力的成果，但研究报告中并未对各指数的选取及关联性进行解析，涉及指标的完善性也有待进一步考证。

综上所述，目前学术界对媒体微信公众号传播力的研究处于起步阶段，集中于理论探讨，实证研究和系统评价十分缺乏。本书用层次分析法，将定量与定性研究合璧，对媒体微信公众号的传播力作整体评价，力图避免陷入唯数据论下的追“粉”走“量”误区，也克服单纯质性描述导致的不准确性。

第二节　媒体微信公众号传播力评价指标设计

一、基于媒介传播力视角的评价指标设计

把学界关于传播力的“效能说”和“能力说”进行糅合作为理论起点，根据前文刘建明对媒介传播力的界定，本书将媒介传播力构成概括为传播主体、传播内容和传播效果三方面。作为新兴的媒介渠道，微信公众号传播力是通过运营主体、一定质量和形式的信息传播和传播效果共同作用得以体现的。对微信公众平台来说，传播主体是账号运营主体或依托平台，主要代表运营实力，即账号运维服务能力，具体包括账号设计、消息回复性能和推送服务质量。传播内容是指推送一定质量和形式的信息。传播效果可以通过账号订阅户数量（粉丝数）、信息传播度（阅读数）和信息认可度（点赞数）来体现。由此，本书理清媒介传播力和微信公众平台传播力之间的关系如图 7-1 所示。

---

① 蔡雯，翁之颢．微信公众平台：新闻传播变革的又一个机遇——以“央视新闻”微信公众账号为例．新闻记者，2013(7): 40-44.

② 王海燕．传统媒体微信公众号编辑与运营策略分析．编辑之友，2015(2): 85-88.

③ 清华大学新闻研究中心．2014 政务新媒体传播力报告．https://mat1.gtimg.com/city/report/2014media.pdf.(2014-11-26)[2021-03-15].

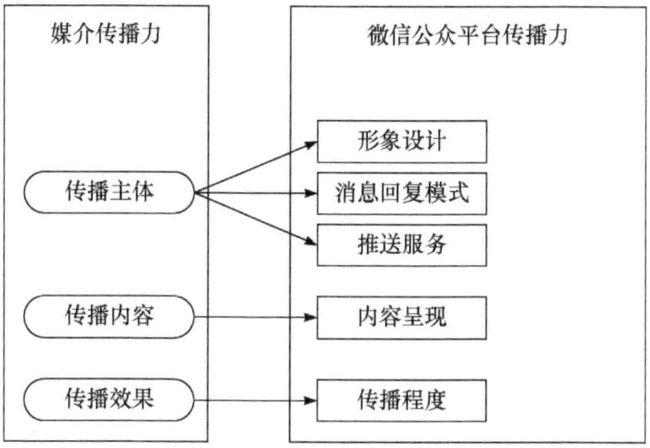

图 7-1　媒介传播力与微信公众平台传播力的关系

二、评价指标说明

本书将媒体微信公众号界定为依托于传统媒体、网站或科技媒体平台，旨在提供新闻信息、生活服务信息并与用户进行互动交流的微信平台。微信 5.0 版的最大改变就是将公众账号分为服务号和订阅号，两者在功能和权限设置上有所不同。服务号多用于企业和组织，以提供业务服务与用户管理能力为特色，而订阅号主要是媒体和个人向用户提供信息服务和沟通交流的一种新渠道。以媒体微信公众号为研究对象，且选取的 20 个样本均为订阅号，故甄选传播力评价指标和构建评价体系主要基于订阅号平台。

（一）形象设计

形象设计体现的是微信公众号运营主体和设计运维状况的相关信息指标，主要包括认证信息、头像设计与名称、功能介绍、自定义菜单以及首次问候语。是否认证影响用户对账号的信任和关注度，并且只有认证的公众号才可以设置自定义菜单，直接影响运营效果；头像设计与名称体现运营主题，简洁醒目，容易吸引精准粉丝；功能介绍体现的是账号的功能定位和受众定位，是形成媒介风格的基本策略，也直接影响着信息产品的设计和制作；自定义菜单所体现的是针对目标用户的信息服务，优化自定义菜单可以提升用户交互体验和使用效率，增强用户黏性。首次问候可分为简单问候、数字导航和关键词检索指导三类。数字导航和关键词检索指导可以提供账号的信息检索方法，利于提升互动体验。丰富易查的回复系统反映了较高的平台建设能力。所以本书设计了认证信息（B_1）、头像设计与名称（B_2）、功能介绍（B_3）、自定义菜单（B_4）以及首次问候语（B_5）五个指标来体现微信公众平台设计与运维能力。

（二）内容呈现

内容呈现指标包括推送信息内容和信息形式两个因素。微信公众平台信息订阅模式首先在于信息内容价值，这也是媒体微信公众号的核心价值所在。丰富的信息形式可以提升信息表现力，增强传播效果。一般认为，传播主体是主要因素，但为了提高传播效果，关键问题还在于传播内容。[①]推送信息由账号定位决定，“优质信息 + 精准传播”可以大大提升账号的传播力和影响力。推送与账号定位无关的文章，可能会一时增加阅读量，但长远来看会偏离精准用户，造成粉丝流失，减弱账号传播力。因此，本书采用发布形式（B_6）和内容类型（B_7）来体现微信公众号的信息传播价值。

（三）消息回复模式

微信公众平台的互动主要体现在账号的消息回复功能上，通过人工回复、自动回复、人工和自动回复结合这三种形式来实现。自动回复是指公众号可以针对用户的行为来设置特定的回复内容和丰富的关键词回复规则，这里把自动回复又分为简单自动回复与关键词自动回复两类。消息回复功能直接反映账号交互式传播的实现程度，开发微信客服系统，适当引入人工服务，利用 API 接口保存用户对话数据并作分析，实现用户专属服务功能都有助于提升用户的参与度，利用微信的社交功能，线上线下进行立体式推广，可以大大提升账号传播力。鉴于以上分析，本书在消息回复模式中设置人工回复（B_8）、自动回复（B_9）、人工和自动回复结合（B_{10}）三个指标。

（四）推送服务

推送服务体现在推送时间、推送次数和推送条数上，代表着账号的活跃程度。推送时间（B_{11}）和推送次数（B_{12}）代表信息频率，推送条数（B_{13}）代表信息量，账号活跃度过高可能带来信息超载、质量降低，活跃度过低又极易出现自说自话的僵尸号。

（五）传播程度

传播程度包括账号的传播广度和传播深度。传播广度以粉丝数量为指标，粉丝数（B_{14}）是衡量微信公众号传播力水平的重要标志，也直接反映微信公众号的运营状况。虽然目前粉丝数据只有运营主体才能得到，但出于评价体系严谨性和完整性考虑，应将这一重要指标纳入评价指标设计。比如在区域性微信公众号评估项目中，相关研究机构可以在运营者允许、自愿的情况下获得这一数据权限，

① 李彬. 大众传播学. 北京：清华大学出版社, 2009: 198-199.

可以大大提高研究过程和方法的科学性和准确性，并且只将评测结果公开发布与粉丝数据的涉密处理并不矛盾。传播深度体现为阅读数指标和点赞数指标，阅读数（B_{15}）和点赞数（B_{16}）可以直接反映文章的热度、用户的认可度，体现用户需求和深层接受行为。

第三节　运用层次分析法构建媒体微信公众号传播力评价体系

层次分析法在 20 世纪 70 年代中期由美国数学家 T. L. Saaty 正式提出，它是一种定性和定量相结合的、系统化、层次化的分析方法。[①]基于层次分析法的媒体微信公众号评估方法分 5 步操作：建立层次结构模型、构建判断矩阵、对判断矩阵进行一致性检验、计算判断矩阵的权重向量和对所需评估的方案进行排序并分析结果。

一、结构模型构建

根据前文所述各项设计指标，构建媒体微信公众号传播力评价体系。层次分析法模型如图 7-2 所示，其中最高层为目标层，中间层由准则层和指标层组成，准则层包含 5 个指标，指标层包含 16 个指标，最底层为方案层。决策目标是通过层次分析法得到微信公众号的传播力指数。

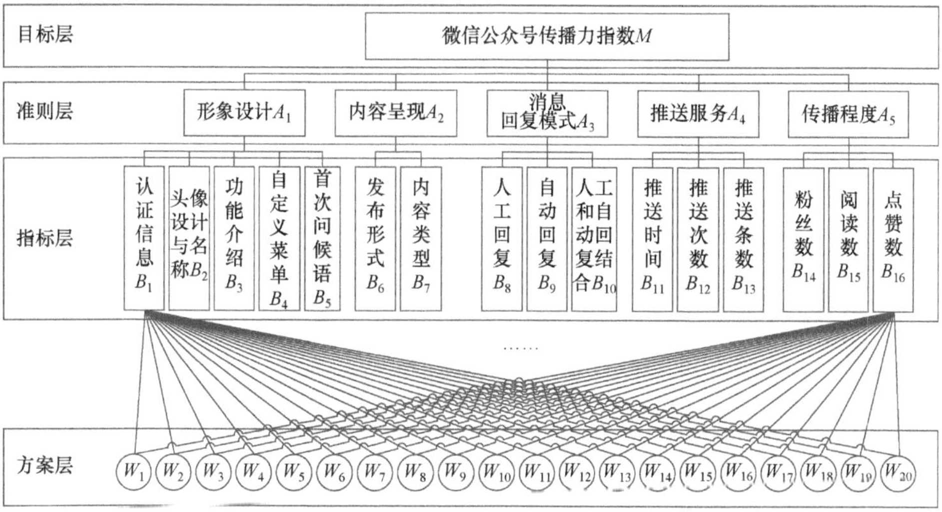

图 7-2　媒体微信公众号传播力评价指标体系

① 周涛，鲁耀斌. 层次分析法在 B2C 电子商务网站评价中的应用. 图书情报工作, 2005(12): 111-114.

二、指标权重确定

层次分析法所要解决的问题是得到 16 个指标的权重，用以对 20 个微信公众号的传播力进行排序。本书采用了德尔菲法建立判断矩阵。首先，采用德尔菲法构建判断矩阵。笔者邀请 13 名专家学者，其中有 8 名在高校从事新媒体研究的学者以及 5 名媒体微信运营专家，对各级指标间的相对重要性进行判断，进而构造两两相比判断矩阵。通过问卷调查和反复论证，专家们通过 Saaty 的“1-9 标度方法”对准则层和指标层的各项指标赋值。“1-9 标度方法”见表 7-1。

表 7-1 1-9 标度方法

标度	含义
1	两个因素相比，具有同样重要性
3	两个因素相比，一个因素比另一个因素稍微重要
5	两个因素相比，一个因素比另一个因素明显重要
7	两个因素相比，一个因素比另一个因素强烈重要
9	两个因素相比，一个因素比另一个因素极端重要
2，4，6，8	上述两相邻判断的中值

准则层的判断矩阵如表 7-2 所示。

表 7-2 准则层的判断矩阵

M	A_1	A_2	A_3	A_4	A_5
A_1	1.00	0.17	5.00	2.00	0.33
A_2	6.00	1.00	6.00	5.00	2.00
A_3	0.20	0.17	1.00	1.00	0.20
A_4	0.50	0.20	1.00	1.00	0.17
A_5	3.00	0.50	5.00	6.00	1.00

限于篇幅，这里只给出指标层的第一个判断矩阵，如表 7-3 所示。

表 7-3 指标层的第一个判断矩阵

A_1	B_1	B_2	B_3	B_4	B_5
B_1	1.00	2.00	0.50	0.20	0.50
B_2	0.50	1.00	0.25	0.25	0.20
B_3	2.00	4.00	1.00	0.25	2.00
B_4	5.00	4.00	4.00	1.00	4.00
B_5	2.00	5.00	0.50	0.25	1.00

得到相关判断矩阵后，需对其进行一致性检验。下面以矩阵 M 为例，论证其一致性检验过程。先求 5 阶矩阵 M 的特征值，根据矩阵特征值的定义，$\lambda E-M=0$，其中 E 为单位矩阵。可求出 M 的特征值 λ。在 Matlab 中，编程[V, λ]=eig（M）；λ=diag（λ），求得矩阵 M 的特征值组成的矩阵 λ：

$$\lambda=\begin{bmatrix} 5.22 \\ -0.1266+1.0902i \\ -0.1266-1.0902i \\ 0.0162+0.3513i \\ 0.0162-0.3513i \end{bmatrix} \tag{7-1}$$

因此 $\lambda\text{max}=5.22$，得到最大特征 λmax 后，定义其一致性指标 CI。矩阵 M 的 CI 计算过程如下：

$$\text{CI}=\frac{\lambda_{\max}-n}{n-1}=\frac{5.22-5}{5-1}=0.055 \tag{7-2}$$

为衡量 CI 的大小，引入随机一致性指标 RI。RI 的值可以按照矩阵阶数查表获得。对于矩阵 M，通过查表得到其 RI = 1.12。因此一致性比率：

$$\text{CR}=\frac{\text{CI}}{\text{RI}}=\frac{0.055}{1.12}\approx 0.05<0.1 \tag{7-3}$$

一般，当一致性比率 CR<0.1 时，认为判断矩阵的不一致程度在容许范围之内，有满意的一致性，通过一致性检验。否则需要通过调整其元素重新构造判断矩阵。矩阵 M 的 CR 符合要求，通过一致性检验。判断矩阵的归一化权重向量采用几何平均法计算。下面仍以矩阵 M 为例，介绍其权重向量的计算过程。

各行元素的乘积：$M_i=A_{i1}*A_{i2}*A_{i3}*A_{i4}*A_{i5}=[0.556,360,0.007,0.017,45]^z$ （7-4）

方根计算：

$$\sqrt[5]{M_i}=[0.89,3.25,0.37,0.44,2.14]^z \tag{7-5}$$

对 $\sqrt[5]{M_i}$ 进行归一化处理得到权重向量：

$$\omega_M=\frac{\sqrt[5]{M_i}}{\sum_{i=1}^{5}\sqrt[5]{M_i}}=[0.13,0.46,0.05,0.06,0.30]^z \tag{7-6}$$

用同样的计算方法得到其余判断矩阵的权重向量，如表 7-4 所示。

表 7-4　权重向量

判断矩阵	权重向量
A_1	$\omega_{A_1}=[0.10,0.06,0.20,0.49.0.16]^z$
A_2	$\omega_{A_2}=[0.25,0.75]^z$
A_3	$\omega_{A_3}=[0.16,0.30,0.54]^z$
A_4	$\omega_{A_4}=[0.31,0.20,0.49]^z$
A_5	$\omega_{A_5}=[0.54,0.16,0.30]^z$

指标 B_i 的综合权重由相对指标权重和对应的准则权重乘积得到，计算结果如表 7-5 所示。

表 7-5　指标综合权重

指标	相对指标权重 *B*	准则权重 *A*	指标综合权重 *B*A*
B_1	0.10	0.13	0.01
B_2	0.06		0.01
B_3	0.20		0.03
B_4	0.49		0.06
B_5	0.16		0.02
B_6	0.25	0.46	0.12
B_7	0.75		0.35
B_8	0.16	0.05	0.01
B_9	0.30		0.02
B_{10}	0.54		0.03
B_{11}	0.31	0.06	0.02
B_{12}	0.20		0.01
B_{13}	0.49		0.03
B_{14}	0.54	0.30	0.16
B_{15}	0.16		0.05
B_{16}	0.30		0.09

第四节　实 证 分 析

本书选取陕西较为活跃的 20 家媒体微信公众号为样本，并以 2014 年 12 月 14 日 0 时至 12 月 27 日 24 时这两周为研究时段进行数据采集和分析。

一、传播力指标量化计算

本书先对 16 个指标中的定性指标进行量化。其中 B_1～B_{11} 属于定性指标，通过问卷调查和专家意见结果，按照 10 分制的形式，对其进行定量处理。限于篇幅，仅给出其中 5 个媒体微信公众号的定量处理结果，见表 7-6。

表 7-6　5 个媒体微信公众号的定量处理结果

指标	腾讯大秦网	陕西都市快报	秦腔广播西安乱弹	陕西交通广播	第一新闻
认证信息 B_1	10	10	10	10	10
头像设计与名称 B_2	8.42	6.43	8.34	8.5	8.03
功能介绍 B_3	8.65	8.73	6.10	6.10	6.10
自定义菜单 B_4	8.94	8.45	8.14	8.46	6.50
首次问候语 B_5	8.97	7.34	8.90	8.67	8.65
发布形式 B_6	8.46	8.20	8.20	8.39	6.00
内容类型 B_7	8.79	8.44	8.03	8.11	8.45
人工回复 B_8	0.00	0.00	0.00	0.00	0.00
自动回复 B_9	9.12	8.73	9.10	6.10	6.12
人工和自动回复结合 B_{10}	0.00	0.00	0.00	0.00	0.00
推送时间 B_{11}	8.48	8.43	8.21	9.12	8.40

对于定量化指标 B_{12} 到 B_{16}，采集的样本都有具体的数值，对其按照 10 分制的形式进行处理，以指标粉丝数 B_{14} 为例，其计算过程如下：

$$R_i = 10 * \frac{F_i}{\max(F_1, F_2 \cdots, F_{20})}，其中 F_i 为粉丝数。 \quad (7\text{-}7)$$

前 5 个账号的定量化指标计算结果如表 7-7 所示。

表 7-7　微信公众号定量化指标评分

微信公众号	粉丝数 F_i	评分
腾讯大秦网	F_1	10
陕西都市快报	F_2	7.12
秦腔广播西安乱弹	F_3	9.04
陕西交通广播	F_4	9.37
第一新闻	F_5	1.89

表 7-7 中，出于粉丝数据的保密性，在此标出其代号 F_i。

二、传播力指数计算及结果讨论

最终的传播力指数由下式计算得到:

$$M_i = A_{1i} + A_{2i} + A_{3i} + A_{4i} + A_{5i} = \sum_{j=1}^{5}(B_j^* R_{ij}) + \sum_{j=6}^{7}(B_j^* R_{ij}) + \sum_{j=8}^{10}(B_j^* R_{ij}) + \sum_{j=11}^{13}(B_j^* R_{ij}) + \sum_{j=14}^{16}(B_j^* R_{ij}) \quad (7\text{-}8)$$

式中 M_i 指的是 W_i 微信公众号的综合传播力指数，A_{1i}，A_{2i}，A_{3i}，A_{4i} 和 A_{5i} 指的是各准则的传播力指数。B_j 指的是指标权重因子，R_{ij} 指的是第 i 个微信公众号 W_i 的第 j 个指标的评分。根据样本数据和传播力指标公式，陕西 20 个媒体微信公众号的传播力指数见表 7-8。

表 7-8　陕西 20 个媒体微信公众号的传播力指数

方案	微信公众号	A_{1i}	A_{2i}	A_{3i}	A_{4i}	A_{5i}	M_i	综合排名
W_1	秦腔广播 西安乱弹	1.02	4.05（3）	0.11	0.51	2.08	7.86	4
W_2	陕西都市快报	1.09	3.86	0.12	0.51	2.23	7.81	5
W_3	腾讯大秦网	1.15（3）	3.71	0.14（2）	0.49	2.46（3）	7.94（3）	3
W_4	陕西交通广播	0.99	3.69	0.09	0.53（2）	3.88（1）	9.32（2）	2
W_5	第一新闻	0.93	3.6	0.09	0.49	0.4	5.52	14
W_6	汽车 896	1.03	3.41	0.09	0.51	0.95	6.28	9
W_7	陕西忒别忒	1.17（1）	3.74	0.12	0.49	0.5	6.02	11
W_8	大众医学教育	0.49	2.94	0.07	0.43	0.07	4	20
W_9	华商报	0.99	4.23（1）	0.37（1）	0.54（1）	3.23（2）	9.36（1）	1
W_{10}	西安妈妈网	1.16（2）	3.81	0.13（3）	0.5	0.82	6.42	8
W_{11}	西安晚报	1.13	4.1（2）	0.11	0.5	0.98	6.83	6
W_{12}	弘秦泾阳	1.05	3.85	0.09	0.51	0.56	6.06	10
W_{13}	天天网事	0.52	3.62	0.07	0.47	0.11	4.8	18
W_{14}	陕西传媒网	1.11	3.14	0.09	0.47	0.09	4.9	17
W_{15}	三秦都市报	0.98	3.66	0.12	0.45	0.19	5.41	15
W_{16}	华商网	1.12	3.91	0	0.51	0.42	5.96	13
W_{17}	渭南日报	0.58	3.89	0	0.36	0.3	5.13	16

续表

方案	微信公众号	A_{1i}	A_{2i}	A_{3i}	A_{4i}	A_{5i}	M_i	综合排名
W_{18}	都市快报午间版	0.75	3.14	0	0.36	0.04	4.29	19
W_{19}	荣耀渭南网	0.98	3.83	0	0.52（3）	1.05	6.38	7
W_{20}	西安地铁新报	1.01	3.71	0.1	0.51	0.39	5.97	12

基于陕西 20 个媒体微信公众号传播力考察结果，展开讨论：①A_{1i}得分排名前三位的分别是陕西忒别忒、西安妈妈网、腾讯大秦网。这表明微信等新媒体技术已经成为媒体改革的重要动力和竞争关键，具有技术优势的门户网站、科技传媒公司，在功能定位、菜单设置、接口开发等方面成效明显，账号设计与平台运维整体表现不俗。②对 A_{2i} 进行分析，排名前三的是华商报、西安晚报、秦腔广播西安乱弹，这说明主流传统媒体依托自身平台和资源优势，在信息生产和制作上仍是主力军。③A_{3i}排名前三的是华商报、腾讯大秦网、西安妈妈网，这表明依托网站及科技媒体平台的微信公众号，在与用户互动和用户需求把握上表现出较高水平。但从整体来看，陕西地区媒体公众号的互动程度明显较低，消息回复功能有待升级。④A_{4i}排名前三的是华商报、陕西交通广播、荣耀渭南网，这表明 3 个账号充分考虑了用户的使用习惯并根据时间段推送内容类型，皆保持了推送时间上的稳定性和推送频率上的合规律性，日推送条数控制在 5～8 条，陕西交通广播还采用“工作日+休息日”分段推送模式，值得推广。⑤A_{5i} 排名前三的是陕西交通广播、华商报和腾讯大秦网，在粉丝规模、阅读数和点赞数的测值方面处于前列。这表明依托传统媒体的微信公众号粉丝量级代表了该媒体或栏目的受关注程度和受众范围。腾讯大秦网的异军突起则代表着区域媒体面临来自腾讯网等综合性商业门户网站的冲击，在媒介融合的改革进程中，“危”“机”并存。

从综合排名来看，传播力指数前五名分别是华商报、陕西交通广播、腾讯大秦网、秦腔广播西安乱弹和陕西都市快报。得分排在后三名的账号分别是大众医学教育、都市快报午间版和天天网事。这 3 个账号由于平台建设不足，粉丝规模小，推送内容差、形式单一，推送信息与账号定位脱离等原因，传播力明显较弱，需要进一步改善。

从前五名和后三名账号对比中，可以发现传播力强弱与平台建设、内容呈现和传播程度有密切的关系。在平台建设上，排名前五的账号除了华商报未设置首次问候语，其他 4 个账号均通过关键词检索或数字导航为用户提供信息检索方法，操作简便。5 个账号均在菜单功能设置、消息回复功能开发、线上线下的立体式推广方面有着较高水平。在内容呈现上，以图文信息为主要发布形式，图文并茂、醒目直观，满足读图时代“轻阅读”需求。并且，5 个账号适量运用视频和音频以提升信息表现力，可视化新闻是媒介专业技能下个性化表达的新兴报道形式，广受用户欢迎。在推送内容上，5 个账号以独家视角的新闻类、便民实用的服务类信息为主打，一方面表明了媒体微信公众号已经独立于微信的私密社交功能而发展为重要的大众媒体力量；另一方面，较之传统媒体、网站、APP 等，微信公众号具有更强的互动性和服务性。

从整体来看，微信用户主要被一些大的传统媒体集团所垄断，绝大多数媒体在信息传播力上都远远没有达到转型成功的目标。[①]对于传统媒体中的热点新闻，用户的关注度会延伸至微信公众平台，阅读数和点赞数随之增高，可见主流媒体的议程设置在“微媒体”环境中依然发挥作用。

微信公众平台作为一种新兴的媒介渠道，考虑了先前信息传播中的不足，以其内容精练、交互式传播、精准推送、易于保存与检索等特征吸引媒体纷纷进驻，其本身传递着新的技术观念、市场观念、内容观念和传播观念。媒介融合大潮下，微信公众平台不可能是媒体改革的救命稻草，但可以是良性补充和延伸渠道。移动互联网时代，运营者应将微信公众平台纳入传播矩阵，使它成为推动移动传播深化的利器。媒体微信公众号精细化、专业化运营应取代粗放式运营，打造“微”品牌，提升线下知名度。平台建设应重视用户体验，深挖后台数据，把握需求，实现精准传播。善于转换数据自制内容，新视角呈现小故事，制作专业技能下的个性化信息。内容建设基于地域性，提供真切实用的服务资讯，搭建掌上便民通道。丰富信息形式，提升信息表现力，用图片叙事、视频报道、数据新闻等形式吸引更多用户。信息推送打破单一的定点推送模式，制定全天化推送方案，突发事件面前，迅速识别信息热度，适当增加推送频次，强化微媒体效能。重视互动功能升级，利用微信的社交功能，开发“内容+服务+关系”运营模式，培养用户黏性，线上线下齐发力提升微信公众号传播力。

基于媒介传播力形成要素，运用层次分析法，总结出形象设计、内容呈现、消息回复模式、推送服务、传播程度为主要维度的媒体微信公众号传播力评价指标体系。该体系充分考虑了微信公众平台的信息传播功能，并对指标进行了量化计算，具有较强的针对性和实践性。以往文献[②]基于传播效果层面的微信公众号传播力监测指标设计，操作简易，普适性较强，但未能体现传播手段和传播内容的作用，其结论无法给出更全面的应对策略，同该体系相比，本书的评价指标中设立了平台设计、内容呈现、消息回复模式等指标，考虑了传播力形成的深层因素，利于描述账号传播力整体状况，并增设了粉丝数这一有效指标，保证数据统

① 刘景景，杨淑娟，沈阳. 2014 年传统媒体微信公众号分析. 新闻与写作, 2014(12): 16-19.

② 清华大学新闻研究中心. 2014 政务新媒体传播力报告. https://mat1.gtimg.com/city/report/2014media.pdf. (2014-11-26)[2021-03-15].

计的科学性和准确性。

目前国内关于媒体微信公众号传播力评价的研究很少，本书提出从媒介传播力形成要素的角度来评价媒体微信公众号传播力，丰富、拓展了相关理论研究；尝试提出了媒体微信公众号传播力评价体系，并对指标作量化计算，具有较强的实用性；运用层次分析法，对陕西 20 个媒体微信公众号进行实证分析，可以成为评价体系和研究方法的有力验证。此外，本书也存在一些不足，比如缺少大量的统计数据，评价系统也需要继续验证，后续研究将不断改进与完善。

【理论拓展】

新时期新闻宣传工作重要论述

推动媒体融合发展、建设全媒体成为我们面临的一项紧迫课题。要运用信息革命成果，推动媒体融合向纵深发展，做大做强主流舆论，巩固全党全国人民团结奋斗的共同思想基础，为实现“两个一百年”奋斗目标、实现中华民族伟大复兴的中国梦提供强大精神力量和舆论支持。

我们要因势而谋、应势而动、顺势而为，加快推动媒体融合发展，使主流媒体具有强大传播力、引导力、影响力、公信力，形成网上网下同心圆，使全体人民在理想信念、价值理念、道德观念上紧紧团结在一起，让正能量更强劲、主旋律更高昂。①

——2019 年 1 月 25 日，习近平总书记在十九届中共中央政治局第十二次集体学习时发表重要讲话

推动传统媒体和新兴媒体融合发展，要遵循新闻传播规律和新兴媒体发展规律，强化互联网思维，坚持传统媒体和新兴媒体优势互补、一体发展，坚持先进技术为支撑、内容建设为根本，推动传统媒体和新兴媒体在内容、渠道、平台、经营、管理等方面的深度融合，着力打造一批形态多样、手段先进、具有竞争力的新型主流媒体，建成几家拥有强大实力和传播力、公信力、影响力的新型媒体集团，形成立体多样、融合发展的现代传播体系。要一手抓融合，一手抓管理，确保融合发展沿着正确方向推进。②

——2014 年 8 月 18 日，习近平总书记在中央全面深化改革领导小组第四次会议上发表重要讲话

① 习近平：推动媒体融合向纵深发展 巩固全党全国人民共同思想基础. http://jhsjk.people.cn/article/30591124. (2019-01-26)[2020-01-05].

② 习近平谈媒体融合发展：关键在融为一体、合而为一. http://jhsjk.people.cn/article/30242991. (2018-08-22)[2020-01-05].

手段创新，就是要积极探索有利于破解工作难题的新举措新办法，特别是要适应社会信息化持续推进的新情况，加快传统媒体和新兴媒体融合发展，充分运用新技术新应用创新媒体传播方式，占领信息传播制高点。①

——2013 年 8 月 19 日，习近平在全国宣传思想工作会议上发表重要讲话

① 习近平谈媒体融合发展：关键在融为一体、合而为一. http://jhsjk.people.cn/article/30242991. (2018-08-22) [2020-01-05].

第八章　社会化媒体与政治生态协同发展的优化机制——舆论协同引导

社会化媒体与政治生态协同发展的关键是信息的互动传播。在社会发展的实际中，舆论在社会化媒体与政治生态之间起着微妙的黏合剂的作用，是两者发展保持适度张力的关键。舆论生态健康，社会化媒体与政治相得益彰，舆论生态损坏，社会化媒体与政治之间必然关系紧张。

为了实现媒体和政治之间的协同发展，在马克思主义舆论观的具体指导下，中国共产党人创造性地发展了舆论引导的相关理论和实践。习近平强调新闻舆论应坚持正确方向，创新方法手段，不断提高其传播力和引导力。在社会化媒体环境下，要实现社会化媒体和政治生态的协同发展，必须创新性地应用舆论引导的手段和方法，提高舆论引导的“时、度、效”。

舆论引导作为专用名词的概念提出不过20年左右，但是作为具体实践，从时间维度来说中国古代已经践行很久：《召公谏厉王弭谤》讲的是如何看待舆论、引导舆论的问题，产生了重要且基本的“防民之口，甚于防川……是故为川者，决之使导；为民者，宣之使言”的舆论引导思想。另外从国别来说，舆论引导实践中外都有进行，只不过具体的表述和称谓略有不同而已；西方制度下的新闻媒体议程设置，如果仅从形式和效果来看，也包含有舆论引导的思想与特征。

因此，如果从宏观角度理解舆论引导的具体实践，那么人类社会发展中的各种有益经验可以为我们当前的舆论引导工作，尤其是基于社会化媒体的舆论引导工作提供借鉴。

第一节　背景：舆论引导实践类型分析——基于传播学的视角

一、研究综述和概念模型

从基本的文献综述看，当前国内系统总结和归纳舆论引导实践类型和模式的研究尚不太多，其中最有代表性的为陈力丹对大众传播媒介引导舆论的历时性总结。他从人类发展的历史角度出发，依据舆论引导中接收方式的不同将舆论引导的实践类型分为传统引导型、内部引导型和他人引导型，并强调工业化时代舆论引导的主要类型为他人引导型。①

显然，信息时代的舆论引导形态已然发生改变，他人引导型已经不能涵盖丹尼尔·贝尔等社会学家所描述的多元主体信息社会所呈现的舆论引导实际。

第一,舆论引导的基本目的是实现舆论引导者所期望的舆论本身的良性循环，消弭和降低舆论爆发所带来的负面影响。但是，众多的舆论引导实践告诉我们，舆论引导要符合“导向性”“调控性”“互动性”“艺术性”的特征②，最终实现舆论引导的期望目标绝不是那么简单。现实层面，无论舆论引导主体承认与否，我们的舆论引导工作都会呈现出“不好”和“好”两种截然不同的结果。要实现舆论引导的目的，即要实现好的舆论引导效果。显然，从舆论引导效果层面去分析和总结舆论引导的实践类型符合舆论引导工作的基本特点和需求。

第二，本书基于传播学的总体理论分析框架将舆论引导的要素结构化为一个整体的传播过程，利于我们从结构角度去分析舆论引导各要素之间的不同组合所产生的不同效果。

第三，舆论引导从本质上来说是马克思主义舆论观的具体体现和现实发展，所以，从主体、客体的两分来看，主体决定客体，客体对主体有反作用。舆论引导的主体显然具有主导权，是决定者；舆论引导的客体本身处于从属地位，是被决定者。从这个角度出发，现实层面的舆论引导工作更多体现为舆论引导主体的意志和行为，因此，本书考察舆论引导实践类型，主要从引导主体的角度分析和总结，从而更多体现舆论引导工作的实际特征。

基于以上分析，我们从传播学的角度出发，依据总体的理论分析框架，以体现舆论引导施动方的意志特征为基本原则区分舆论引导的不同实践类型（图 8-1）。

二、具体分析与类型构建

舆论引导的最关键因素是引导方，即施动方。传统引导型时代，人们更多通过口口相传的人际传播实现舆论的引导，比如《吕氏春秋》中记载，战国时邓析宣传与郑国国君不同的言论，使得郑国大乱，子产“杀邓析而戮之，民心乃服，是非乃定，法律乃行”。这时候对舆论的引导最关键的还是把握住人的因素。内化引导型时代，施动方不再直接面对被动方，而借由能表达自己思想和价值的各种载体进行引导。比如汉朝时候的邸报，即施动方——皇帝传递信息、下达命令的载体，其效果如何，主要由其上的内容决定，但它仍然是传达皇帝的旨意。他人

① 陈力丹. 舆论学: 舆论导向研究. 上海: 上海交通大学出版社, 2012: 157.

② 刘春波. 舆论引导论. 武汉大学博士学位论文, 2013: 56-63.

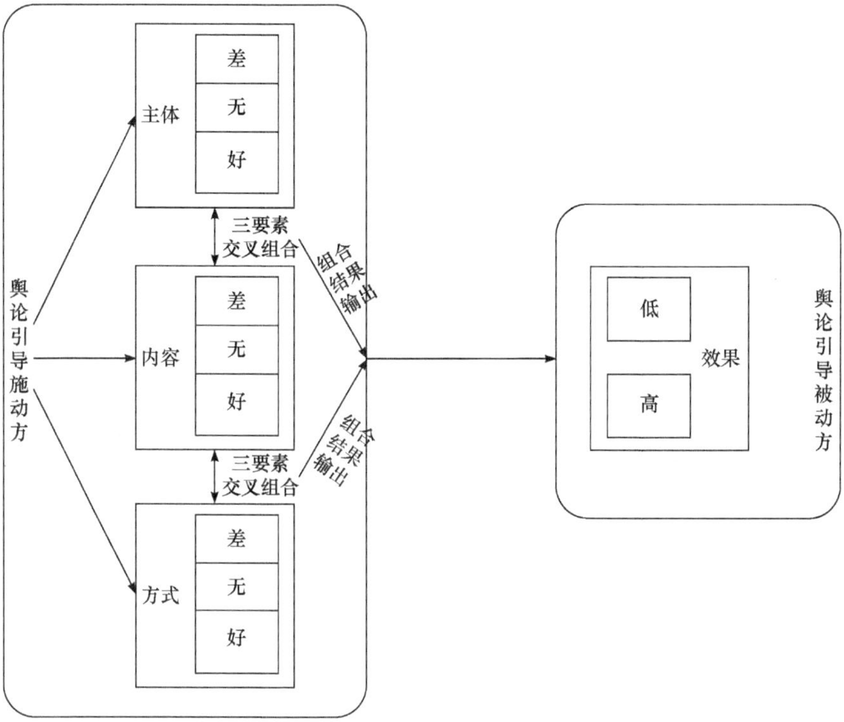

图 8-1　舆论引导类型分析框架

引导时代，大众传媒发达，报纸等既充当了舆论的传播者，又作为舆论的发起者，所以功能异常强大，对舆论的引导也主要通过大众传播媒介进行。比如危机事件后的新闻发布会，这种具有“表演”性质的大众传播行为对施动方的要求更高，说服成为最基本的舆论引导方式，在这种情况下，说服技巧等显得尤为适用。但是技巧的运用背后还是需要施动方。因此，探究不同舆论引导案例背后的施动方角色是建构舆论引导内容的基本思路。

有些时候，舆论引导当中施动方的影响巨大，舆论引导的内容和技巧只起辅助作用，所以，这一类舆论引导当中，舆论引导方的魅力起主要作用，往往能呈现出较好的引导效果，这一类可以归结为“示范型”；相反，在魅力不起作用的情况下，舆论本身对这一主要因素天然具有抗拒心理，我们将这一类舆论引导归为“抗拒型”。但是，舆论引导效果的呈现，绝不是单一因素的简单叠加形成的，即便是施动方起核心作用的“示范型”舆论引导类型，也存在着舆论引导主体、内容和方式的此消彼长，这些因素共同作用，形成了同为“示范型”舆论引导的不同表现形态（图 8-2、表 8-1）。

有些时候，舆论引导当中施动方借由各种具体信息达到引导效果，这个时候舆论引导施动方只扮演提供信息和想法的角色，我们将之归为“参谋型”。与之相对，内容不起作用，施动方完全处于局外，我们将之归为“无视型”。同样，“参谋型”和“无视型”具有不同表现形态（图 8-2、表 8-1）。

另外一些情况，施动方更多强调以引导技巧达到舆论引导目的，此时，施动方扮演的角色更多是对受动方的思想、情感的说服等，可以归为“渗透型”。引导效果不好的则称为“低效型”（图 8-2、表 8-1）。

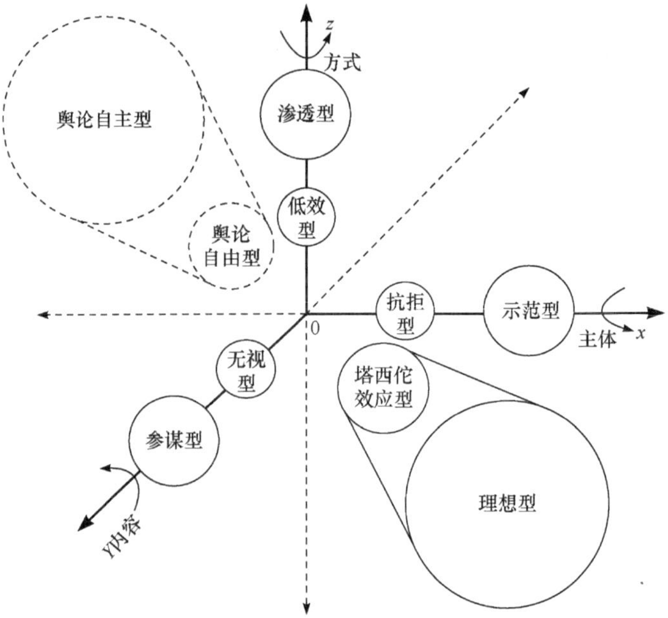

图 8-2　舆论引导类型三维示意

注：实线箭头表示“好”，虚线箭头表示“差”，0 点表示“无”

还有，一些极端类型需要考虑。当引导主体、内容和方式都达到很好程度，且配合度较高时，其效果最好，那么就会出现舆论引导的理想型类型，依据施动方的角色不同，依然可以分为“示范理想型”、“参谋理想型”和“渗透理想型”。当引导主体、内容、方式都好，配合度也高，但是引导效果极差，那说明引导施动方的信任度受到质疑，陷入了“塔西佗陷阱”，我们将之归为“塔西佗效应型”。

最后，有些舆论，无论施动方引导主体、内容、方式出现什么问题或者根本不引导，都不会影响其效果，按照马克思主义基本观点，这里主要体现出舆论引导客体的能动性作用，我们将这种极端现象归为“舆论自主型”和“舆论自由型”两类。

总之，从舆论施动方的视角出发，以传播学基础理论为分析维度，我们可以将舆论引导的类型划分为：抗拒型、无视型、低效型、示范型、参谋型、渗透型以及理想型、塔西佗效应型、舆论自主型和舆论自由型共 10 类。

表8-1　舆论引导的引导效果和引导类型

<table>
<tr><th>项目</th><th colspan="29">各要素组合</th></tr>
<tr><td>引导效果</td><td>主体（好）+内容（差）+方式（差）</td><td>主体（好）+内容（无）+方式（差）</td><td>主体（好）+内容（好）+方式（差）</td><td>主体（好）+内容（差）+方式（无）</td><td>主体（好）+内容（无）+方式（无）</td><td>主体（好）+内容（好）+方式（无）</td><td>主体（好）+内容（差）+方式（好）</td><td>主体（好）+内容（无）+方式（好）</td><td>主体（好）+内容（好）+方式（好）</td><td>内容（好）+主体（差）+方式（差）</td><td>内容（好）+主体（无）+方式（差）</td><td>内容（好）+主体（好）+方式（差）</td><td>内容（好）+主体（差）+方式（无）</td><td>内容（好）+主体（无）+方式（无）</td><td>内容（好）+主体（好）+方式（无）</td><td>内容（好）+主体（差）+方式（好）</td><td>内容（好）+主体（无）+方式（好）</td><td>内容（好）+主体（好）+方式（好）</td><td>方式（好）+主体（差）+内容（差）</td><td>方式（好）+主体（无）+内容（差）</td><td>方式（好）+主体（好）+内容（差）</td><td>方式（好）+主体（差）+内容（无）</td><td>方式（好）+主体（无）+内容（无）</td><td>方式（好）+主体（好）+内容（无）</td><td>方式（好）+主体（差）+内容（好）</td><td>方式（好）+主体（无）+内容（好）</td><td>方式（好）+主体（好）+内容（好）</td><td>主体（差）+内容（差）+方式（差）</td><td>主体（无）+内容（无）+方式（无）</td></tr>
<tr><td>低</td><td colspan="8">抗拒型</td><td>塔西佗效应型</td><td colspan="8">无视型</td><td>塔西佗效应型</td><td colspan="8">低效型</td><td>塔西佗效应型</td><td>舆论自主型</td><td>舆论自由型</td></tr>
<tr><td>高</td><td colspan="8">示范型</td><td>示范理想型</td><td colspan="8">参谋型</td><td>参谋理想型</td><td colspan="8">渗透型</td><td>渗透理想型</td><td>舆论自主型</td><td>舆论自由型</td></tr>
</table>

第二节　现状：社会化媒体舆论引导实践要素及作用表现

从舆论引导的效果来看，在传统媒体环境下，舆论引导的主体明确、内容统一、方式有力，可以更为系统和完整地执行舆论引导施动方的意志和意图，更好地把握舆论传播的性质和方向。然而在社会化媒体环境下，舆论传播的主体多元、载体改变、方式低效，舆论引导的效果大不如前。这也是政策层面强调网络新媒体时代舆论引导，成立专属职能部门——网信办的现实需要。从舆论引导的类型角度来看，传统媒体环境下，示范型、参谋型、渗透型的舆论引导成功类型较多，而抵抗型、无视型和低效型的舆论引导成功类型较少。在社会化媒体环境下，各种舆论引导类型并存，舆论引导工作仍然面临许多难题。如何在社会化媒体环境下提高舆论引导水平，需要我们在舆论引导的整体设计和架构上提出新的思路和方案，为社会化媒体舆论引导提供可能的模式依据和路径选择。

根据本书的基本理论框架以及对舆论引导工作实际的调研考察，我们可以提取社会化媒体舆论引导的基本实践要素，分析其主要作用和功能。

一、社会化媒体舆论引导实际实施方及职能

在社会化媒体社交舆论引导实践工作当中，舆论引导的主体涉及施动方和具体执行方两个实体。根据前文研究，本书所认为的具体执行方为主流媒体“两微一端”和政务“两微一端”。

我们知道，在中国，主流媒体特别是党媒实行的“事业单位，企业化管理”的基本制度，体现出“意识形态属性”和“产业经营属性”的双重属性。但是，中国新闻体制改革的步伐也一直在推进，“政治与资本合作型”的模式正在进一步深化，传媒市场化、企业化已经初现规模。在这种情况下，即便是主流媒体也越来越注重和凸显自身的媒介属性。在社会化媒体环境下，主流媒体的媒介属性进一步得到伸张。以本书调研结果为例，“媒体从业人员”与“公务员”两类人群对引导主体的“第三方影响”度和政治效能感，引导内容的针对性、关键性、全面性和新颖性以及引导方式的说服程度和议程设置效果体现出显著的差异性，这从一个侧面反映出至少在社会化媒体环境下，媒体和政府的关系正在发生变化。在社会化媒体舆论引导的实际工作当中，主流媒体、政府部门分别承担着具体执行者的角色。

但是，在社会化媒体舆论引导的主体当中，主流媒体、政府部门所承担的引导具体执行者角色必须受到舆论引导施动方的管理和指导。在我国当前的媒体管理制度下，各级宣传部主管意识形态，负责引导社会舆论，指导、协调中央各新闻单位的工作[①]，而新成立的各级网信办则主要执行“落实互联网信息传播方针政策和推动互联网信息传播法制建设，指导、协调、督促有关部门加强互联网信息内容管理”[②]。也就是说，宣传部和网信办具体领导和指导舆论引导执行者的相关工作。从部门设置来看，当前宣传部和网信办属于平级部门，所以，两者分别从宏观和微观对当前的舆论引导工作进行领导和指导。

综合以上可以看出，社会化媒体舆论引导的实际工作受到宣传部和网信办的具体领导，代表党和人民群众利益，体现国家意志；主流媒体和具体职能部门具体执行，体现各自利益，总体形成了两体（宣传部、网信办）、两翼的引导施动方格局，他们共同构成了社会化媒体舆论引导中的施动方。

---

① 中共中央宣传部主要职能. https://news.12371.cn/2013/01/28/ARTI1359358325328187.shtml. (2013-01-28)[2021-09-17].

② 国家互联网信息办公室的主要职责. http://www.scio.gov.cn/zhzc/9/6/Document/1086658/1086658.htm. (2012-01-20)[2020-03-05].

二、社会化媒体舆论引导内容提供方及职能

社会化媒体舆论引导的内容要素在实践中应该包含具体的各类新闻、政策解读及宣传性文字等。就各类新闻来说，包含主流媒体在内的各类媒体都应该是内容的提供者，比如主流媒体的“两微一端”平台等；就政策解读和宣传性文字来说，各级职能部门的政务“两微一端”是主要的提供者。这里，主流媒体“两微一端”和政务“两微一端”既是引导主体也是内容提供方，具有双重身份和功能。

另外，主体的“第三方影响”度对舆论引导效果具有显著的影响，这里的“第三方影响”主要包含名人、专家学者、权威机构和主要涉事方。他们的影响度显著影响引导效果，即他们的言论具有一定的影响性。显然，他们也是社会化媒体舆论引导内容的提供方之一。但从发挥作用的性质来看，名人、专家学者和权威机构起到意见领袖的作用；主要涉事方则是利益相关方，起着不同于意见领袖的作用。

由此，社会化媒体舆论引导中的内容提供方，主要由各类媒体、各级职能部门以及意见领袖和主要涉事方构成。

三、社会化媒体舆论引导对象及作用

舆论引导是将人们关于焦点事件或话题的认知、态度、行为导向有利于引导者的方向[①]，从这个定义来看，舆论引导至少包含对人们认知、态度和行为三个层面的引导，所以，社会化媒体舆论引导的实施对象包含很多个体，即公众。但是，从实际需求来说，社会化媒体舆论引导的直接对象应该是舆论以及舆论的传播，就舆论本身来说，舆论的性质是其引导的出发点和归宿；从舆论的传播来说，舆论的传播方向和过程是其引导的重点和难点。也就是说，舆论引导既关乎舆论性质又关乎舆论传播的方向，社会化媒体的舆论引导也不例外。就舆论的传播来说，其传播完整演化过程模式中的要素和环节都是舆论引导应该关注的对象。其中传播平台——各类网站、社会化媒体平台等也是社会化媒体实施舆论引导的对象之一。以 2016 年 1 月 7 日快播案公审为例，国家网信办表示网站应该为内容负责。抛开法律等具体问题，从舆论引导的角度来说，显然这类社会化媒体平台应该成为舆论引导的对象之一。

从马克思实践论来看，主体对客体有改造作用，而客体也迫使主体的改造活动遵循它的规律性，主体的实践目的、实践方式和实践结果都要受到客体的制约。舆论引导总体来看是一种实践关系，作为舆论引导的客体——具体对象来说，公众、社会化媒体平台对引导中的各个方面都有能动作用，进而影响到最后的舆论引导效果。所以，它们具有一定的反馈功能。

① 刘春波. 舆论引导论. 北京：社会科学文献出版社, 2015-09.

四、社会化媒体舆论引导对象理性表达的必要性

理性表达应成为新媒体时代舆论引导的预期效果与引导目标。理性表达是公众不受情绪支配的自我约束能力在行为方式上的表现，具有以下特点：第一，理性表达具有一定的自觉性，在一定目标的指导下，理性表达是与舆论引导目标相对应的。第二，理性表达具有普遍性，受到逻辑规则的约束，理性表达的过程可以通过普遍的概念来把握。第三，理性表达具有必然性，作为主体认知过程中的必然，理性表达是舆论引导活动的必然结果。第四，理性表达具有可预期性，舆论引导的过程是可以人为控制的，舆论引导的设计可以预期引导的目标。基于以上特点，可以认为，公众舆论的理性表达是在公众智力合理运作基础上，对公众认知水平和认知风格的意识参照。一方面，理性表达是在经过识别、判断、分析、逻辑推理之后，通过符号或语言等方式反映出的一种行为。另一方面，理性表达是存在于人脑中的经验和知识，按照一定的原则和逻辑所展现出的以表象为形式的心理操作，是人的认知、情感和意志的有机结合，它要求公众具有稳定的个性心理和行为安排。公众舆论的理性表达是网络空间的净化机，是实现舆论引导目标的自觉与必然。

（一）低效能感驱动下的群体极化现象需要公众舆论理性表达

深刻的社会变革，会引起公众社会情感结构的变革。人们渴望在社会结构变革中获得认同，感受到社会的平等。然而面对复杂的政治、经济、文化等方面的社会结构变革，人们往往会产生复杂的情绪交替与冲突，在不适应中表现出较低的自我效能感。班杜拉的“自我效能理论”[①]认为，积极思维的力量能提高人的能力、效率与成就动机。自我效能感较高的人会更健康，更擅长控制自己的情绪，有更高的学业成就和理性思维。相反，较低的自我效能感会使人跨越阶层的集体感受，在特殊的公共事件中产生情绪冲突，影响公众舆论的理性表达，造成公众因群体意识压力而走向极端，产生群体极化现象。在群体极化现象中，群体内聚力会影响低自我效能感公众的偏向和选择。

大数据分析是新媒体时代的显著特征，每一个使用 APP 的人，很有可能会在大数据的帮助下，找到与其拥有相同或相似观点的互动空间，并会在网络权威的影响下得到强化，形成对某一事件极端化的偏向。这种极端化的偏向，会让人们在公共虚拟空间中宣泄现实中的压抑，通过网络互动掩饰弱点来强化极端偏向，并最终把该种偏向变成自己极端坚持的观点。此外，人们的主观极端偏向，很可能被标签化和符号化为某个特殊的群体或阶层，这就进一步加剧了群体极化的现象，低自我效能感也就不再是个人的情绪体验，而转变成了公众共有的情绪体验，形成一定的社会情感结构。重塑社会情感结构，尤其是在互联网这一相对固定的

① 阿尔伯特·班杜拉. 思想和行动的社会基础：社会认知论. 林颖，等译. 上海：华东师范大学出版社，2001: 547.

场域中，就显得尤为关键。一方面，新媒体时代，社会情感结构中人们的低自我效能感会驱动网络群体极化现象，虽然，公众共同的情绪会在互动中获得短暂的满足，然而现实的状态却依然难以改变。另一方面，不良的社会情感结构会使人们在现实与虚拟的冲突中，产生更深的低自我效能感和无力感。适应群体，与群体保持一致，这样的目的与诉求会将人们原有的偏向进一步强化，把本来持有的相对弱的观点变成极端的观点，在固定的场域中爆发，导致舆情危机与社会动荡。因此，公众舆论的理性表达不但能够增强人们在公共空间中的自我效能感，有效避免群体极化现象的产生，而且能够重塑社会情感结构，营造良好的舆论生态。

（二）无力感驱动下的网络暴力现象呼唤公众舆论理性表达

情感代入是公众舆论表达的特点。虚拟环境下，人们会将自己的情感代入公共空间，形成同理心，影响公众舆论的理性表达。例如，在医患关系、贫富关系等冲突议题中，非理性的情感结构会使公众毫不犹豫地偏向弱势一方，事实的真相和理性的观点会在非理性的情感支配下被抛到九霄云外。在这些冲突议题中，人会展现出情感上固化的不公感和无力感，在某种程度上，公众的这种无力感渴望获得群体的情感认同。因此，无力感的固着会使公众形成社会不公、分配不均、利益不平衡等不合理信念，从而影响公众舆论表达的潜在驱动力。当无力感得不到缓解时，就有可能加剧公众的弱势感体验，以此形成阶层之间或冲突双方的对立，导致舆论表达的冲动、粗暴，甚至导致网络暴力的产生。

当公众在现实中产生不公感觉时，不论这种体验来自他人还是社会，公众都会有倾向性地把所受到的不公体验，归因于被标签化和符号化的某个阶层或某个群体，如官员、富商、医生、教师、警察、城管等具有某一领域绝对话语权的人，凡是涉及这些群体，公众舆论几乎会呈现出一边倒的现象。这是对事实高度标签化和符号化的反映。久而久之，无力感潜滋暗长，随之而来的可能是怨恨感的产生。愤恨的心境会使公众的言论较现实更粗暴、更直接，一些人甚至不容许有不一样的声音，言语攻击和道德绑架会频频出现，人肉搜索也成为虚拟网络空间中常见的非理性表达方式。现实生活中的“无力”与虚拟网络中的“暴力”，会加剧公众内心冲突，造成负面的社会影响。因此，引导公众舆论趋向理性表达，使公众树立合理的认知与信念，能有效缓解无力感驱动下的网络暴力现象，是新媒体时代对公众舆论表达的理性呼唤。

（三）焦虑感驱动下的社会流瀑现象渴望公众舆论理性表达

焦虑感是新媒体时代社会转型中公众普遍具有的心理状态。社会变革所带来的各种压力，转化为没有理由、没有原因、莫名其妙的情感体验。当公众舆论表达非理性时，身处其中的人会在这种非理性情绪的渲染下，失去理性判断的能力，用盲从的行为掩饰内心的不安，给焦虑感找到了宣泄的出口。尤其是在不了解事实的情况下，从众和服从使人们在群体思维中丧失理性信念，轻信谣言，导致公众产生社会性趋同心理，造成社会流瀑现象。

新媒体推送信息的速度和广度是传统媒体不能比拟的，微博和微信作为新媒体传播速度快和推送广度大的代表，为谣言的滋生提供了温床。一些“网络大V”带有个人倾向的言论，会使不了解事实的公众在焦虑感的驱动下，盲目认同他们的观点，认同的人数越多，谣言的传播力和影响力也就越大。对真实事件的不了解会大大提高事件的模糊力，尤其是在新媒体时代，谣言一旦散播，就会无法控制，形成像瀑布一样的强劲态势，使公众变得更加焦虑。例如，当有关流行性疾病、自然灾害等的谣言散播时，最易产生社会流瀑现象。

公众舆论的理性表达会对公众产生不同向度的积极效应，一方面，理性表达能缓解公众的焦虑感，使其在谣言散播时不盲从；另一方面，即使当社会流瀑现象产生时，公众也会通过理性的判断和推理，促使社会流瀑现象得到有效缓解，降低谣言对社会造成的负面影响。由此可见，新媒体时代公众舆论理性表达的双重效果，能维护社会的稳定，促进社会的发展。

五、社会化媒体舆论引导对象理性表达的社会价值

从语言产生到信息时代，在人类传播历史的发展进程中，公众舆论的自由表达始终是人们孜孜不倦追求的目标。新媒体时代，自由的表达易如拾芥，但表达的质量和水平堪忧。公众舆论的表达，影响着公众的判断和价值观；公众舆论的表达，从虚拟的线上辐射到真实的线下，干预社会现实，浸染意识形态；公众舆论的表达，关系到社会的和谐与政局的稳定。面对新媒体时代错综复杂的网络环境以及公众畅通无阻的表达渠道，公众舆论的理性表达，能降低新媒体时代舆论引导的难度，能缓解官民之间的现实冲突，能平衡弱势群体与强势群体的关系，促进和谐社会的可持续发展，有着积极的正面效果与社会价值。

（一）公众舆论的理性表达能促成公众参与意识的觉醒

公众参与意识的觉醒是人的社会行为，基于内在心理需求的外在反映。觉醒是人对事物整体的有意识的知觉，是人特有的心理过程。“群体是个无名氏，因此也不必承担责任。这样一来，总是约束着个人的责任感便彻底消失了。”[①]人一旦置身于群体中，就会对群体产生过分依赖，从而使人格特征降低。同时，人的辨别力和意志力会在对群体的依赖中消失殆尽，情绪、情感和思想的表达也会在群体作用下变得焦虑、冲动。促使公众在参与社会评价的活动中实现参与意识的觉

① 古斯塔夫·勒庞. 乌合之众：大众心理研究. 冯克利译. 北京：中央编译出版社, 2004: 16.

醒，是平衡舆论生态和提升舆论引导效果的客观要求。

一般而言，在已经出现的网络舆情事件中，公众更倾向于本能的选择和判断。在对社会舆论的高度关注的情况下，趋向于理性的表达，不但能使网络舆情事件朝着预先研判的路径发展，而且能使有关部门在面对舆情事件时，有更充分的时间去实施因应对策，更加高效、圆满地处理网络舆情事件。公众参与意识的觉醒是形成公众舆论理性表达和网络舆情事件得以解决的关键。任何一个网络舆情事件，在形成社会舆论的过程中，都少不了公众的高度关注和参与。新媒体时代，公众参与的渠道和方式更加多元，公众参与也成为网络舆情不断升温的条件，公众参与的猛烈程度和对事件的持续关注度，都呈现越来越高的趋势。公众舆论的理性表达，能使公众在参与的过程中提高自身的期望价值，并通过理性表达实现自我内在一致性的协调与平衡。在期望价值的驱动下，培养公众表达自觉与理性自觉的能力，促进公众参与意识的不断觉醒。

（二）公众舆论的理性表达能规范和净化网络空间

有效治理网络舆情事件，离不开公众舆论的理性表达。随着社会的进步和科技的发展，公众的媒介素养也必定会得到改善和提高。理性表达会越来越成为公众舆论的主要表现形式。群体极化、社会流瀑、网络暴力等负面现象，会在理性表达的影响下慢慢缓和并逐渐减少。公众舆论的理性表达能促使公众冷静客观地看待这件事情，为事件的进一步解决创设积极的舆论环境。又如，在“和颐酒店女生遇袭事件”中，公众舆论发出了理性的声音，达成了保护事件当事人的积极共识，“拒绝二次伤害”成为公众舆论表达的主流。

干净、规范、和谐的绿色网络生态会伴随着公众舆论的理性表达而形成。网络空间的理性与和谐会进一步迁移到社会公共空间中，且相互依存、相互影响、相互促进，使社会现实和网络虚拟趋向一致。

（三）公众舆论的理性表达能助力现实社会问题的解决

作为第四种权力的公众舆论，具有很强的监督力和引导力。新媒体时代，来自网络的公众舆论监督远远超过了传统媒体的力量。在“众人皆媒”的时代背景下，每个社会人都有条件成为社会问题解决的参与者和监督者。社会现实问题最终还是应该回归到社会现实中来，新媒体应成为公众舆论引导的有效工具，协助公众在培养理性表达的同时，担负起媒体应有的责任与义务。公众舆论的理性表达应成为解决社会现实问题自觉与有效的助推器。公众舆论的非理性表达会对他人的人身安全、名誉和利益造成巨大伤害。有的人甚至利用新媒体的开放性和隐匿性恶意制造谣言，增加社会现实问题的解决难度，破坏和谐社会的构建。

不论是从人到群体，从群体到社会，从社会各系统到社会各层次之间，还是延伸到整个国家与外部世界，人与其自身、社会和自然之间的关系，都离不开和谐。从微观到宏观，整体系统中各个层次的和谐无不需要理性的表达，理性表达是构建和谐社会的基础。从理性与非理性的本质来看，理性表达更倾向于意识范畴，这种意识是具有参照性的意识，不是凭空出现的，它需要通过全面了解、分析、判断和推理之后才会出现。公众舆论的理性表达是衡量公众媒介素养高低的重要指标。和谐社会的构建，在以人为本的概念框架下，需要具有较高媒介素养的公众成为社会参与的主体。在公众道德水平、媒介素养和自我赋权能力有机结合的条件下，助力社会现实问题的解决与和谐社会的构建，又为公众舆论理性表达的培养与塑造提出了更高的要求。

（四）公众舆论的理性表达有助于形成和凝聚社会共识

理性互动是达成社会共识的基础，科技赋权下媒介形态的不断演变，使公众体验到了新媒体时代新兴媒介的智能与便捷，其深刻地改变了人们的生产和生活方式。然而，新媒体多元化和去中心化的特征对形成和凝聚社会共识产生了消极影响，具体表现在三个方面：首先，网络直播、VR（虚拟现实）、AR（增强现实）等新兴技术在被使用的同时，给社会不同价值观的整合带来了巨大的挑战。面对海量信息，公众的选择权和使用权大幅增强，一些危害主流意识形态安全的舆论也伺机而入，削弱和分散了主流意识形态的传播力和影响力。其次，“人人皆媒”的便利，使公众随意、集中、自发的表达此起彼伏，充斥着网络空间，大大增加了舆论引导的难度。公众往往不注重对事实的分析，其感性化的表达与行为倾向给社会共识的形成和凝聚带来了挑战。再次，政务“两微一端”在回应社会关切的问题时，个人化的表达往往会引发社会舆论，继而可能造成群体极化、网络暴力和社会流瀑等负面现象。在一定程度上，不利于社会共识的形成和凝聚。

基于以上分析，我们认为，形成和凝聚社会共识需要依靠社会舆论的导向作用。从社会共识的内涵来看，社会共识是社会成员在交往互动的过程中，逐渐形成的对社会事物近似一致的看法，它是社会整体存在和社会协调发展的基础。在此意义上，可以把舆论理解为社会共识的特殊样态。那么，引导公众舆论理性表达会在一定程度上促进社会共识的形成与凝聚，尤其是在道德、文化、民主、法治等方面。要在公众舆论理性表达水平和表达质量的不断提升下，促进社会共识的形成和凝聚，最终实现积极社会心态的培育目标。

六、社会化媒体舆论引导其他实践要素及作用

在社会化媒体舆论引导的具体工作当中，由于现实问题的复杂性，也有很多其他重要的参与主体涉及当中，其中最主要的就是法律部门。在本书的访谈调研中，网信部门的人员就强调说：现实中的各类法律在网络空间同样适用，（在法律

层面）虚拟网络不虚拟。在网信办的职能部门架构中，基本都有设有网络安全和技术保障方面的职能部门，它们专门处理网络管理中的法律问题。社会化媒体的舆论引导虽然从理论来说不需要法律的强制介入，但是在具体实际工作中，网络安全部门、网监大队等却需要适时介入，为社会化媒体舆论引导的相关定性工作提供辅助和技术指导工作。

通过以上分析，我们可以看出，在社会化媒体舆论的具体引导实践当中，宣传部和网信办居于核心位置，起着管理和领导作用，主流媒体"两微一端"和各级各类政务"两微一端"具体发挥引导工作的主体作用和功能；各类媒体、各级职能部门、意见领袖、主要涉事方等为内容提供方，起着提供具体引导内容的作用。其中，各类媒体与职能部门与主流媒体"两微一端"和各级各类政务"两微一端"相同；普通公众和社会化媒体平台为引导具体对象，对社会化媒体舆论引导主体起着反馈等能动作用；公安网监大队等执法部门为支持部门，对社会化媒体舆论引导起着协助和辅助功能。总体来看，当前的社会化媒体舆论引导是基于行政管理的视角，以管为主，形成了线性的多元管理实践模式，具体见图 8-3。

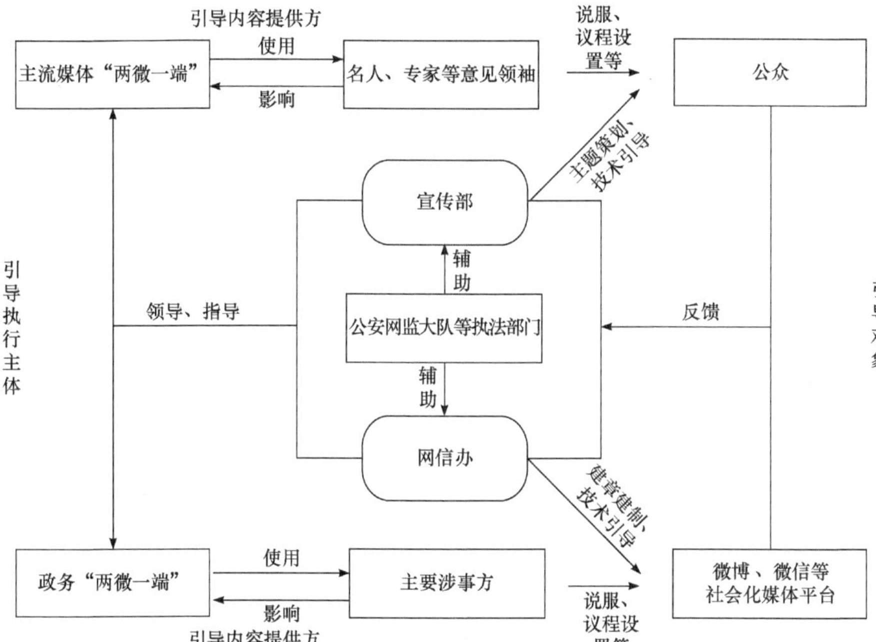

图 8-3　社会化媒体舆论引导多元管理实践模式框架

七、互联网思维对舆论引导的影响

互联网思维一直与互联网企业紧密相连，从 2011 年百度董事长兼首席执行官李彦宏最早提出"互联网思维"的概念，到小米科技董事长雷军的互联网七字诀——专注、极致、口碑、快，再到360公司董事长兼首席执行官周鸿祎总结的“用户至上、体验为王、免费商业模式和颠覆式创新”，互联网企业家多是从自身的商业实践中总结其所能包含的内容，多为经验之谈，难免失之偏颇。同时，学界尚未对“互联网思维”给予明确的定义，仅是从不同的角度出发对互联网思维的内涵做出不同的分类。比较有代表性的有：张英军和贾岳①从媒体实质性融合发展的角度，认为传统媒体以互联网思维转型升级，就要树立用户思维、极致思维、迭代思维、开放思维、扁平思维。潘国刚和郭毅②从信息技术与商业环境的角度，认为互联网思维更强调技术创新、竞争意识、规模效应和用户体验。姜奇平③充分考虑生产力、生产关系、生产方式和制度创新等因素，认为互联网思维是智慧式思维、社会化思维、低成本差异化思维、分享思维。

由于互联网思维的定义尚未形成统一意见，且目前的分类比较庞杂，本书仅从网络环境下做好舆论引导工作，纠正当前舆论引导工作的错位与偏差的角度阐释互联网思维对舆论引导工作的影响。

（一）受众思维是舆论引导工作的根本指导

这种思维是对商业领域的“用户至上”理念的传播学阐释，也是“以人为本”的最好注解。简而言之，受众思维是以受众为中心的思维，一切从受众出发，一切以受众为本。互联网思维下的“受众”与其说是传播过程的接受者，倒不如说是“顾客”“用户”，他们拥有充分的自主权和判断力，受众的主体意识被唤醒。互联网时代，受众轻点鼠标，各种所需要的信息便纷至沓来。在掌握足量信息的前提下，受众运用自己的经验、知识做出自己的判断，受众不再是“发发命中的靶子”，而且“全民皆记者”，受众通过网络轻而易举地传播这种判断，尤其是带批判性的判断，碎片化的认识在互联网平台上集聚成束，极易形成舆论。舆论引导的目标是通过言语沟通或其他方式的沟通去影响自己和他人的行为，引导自己或他人按照一定的方向行动④，最终落脚点还是人，是对人的影响。因此从目标层面上来看，舆论引导和互联网思维有异曲同工之妙。学者喻国明和杨晓燕指出，长期以来，舆论引导具有一厢情愿的主观主义思维，“只是单方面地考虑了引导者引导的目标追求，……忽略了构成引导过程的其他社会主体的价值实现和目标追求，在相当程度上把舆论引导目标的达成，理解为是一种单向施动、‘我打你通’式的‘注射’过程”⑤。

---

① 张英军，贾岳. 以互联网思维推进媒体实质性融合发展. 中国记者，2014(7): 18-20.

② 潘国刚，郭毅. “互联网思维”产生的原因和特征研究. 互联网天地，2014(5): 44-46.

③ 姜奇平. 什么是互联网思维. 互联网周刊，2014(9):70-71.

④ 张迈曾，李明德. 导向论. 西安：西安交通大学出版社，2009: 8, 1.

⑤ 喻国明，杨晓燕. 目标设定的兼容与资源配置的优化——试论舆论引导的选择性操作. 青年记者，1997(6): 7-10.

互联网环境下的舆论引导工作应该是以受众思维为根本指导，全面深入地认识受众个体的导向需求和价值追求，想受众之所想，急受众之所急，在寻求和达成共识的基础之上，消解社会疑虑和不满。

（二）迭代思维是舆论引导工作的必要条件

迭代思维即快速反应思维，是对各类信息，包括事态发展、受众诉求的及时接收、处理和发布。互联网思维是关注信息流的思维，凡是加快信息流动的做法都是符合互联网思维的做法。人们对信息的刚性需求永远不会消失，而信息又是变化流动、不断更新的，尤其是在这样一个信息爆炸的“速度年代”，信息不仅多样，而且变化速度快。互联网环境下做好信息的及时更新是做好舆论引导工作的必要前提。另外，公共舆论空间中存在着大量的民众诉求和民智，在舆论引导工作中运用迭代思维，就要对民众诉求做出及时回应和适当满足，及时汲取民智，扩充舆论容量，稳定民众情绪。小米科技通过网络销售的纯线上方式，快速地与用户互动，获得反馈，不断改进产品性能，打造出超出用户想象的极致产品。从舆论引导角度来看，在当今信息渠道多元化的情况下，如果受众得不到信息的满足或者不能及时得到消息，抑或不能及时得到较充分的消息，就会诉诸其他各种渠道直至信息需求得到满足。在这一过程中，如果受众“先入为主”地得到不真实的信息，或者被心怀不轨者利用，就极易形成负面舆论一边倒的危险局面。

（三）大数据思维是舆论引导工作的全新方式

互联网时代，无论是人与人、人与物，还是物与物的任何一个环节，所截取的数据都是海量的，这些数据就是信息。零散的信息或许没有价值，但是一旦聚沙成塔就迥然不同了。《大数据时代》的作者维克托·迈尔—舍恩伯格指出，大数据带来的信息风暴正在变革我们的生活、工作和思维，大数据开启了一次重大的时代转型。大数据带来的是一场思维变革，继而影响商业变革和管理变革。他认为大数据的核心是预测，大数据将为人类的生活创造前所未有的可量化的维度。大数据已经成为新发明和新服务的源泉，而更多的改变正蓄势待发。阿里巴巴通过对海量交易数据的测算，可以预测中国经济的走势、总结不同消费群体的特点，这些都是以往商家梦寐以求却不得而知的信息。当前舆情复杂化、多元化，必须通过庞大的信息数据来做好舆情的监测和研判。舆情系统的风险预警应建立在对社会舆情大数据进行充分的数据挖掘、分析和研判的基础之上。

（四）融合思维是舆论引导工作的新常态

互联网技术作为全新的、系统的观念、思路、方式和手段，给我们带来了第三次工业革命和第四次传播革命，打破了原有产业之间的界限，产业之间的融合得以实现。从哲学角度来说，21 世纪的思维变革就是融合与跨界。互联网思维本身就是融合思维的典范，是当代高新科技与文化创意跨界融合的新创造。巴菲特的合伙人查理·芒格认为这种思维是“锤子”，有了这个锤子，人们就会砸开现实中不同产业、行业的壁垒，在更宽广的视野中寻找能“链接”的思维灵感。互联网时代，产业之间、行业之间的界限渐渐模糊，只要能为我所用、创造价值，都可以被吸纳，舆论引导工作亦是如此。近些年来，一直备受关注的媒介融合，用互联网思维来看，其本质应该是产业界限被打破的产业融合。融合发展是互联网时代提高舆论引导力的重要时代命题。没有传统媒体和新媒体融合的新型传播渠道和平台，就无法生产符合不同媒介需求的内容，无法满足受众的信息需求，不能将受众更加紧密地联系在一起，传播力、公信力和影响力也就无从谈起。

第三节　优化：社会化媒体舆论引导创新模式——基于协同论的视角

一、研究综述和理论依据

国内学者有关舆论引导模式的研究成果主要是基于不同学科视角与理论角度的结论。戴继红和朱洪洁根据舆论引导的现实情况，将新闻舆论引导总结为单向传播引导模式、双向传播引导模式和整合传播引导模式三种①；王宏江和郭晴以北京奥运会为例，描述和总结了重大国际赛事中政府舆论引导在引导理念、政府和媒体关系、舆论引导制度以及策略方法上的创新，认为应该在透明、开放、灵活以及服务等多个方面建构新的政府舆论引导创新模式②；巢乃鹏以“躲猫猫”事件为例，总结出中国政府舆论引导正在从简单对抗模式向主动协商模式转变③；王本刚等从引导主体的角度出发，总结出新媒体平台引导模式、政府新闻发言人引导模式、新闻内容引导模式、意见领袖引导模式和客户端引导模式等 5 种新媒体环境下的舆论引导模式④；刘玉奇以协同论为理论基础，从政府、媒体和公众

① 戴继红，朱鸿洁. 浅议新闻舆论引导的几种模式. 新闻实践，2006(5): 56-57.

② 王宏江，郭晴. 重大国际赛事政府舆论引导模式创新研究——以北京奥运会为例. 成都体育学院学报，2009, 35(12): 1-6.

③ 巢乃鹏. 从“对抗”到“协商”——以“躲猫猫事件”为例探讨政府网络舆论引导新模式. 编辑学刊，2009(5): 33-37.

④ 王本刚，何俊伟，张丽萍. 新媒体环境下的政府传播与舆论引导模式. 东南传播，2010(2): 9-13.

三个维度提出广播电视媒体的舆论引导框架，并以此从信源角度、政府角度、传媒角度和公众角度构建了不同广播电视媒体的舆论引导模式[①]；武超群以高校群体性事件为研究对象，从危机公关的角度分析了 Web 2.0 时代高校突发事件舆论引导“危机前预警”“危机中应急处理”“危机后修复”的危机处理舆论引导模式[②]；许正林通过对新媒体环境下的舆论传播特点进行分析，归纳出三种新媒体环境下的舆论引导模式，即主动性舆论引导与价值释放、监测性舆论引导的把关监测与控制和被动性舆论引导的危机应对与公关。[③]

以上研究为本节中社会化媒体舆论引导模式的提出提供了思路和借鉴，特别是对广播电视媒体舆论引导模式的总结研究可以为本书提供基本思路和方法论基础。但是，对社会化媒体舆论引导模式的总结尚没有基于实践的系统总结和研究，这也为本书提供了空间和机遇。

协同论是系统论、控制论、信息论后的又一系统科学理论。协同论认为，任何复杂系统既有独立的运动，又有相互影响的整体的运动。当各子系统相互协调、相互影响、整体运动占主导地位时，系统呈现有规律的有序运动状态，即“系统协同作用”[④]。

舆论本身可以视为一个系统，舆论传播的过程可以视为一个系统的具体动作过程，而舆论引导也可以视为一个包含要素和结构的系统过程。本书在舆论引导基本类型总结的基础上，试图以舆论引导具体实践为基础，通过对社会化媒体舆论引导系统结构要素的梳理和归纳，以协同论为基本原理，整理并总结出符合社会化媒体舆论引导最佳效果要求的舆论引导模式。

二、具体分析与构建

从协同论的角度出发，根据当前社会化媒体舆论引导的发展现状和现实困境，我们可以进一步分析和提出创新性的社会化媒体舆论引导模式。

（一）逐步转变社会化媒体舆论引导实践理念

当前的社会化媒体舆论引导是一种基于管理理念的模式，日常重视监测监管，一旦出现问题则讲究危机管控。这种模式的优势是集中管理、有的放矢，但是劣势也很明显：一是容易受制于舆论事件发展，比如，如果短时间内舆论危机较多且峰值较高，那么将容易出现管理资源结构性短缺现象，形成管理缺位酿成不良

① 刘工奇. 基于协同理论的我国广播电视舆论引导模式研究. 华中师范大学硕士学位论文, 2011.

② 武超群. 高校“群体性事件”的网络传播路径及舆论引导模式. 现代视听, 2013(3): 18-23.

③ 许正林. 新媒体环境下舆论引导的特点与运作模式. 徐州工程学院学报(社会科学版), 2015, 30(3): 81-91.

④ 赫尔曼·哈肯. 协同学: 大自然的构成的奥秘. 凌复华译. 上海: 上海译文出版社, 2005.

后果；二是容易受到行政效率约束，一旦效率不高很容易造成引导缺失。

为了避免上述缺陷，在社会化媒体舆论引导中应完成以下三种理念转变。

一是管理理念向传播理念的转变。传播规律是舆论引导过程中应遵循的基本规律。马克思主义认识论和实践论强调在认识和实践当中对客观规律的认识和尊重，我们的舆论引导工作同样应该尊重舆论的传播规律。传播是个系统过程，所以我们要尊重传播过程当中的传播主体、内容、渠道、客体和效果等各个方面。特别是对社会化媒体的舆论传播来说，其更容易在不受控制的情况下完成萌芽生成到爆发高涨再到消退消亡的演化过程，所以我们更应该把社会化媒体的舆论及传播当作整体看待，这有利于我们整体和系统把握舆论及舆论传播本身，从而更好地做好社会化媒体的舆论引导工作。

二是行政理念向服务理念的转变。对舆论内容提供者的社会化媒体平台等，使用技术性引导方式，诸如行政命令删帖、屏蔽等，仅能使网民的行为符合官方要求，却不能使他们的观念和态度得到根本改变。所以，社会化媒体舆论引导施动方在转变观念，对网络新媒体等给予服务和支持，良性引导网络舆论。

三是意识形态理念向法律理念的转变。网络意识形态斗争的确存在，但是网络意识形态绝不是我们舆论引导的全部和核心，特别是对社会化媒体平台来说更是如此。随着网民媒体素养的提高，一些明显带有意识形态色彩的言论很容易不攻自破。相对应的，依法治网却是当务之急。只要依法治网在舆论引导中得到普及，以法律为准绳，以事实为根据，就可以避免网络空间中的一些无谓之争，降低行政成本，提高舆论引导效率。

（二）协同优化社会化媒体舆论引导实践过程

第一，构建社会化媒体舆论协同引导平台。根据协同论中的自组织理论，本书认为社会化媒体“两微一端”平台和网站、广播电视和纸媒形成一定的媒体结构关系，它们相互之间通过评论、转载等形式形成一定的媒体系统结构，从而相互联系、相互影响，共同发挥对社会化媒体平台上的舆论内容、舆论传播的引导作用，这些媒体之间具有自组织的特性，可以发挥 1+1>2 的协同效应。要打造这样的协同引导平台，政府主管部门要从“家长”式管理变为“董事会”式支持，让社会化媒体的媒体特性得到一定程度发挥，围绕主流媒体“两微一端”和政务“两微一端”构建协同引导媒体平台。

第二，建设社会化媒体舆论引导管理协同中心。协同论认为，系统相互有序协作可以自发地形成有序的系统结构，进而发挥其结构功能。在社会化媒体舆论引导中，媒体系统构成主要的协同引导平台，政府部门之间也必须形成相应的管理协同平台，更好地为协同引导平台提供支撑和服务。在这样的协同管理中心中，宣传部和网信办主管政策制定、技术支撑等，司法机关提供法律援助，各级职能部门进行信息报送并推动具体事项解决。

第三，建设社会化媒体舆论引导制度体系和法律体系。协同论的序参数效应认为，只有有序的结构才能发挥出其协同效应。根据这一原理，在社会化媒体舆论引导中，应该首先建立基本的规则和制度体系，以及相应的法律法规体系，以保证舆论这一系统依规合法有序发展。同样，社会化媒体的舆论引导管理也应建立一整套的管理制度体系和法律体系，从而为社会化媒体舆论的协同引导提供基础性保障。

依据以上分析，我们重新组合和分配社会化媒体舆论引导实际工作中的各要素及功能，形成新的社会化媒体舆论引导协同发展实践模式。在这一模式中，社会化媒体作为舆论引导的直接执行者：主流媒体“两微一端”和政务“两微一端”居于核心，并与其他各类媒体共同构成舆论协同引导平台；宣传部、网信办、公安部门及其他政府各职能部门共同构成社会化媒体舆论引导协同管理中心；公众和社会化媒体机构作为舆论协同引导的第三级发挥能动的信息反馈等作用；健全的规章制度和法律法规构成社会化媒体协同引导的基础保障（图 8-4）。

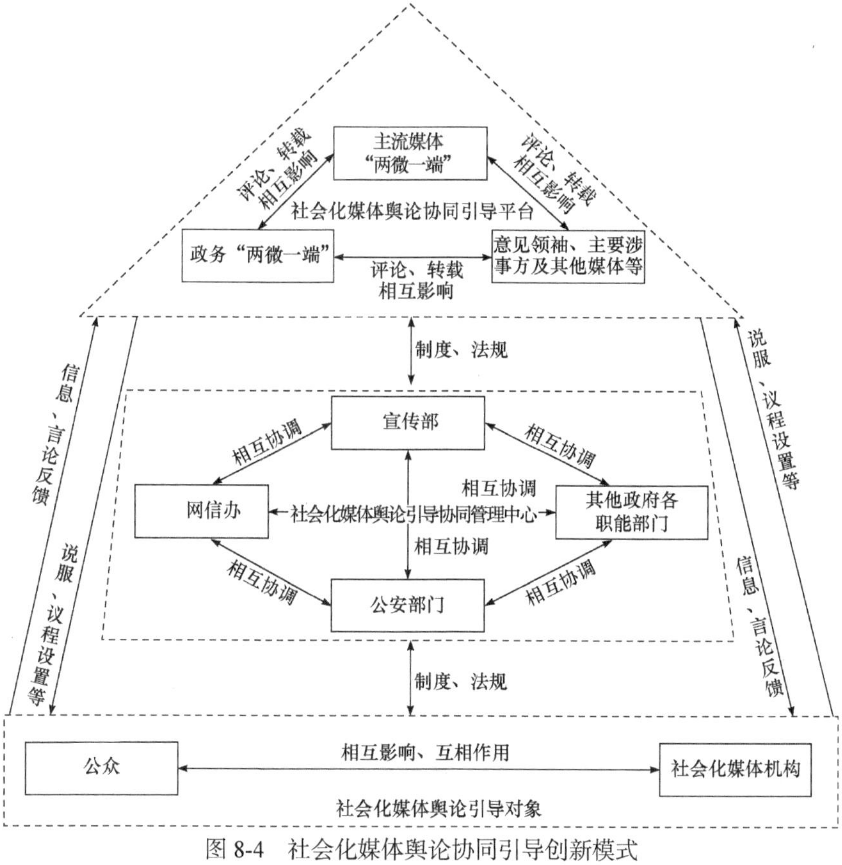

图 8-4 社会化媒体舆论协同引导创新模式

（三）逐步实现新媒体时代公众舆论理性表达

缺乏理性思维的社会不是一个稳定的社会，缺乏理性表达的社会舆论有可能会给国家和社会带来危害。开展公众舆论理性表达的培养活动，是积极引导公众树立理性意识与理性思维的有效方式。要培养公众独立思考的能力，使其达到政治成熟，而不是在人云亦云中失去方向，随波逐流。实现公众理性表达的自觉，还需要积极回应社会关切问题，及时有效地发布权威信息。公众对舆情事件了解得越全面，获得的权威机构解读越多，就越容易养成理性的思维模式。在现实生活中，主流媒体应通过相关知识对公众进行教育与引导。培养他们辩证看待问题的能力，在遇到没有弄清事实真相的舆情事件时，不贸然下结论，减少他们的非理性行为，切实提高舆论引导的效果和水平。

第一，确立公众舆论理性表达的逻辑基础。在以人为本的概念框架下，舆论引导应当充分理解和尊重公众的认知类型、情感特征以及公众的精神需求，关注他们生存的环境，以及人们在面对社会变革时切实遇到的困难。随着社会经济水平的不断提高，公众对精神层面的需求会逐渐高于对物质层面的需求。新媒体时代，在微博、微信和各种开放平台上形成的社会舆论场，会减弱公众独立思考的能力，如果引导失误，在特殊的情境中，很有可能会引发由群体意识较低而造成的公众思想上的混乱和舆论震荡。培养和塑造建立在公众态度、信念和情绪情感基础之上的公众舆论理性表达，需要转变传统引导和内部引导方式，确立以人为本的培养思路。

此外，舆论往往是在社会出现重大变革和面临重大社会问题时才产生的，解决公众在现实生活中的实际问题，是对社会舆论进行有效引导的一把钥匙。如果不从实际出发，不解决实际问题，再晓之以理，公众也不会遵从，还会适得其反，引起公众的逆反心理。以人为本的培养思路，是公众舆论引导的正确逻辑，是实现公众建立合理认知，促进态度转变，传递良好情绪情感的有效方式。

第二，建构公众舆论理性表达的引导模式。实施公众舆论理性表达的引导与教育，促进公众参与意识的觉醒，需要转变传统的舆论引导方式，进行引导模式的创新。在传统的舆论引导模式中，媒介与社会权威是引导的主体，公众是信息的被动接受者和被灌输者，在社会舆论场域中处于被管理和被控制的地位。因此，舆论引导需要因势利导，让公众在心理层面上主动、自觉地接受引导者的观点，继而改变自己的态度，形成理性表达和理性行为倾向。行之有效的舆论引导模式要求媒介与社会权威从外部情境转向情境共存，不再是旁观的专制者，而成为情境内部的指挥者，成为培养公众舆论理性表达活动的参与者、组织者和促进者，从而培养公众积极的态度、合理的信念和良好的情感。行之有效的公众舆论理性表达引导模式，是要符合舆论引导规律，通过参与活动促使公众产生共同的需要、共同的情感和共同的意志。例如，可以利用社区活动或手机 APP，以多种形式、多种渠道来引导公众进行理性思维，并运用一定的知识来培养公众的理性意识和理性自觉。社会的转变和重建最终要落实在人格的转变上，一个社会的重建离不开对个人思维方式的改造，改造社会的根本是改造人。[①]因此，对人的改造，对理性思维的培养和塑造不是一蹴而就、轻而易举的，而是长年累月、积日累久的过程。

第三，形成公众舆论理性表达的有效机制[②]，是人在认知过程中的自我设定，这些都影响着社会信息的加工，以及人们对世界的感知和对自己与他人的评估。在“自我图式”这一特殊信念的构成中，积极正向的心理暗示是人们建构可能自我（possible selves）的有效途径。Markus 认为，人们的可能自我来自两个方面：一方面是期待的自我，是成功的、有能力的自我；另一方面是失败的、失落的自我。这两方面可能的自我会激发出一种人们渴望的生活愿景。在心中形成强烈的暗示，激励人们努力实现渴望的自我，尽量避免失败的自我。了解自己的感受，理性评价他人与自我，是新媒体时代，虚拟、交互的互联网空间给人们带来的挑战。由此可见，形成公众舆论理性表达的有效机制，需要研究自我意识之于心理暗示的强大作用。

受暗示性是人无意识的自我保护和习得能力，人的观念、情绪、判断和态度会在心理暗示的影响下发生转变。人类时刻都在接受暗示，受暗示性是人的本能。尤其是在特定的场域中，已经形成的公众舆论会对参与其中的人形成强有力的暗示作用，比如“山东问题疫苗事件”对亲子社会群体的暗示作用。当公众看到这则新闻时，信息内容会进入人们的潜意识。事件发酵升温，会在人的潜意识中积累下来。对于亲子社会群体而言，“如果注射了问题疫苗，对于婴幼儿来说，不但起不到应有的预防作用，而且还会使其产生不良反应，甚至受到不可逆的伤害”。这些信息会储存在人们的潜意识中，每当给孩子打防疫针时，亲子社会群体就会受到“问题疫苗会给孩子带来伤害”的心理暗示。焦虑、消极、愤怒的负面暗示会影响到人们的自我图式，产生不合理信念，继而产生非理性的表达与行为，如图 8-5 所示。

就人所生存的环境而言，公众舆论为人们提供了意见表达的无形场域，新媒体为人们提供了交流互动的虚拟空间，不论是哪一种外部环境，都会在人的潜意识中存储大量信息。积极正向的心理暗示，会通过潜意识的大门，把潜意识的存储转换成意识的信念，继而使人们在一定的知识经验和文化背景中，形成选择性

---

① 卡尔·曼海姆. 重建时代的人与社会：现代社会结构的研究. 张旅平译. 南京：译林出版社, 2011.

② Markus, H. Self-schemata and processing information about the self. *Journal of Personality and Social Psychology*, 1977, 35(2): 63.

的有意注意，通过片面感知觉的判断与分析，构成人的整体知觉，使行为具有积极的倾向性，最终生成理性行为。

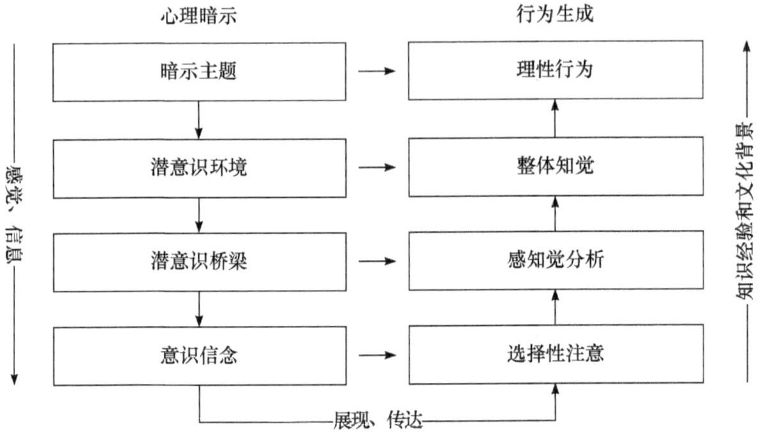

图 8-5　暗示-行为层次结构

综上所述，公众舆论理性表达的实现路径，需要在“确立逻辑基础—建构引导模式—形成有效机制”这一框架下，进行具体实践。培养和塑造公众运用积极心理暗示的能力，强化公众舆论理性表达的意识，按照一定层次结构生成理性行为，使公众在舆论表达的场域中建构“积极的可能自我”，从而提升公众的认知水平，形成良好的认知风格。在此基础上，公众舆论理性表达，不论是在虚拟的网络空间中，还是在现实的生活中，都应形成理性自觉与良性循环，并最终促成公众参与意识的觉醒，达成社会共识，形成良好的舆论生态，助力现实社会问题的解决。

【理论拓展】

新时期新闻宣传工作重要论述

信息化为我们带来了难得的机遇。我们要运用信息革命成果，加快构建融为一体、合而为一的全媒体传播格局。

我多次说过，正能量是总要求，管得住是硬道理，现在还要加一条，用得好是真本事。媒体融合发展不仅仅是新闻单位的事，要把我们掌握的社会思想文化公共资源、社会治理大数据、政策制定权的制度优势转化为巩固壮大主流思想舆论的综合优势。要抓紧做好顶层设计，打造新型传播平台，建成新型主流媒体，扩大主流价值影响力版图，让党的声音传得更开、传得更广、传得更深入。

网络是一把双刃剑，一张图、一段视频经由全媒体几个小时就能形成爆发式传播，对舆论场造成很大影响。这种影响力，用好了造福国家和人民，用不好就可能带来难以预见的危害。要旗帜鲜明坚持正确的政治方向、舆论导向、价值取向。在信息生产领域，也要进行供给侧结构性改革，通过理念、内容、形式、方法、手段等创新，使正面宣传质量和水平有一个明显提高。

准确、权威的信息不及时传播，虚假、歪曲的信息就会搞乱人心；积极、正确的思想舆论不发展壮大，消极、错误的言论观点就会肆虐泛滥。这方面，主流媒体守土有责，更要守土尽责，及时提供更多真实客观、观点鲜明的信息内容，牢牢掌握舆论场主动权和主导权。主流媒体要敢于引导、善于疏导，原则问题要旗帜鲜明、立场坚定，一点都不能含糊。

要使全媒体传播在法治轨道上运行，对传统媒体和新兴媒体实行一个标准、一体管理。主流媒体要准确及时发布新闻消息，为其他合规的媒体提供新闻信息来源。要全面提升技术治网能力和水平，规范数据资源利用，防范大数据等新技术带来的风险。

我们要把握国际传播领域移动化、社交化、可视化的趋势，在构建对外传播话语体系上下功夫，在乐于接受和易于理解上下功夫，让更多国外受众听得懂、听得进、听得明白，不断提升对外传播效果。

现在，国际上理性客观看待中国的人越来越多，为中国点赞的人也越来越多。我们走的是正路、行的是大道，这是主流媒体的历史机遇，必须增强底气、鼓起士气，坚持不懈讲好中国故事，形成同我国综合国力相适应的国际话语权。

总之，媒体融合发展是一篇大文章。面对全球一张网，需要全国一盘棋。各级党委和政府要从政策、资金、人才等方面加大对媒体融合发展的支持力度。各级宣传管理部门要改革创新管理机制，配套落实政策措施，推动媒体融合朝着正确方向发展。各级领导干部要增强同媒体打交道的能力，不断提高治国理政能力和水平。①

——2019 年 1 月 25 日，习近平总书记在十九届中共中央政治局第十二次集体学习时发表重要讲话

① 习近平. 加快推动媒体融合发展 构建全媒体传播格局. http://www.qstheory.cn/dukan/qs/2019-03/15/c_1124239254.htm. (2019-03-15)[2020-01-05].

第九章 社会化媒体舆情中泛政治化现象的动力机制与因应策略

舆情是社会变化的测度计，网络作为兼具开放性、匿名性和互动性的社交平台，是社会现实的晴雨表和减压阀。当社会舆情映照到网络空间就形成了网络舆情，通过网络舆情、舆论既能够透视社会变革大局，也能把握社会舆论温度。《2018年中国互联网舆论分析报告》专门指出，目前意识形态斗争在我国线上、线下舆论场上日益复杂，许多社会问题、偶发事件在“有心”人士的煽动下被涂上浓重的政治色彩；即使在仅仅关涉经济文化发展、科技教育改革、文学艺术变化等诸多与政治议题几乎毫无关联的领域，也会被冠以政治化思维和逻辑，强行与政府、政党或体制问题挂钩，进而做出泛政治化解读。“泛政治化”在匿名性、互动性极强的网络舆论场上已成为一个愈加普遍的倾向。若不能对其进行良好的引导和控制，“泛政治化”作为一种舆论生态的非平衡状态，很有可能会演化为一系列的现实矛盾或冲突，从而导致一些极端行为的发生，甚至威胁到社会的正常秩序。

因此，有必要在阐释网络舆情泛政治化内涵、分析其作用表现、解构其现实影响的基础上，探究网络舆情泛政治化现象形成与发展的动力机制，并提出有针对性的因应策略。

第一节 泛政治化概念阐释

“泛”有普遍、滥用之意，所谓“泛化”是指把事物的特殊性质普遍化，把有限作用扩大化。泛政治化，其核心是指把政治性因素的有限作用扩大化，增加政治关注的“程度”或“强度”，以远远超出正常性政治认知范围的方式来讨论社会现实中诸多现象与问题，大大增强政治因素在事件解读或问题处理过程中的作用与强度，将政治因素的特殊作用加以普遍化与强化的一种认知范式。

目前学界有关泛政治化的研究与探讨尚处于初始阶段：有部分关于泛政治化基本性的理论研究，如针对泛政治化，安东尼·吉登斯提出了“生活政治”概念，旨在探讨人们如何在现实生活中解决遇到的公共性政治问题和实现自我生活方式的选择。[①]朱承在“生活政治”的基础上，根据中国特殊国情，分析了泛政治化

① 安东尼·吉登斯. 现代性与自我认同：晚期现代中的自我与社会. 夏璐译. 北京：中国人民大学出版社, 2016.

的形成过程，认为生活政治是政治因素通过负载政治权力、秩序价值等观念主导公众纯粹的私人生活，既能促使人们自觉接受良性的政治意志“收拢人心”，也可以迫使公众负面化地解读政治环境，进而趋于泛政治化。①

也有一些关于泛政治化的治理机制研究，如虞崇胜和舒刚主要从政治安全与网络舆情治理的关系视角，提出规范网民政治参与和舆论政治性引导的必要性，进而有效应对社会转型期的各种挑战。②倪荫林和王淑萍从权力生成机制、法规政策决策生成方式和管理过程的开放、民主性角度提出了网络时代的“官民关系”变迁及其对政治生活的变革要求。③

还有少数研究则主要涉及泛政治化在思想政治教育、文学作品等不同具体关涉主题方面的应用，如刘五景从政治与教育的关系角度，具体讨论了教育过程中出现的泛政治化现象，并提出通过摆脱“非此即彼”的政治性思维定式的消解途径。④徐振宇和龚谨基于农村集体产权制度视角，认为农村居民观点与政治因素的过度挂钩，主要是农地集体产权陈旧政治化观念和既得利益群体逐渐固化综合作用的结果。⑤张霁月则主要从灾难型影视作品中归纳分析了传统文化与社会主流观念影响下中国灾难电影长期以来形成的“泛政治化”的叙事成规。⑥

梳理文献发现，当前学界关于“泛政治化”现象的探讨，无论是基础性的理论分析还是实践性的案例解读都较为分散，系统深入的理论研究相对匮乏，关涉范围和主题也十分有限。本书所提到的泛政治化是在学习借鉴学界既有讨论的基础上，重点解读网络舆情视域下的泛政治化现象，认为网络舆情中的“泛政治化”是指在网络舆论场中，公众对于一些舆情事件的产生因素、发展过程乃至最终结果的认知与解读往往超出了一般性、常规化的政治性关注“程度”或“强度”。尤其是当舆情事件关涉政府、政党、政治人物等政治性主体时，公众针对政府、政党特别是执政党及政治体制等关联因素的批评与质疑之声常常涤荡舆论场，以至于极个别者浑水摸鱼，不惜故意忽略客观真相，歪曲乃至捏造事实来煽动、激化“围观”群众的政治批判情绪。

---

① 朱承. 论中国式“生活政治”. 探索与争鸣, 2014(10): 90-93.

② 虞崇胜, 舒刚. 社会转型期网络舆情治理创新——基于政治安全的视角. 行政论坛, 2012, 19(5): 1-8.

③ 倪荫林, 王淑萍. 网络时代的官民关系变迁及其对政治生活的变革要求——基于历史唯物论的考察兼论网络舆情的应对. 广西社会科学, 2012(8): 1-4.

④ 刘五景. “泛政治化”“去政治化”抑或“中性化”——对政治与教育关系的再思考. 河南师范大学学报(哲学社会科学版), 2011, 38(1): 239-243.

⑤ 徐振宇, 龚谨. 农地“泛政治化”、集体产权与扩大内需. 经济体制改革, 2012(1): 80-83.

⑥ 张霁月. 从泛政治化叙事到多元探索: 中国灾难电影研究. 新闻界, 2014(6): 50-53.

第二节　社会化媒体舆情泛政治化的表现

社会化媒体舆情中泛政治化的关涉对象主要是政府、政党和政治体制等，部分网民通常以怀疑、否定、恶搞等思维，通过不断质疑、恶意拷问等方式来对政府公信力、执政党权威性和政治体制适宜度等问题进行敏感泛议、逆向解读甚至造谣污蔑。政治性议题认识失当，会误解甚至反向认知政治主体。在公众对一些关涉政治人物、政府等政治因素的议题及其内涵、舆情事件发生过程及其细节获得足够全面的了解与认识之前，由于政府等相关政治主体作为公权力的执行者相对处于强势地位，在刻板印象、既往经验的作用下，普通民众往往很容易对政府活动、官员行为进行相对武断的负面认知或做出否定判断，从而引发误解甚至存在将消极负面的特性赋予政府等政治主体的偏向①，在无形中增加了公众舆论对于相关议题、舆情事件进行政治关注的“程度”或“强度”，泛政治化的讨论由此产生甚至扩大。譬如在涉官事件的舆论中，网民对官员角色、言论、行为和责任的认定通常都倾向于错误的一方一定是官方，一味号召严厉惩处涉事官员，而不顾民众的非合理诉求和非法行为。此外，对于政府颁布的一些旨在为社会整体服务的良性公共政策，部分网民也常常将其认定为政府为了满足局部群体、少数个人的私欲而罔顾社会大众的举措，如为缓解交通拥堵和提高行政效能，宁波市人民政府经过论证后出台了机关单位临时错时上下班政策，虽然实际调研发现，这并不会过多影响群众办事，但政策一经提出还是立即受到网民的巨大质疑，认为是政府变相为公务员谋福利。

第三节　社会化媒体舆情中泛政治化现象的影响

“泛政治化”作为政治社会化谱系下的一种极端化现象独立存在，在政权更迭、社会动荡等特殊时期确实能起到推动政治嬗变和团结社会成员政治认同感的作用。但在常态社会背景下，尤其是在信息化时代，社会化媒体舆情的泛政治化却是弊大于利的，因为随之而来的是过多的政治性约束因素，将严重制约社会非主流思想的传播，抑制社会活力，不利于社会功能的充分发挥和长远发展。

一、加剧舆论的片面化、情绪化和极端化

泛政治化现象的影响力在群体极化作用下会愈发强劲。舆情的泛政治化讨论，

① 方付建. 网络舆论中网民反向认知现象研究. 情报杂志, 2015, 34(6): 100-103, 120.

不仅会直接催生公众的片面化舆论，更会激发和强化更多个体对泛政治化的认同感，形成恶性循环。网民对政府的反向认知是网络舆情泛政治化重要的助推因素。当公众以“反向认知”和“凡是思维”来比照社会现实中公权力机构和人员的言行举止之时，在刻板印象和群体极化作用下，很容易形成偏见性认知或误读，当这些片面性、情绪化、极端化的特质表达体现在网络舆论场上，会诱导群众及其舆论逐渐偏离理性与辩证分析，从而为社会的动荡不安埋下隐患。

二、诱发政治性裂痕和政治不信任

信息化时代，传播技术的社会化发展、传播权力的群众化回归，不断考量着政府各项决策的智慧、能量和胆识，稍有不慎就会引发舆情危机甚至次生舆情灾害。网络舆情泛政治化现象的过度发展，会大大削弱社会公共权力机构的公信力与权威性，甚至会使公众产生诸如“欺骗公众、贪污腐化、作威作福”的反向认知，形成固定成见，必然会影响到官员的政治形象、党和政府的政治倡导能力和政治威信。长此以往，势必会影响社会的长治久安。

三、加剧公共治理的难度

如若公众以一种泛政治化下的政治偏见来审视社会，对政府等官方制定的公共政策强烈质疑、漠视甚至有意识地“反叛”，就会使得权力机构试图通过公共政策进行社会治理的行动遭受挫折，进而诱发公共政策合理性争辩和执行性危机。[①]即使权力机构在某些情况下为迎合公众的泛政治化心理而进行政策性妥协与修正，舆论偏见下的公共治理依然会显得极其困难。

四、社会化媒体舆情泛政治化的动力机制

动力即推动事物发展变化的驱使力或原因要素。网络舆情泛政治化的动力机制，指的是驱使社会化媒体舆情泛政治化现象形成或消解的所有推动力要素以及各个要素之间互相关联的作用体系。[②]

可以看出，社会化媒体舆情泛政治化的动力机制由形成机制与消解机制共同构成，根据泛政治化现象的形成与消解两种状态以及不同要素所起到的作用力性质的差异，我们把一切促使社会化媒体舆情泛政治化现象形成的作用力看作正向动力；反之，阻碍其形成的作用力就是逆向阻力。充分掌握网络舆情泛政治化的动力机制，把握其形成的动力与阻力因素，才能提出有针对性的措施以实现调控目标。

---

① 雍天荣. 警惕“群体逆反”心理催生伪改革. 人民论坛, 2013(19): 60-61.

② 史波. 网络舆情群体极化的动力机制与调控策略研究. 情报杂志, 2010, 29(7): 50-53, 69.

（一）社会化媒体舆情泛政治化的正向动力因素分析

造成社会化媒体舆情泛政治化现象的因素包括多个方面，既有传播权力转移与网络信息碎片化传播的驱动，也有公众非理性表达的诱发。对这些促进性因素进行分析，有助于进一步找出网络舆情泛政治化的规律从而提高应对措施的有效性。

1. 网络技术更迭下传播权力的转移

传统媒介的传播场域下，政府把控着对各种舆情事件的报道权，出于维护自身公信力与权威性的考虑，政府有时会进行过滤性、选择性的信息传播。在这种被动式、单向化模式下，广大民众对社会舆情事件的关注程度十分有限，相关的话题讨论也在政府可控范围之内。然而信息化时代，以互联网为代表的新兴信息传播技术快速发展，媒介日趋社会化与个人化，传播资源也快速泛社会化、全民化，包括传播权力在内的部分社会权力开始由官方回归民众，这不仅彻底改变了传统的传播方式和舆论格局，更将网络的民意显示与舆论汇聚功能发挥到极致，传统的媒体形态、传-受关系也发生颠覆式改变。这也为网络舆情的泛政治化现象的形成提供了技术条件。新媒体环境下“人人都有麦克风”，媒介环境更加开放，公众言论更加自由。

2. 眼球效益下媒体信息的碎片化传播

新媒体时代，在互联网舆情互动性、大众化双向传播模式下，一方面网络信息的海量供给超出了个体独立处理信息的能力范围，受众的阅读需求趋向快餐式认知；另一方面，随着媒体间竞争加剧，部分媒体为抢时效、追求“眼球效益”，提取博人眼球的故事片段大肆炒作，甚至不惜背离事实的初始真相、抛弃行业准则而“匆忙发声”，碎片式传播的同时刻意突出对立性极强的新闻要素，以期迎合、消费受众的刻板心理，获得经济收益。“舆情反转”“标题党”就是信息被碎片化、片面化传播的常见现象。

舆情反转，指的是随着与事件相关的、更多接近事实真相的细节或过程被披露，公众舆论原先所质疑、批评或同情的对象不断变化甚至逆转的现象。[①]在这一过程中，受众往往接收的只是一些片段性信息，他们对舆情真相的认知不仅浅尝辄止，也极易受其误导。2015 年的网络舆论场就演绎出一场场新闻反转的滑稽戏：“成都女司机被打事件”中，初始女司机被打视频传出得到媒体跟进报道后，公众得到的信息是“女司机只是因为一件‘别车小事’就遭受暴打”，众声喧哗中，一时间“同情女司机、谴责男司机”的舆论基调涤荡信息场，少有媒体全面调查

① 李良荣. 传播革命下“新解释框架”建构. 人民论坛, 2015(14): 32-35.

核实，而随后涉事男司机行车记录仪视频的曝出，则使得女司机瞬间从舆论天堂跌到了地狱。

此外还有“安徽女大学生称扶老人被讹”“女子被狗咬伤谎称救人骗捐”等事件，每一次惊悚的“新闻反转”，不仅使涉事主体的应对措手不及，更使舆论生态、媒体和政府公信力遭到严重破坏。即使真相得以澄清，造成的负面影响业已存在，最宝贵的信任已经受损，更甚者会动摇人们的价值判断，这就为舆情的泛政治化讨论提供了滋长空间。媒体抢新闻，舆论评是非，本并无过错，但前提是必须坚持以事实为依据，坚守客观公正的底线。

3. 现实利益诉求下公众对政治议题的认识失当与表达的非理性

桑斯坦的“群体极化”理论指出，网民的群体性决策往往会朝着某个偏向不断集中并得以强化，比个体决策更易形成极端化的观点。[①]

当前我国正处于社会结构的转型时期，具有不同利益诉求的社会群体之间的矛盾和冲突自然会增加，但由于传统媒体所提供的平等表达机会有限，因此，匿名性、自由化更强的网络就成为部分人发泄不满的“减压阀”，其塑造的网络舆论也更加具有批判性。

尽管未必任何舆情事件都与政府作为失当、政党腐败堕落、体制僵化落后等因素有关，但在网络放大镜和群体极化的双重作用下，公众极易出现政治议题“误读”或认识失当，并且不会停留在某一具体政策措施本身，而是由此及彼，借此对某一类社会现象加以批判和否定，进而强化了舆论的政治关注强度，诱发泛政治化探讨。

诺尔-诺依曼的“沉默的螺旋”理论可以理解为一些民众在集体性的舆论表达中，因害怕自己的意见成为少数派遭到孤立而越发保持沉默的现象。[②]现实世界的事件被导入网络世界后，部分事件和话题因触及公权力等社会不满情绪的“引爆点”而广受关注，在群体内部的讨论过程中，沉默的螺旋便会发挥作用，意见领袖或者地位较高的人的思想往往更有影响力，网民意见受其感染也会逐渐趋向统一。但当舆论意见领袖出现极端观点时，部分网民的情感和行为也会趋向非理性表达，甚至会出现为了否定而否定的偏激化、狂躁式表达。当这种极端化的负面情感从线上渲染至现实社会中时，就会煽动起更大范围的非理性情绪。

---

① 凯斯·桑斯坦. 网络共和国：网络社会中的民主问题. 黄维明译. 上海：上海人民出版社, 2003: 18.

② 赛佛林, 坦卡德. 传播理论：起源、方法与应用. 郭镇之, 徐培喜, 等译. 北京：中国传媒大学出版社, 2006: 297.

（二）社会化媒体舆情泛政治化的逆向阻力因素分析

政府、大众媒介与公众是驱使舆论形成的重要三极，充分有效地发挥三者的各自作用，才能有效阻止网络舆情泛政治化现象的肆意蔓延。[①]政府对网络的科学监管、媒体合理的议程设置、公众良好的媒介素养都是限制舆情泛政治化现象形成的重要因素。

1. 政府对网络的科学监管

政府对网络进行科学、必要的监督和管理可以有效阻止网络舆情群体极化、泛政治化现象的发生。网络上往往充斥着大量的虚假或非法信息，这对网络舆情泛政治化现象的形成具有极强的推波助澜作用。因此，要阻止泛政治化现象的泛滥，就必须对网络舆论场上传播的信息进行必要的控制和过滤。政府作为社会公共服务与社会治理的提供者，有权力也有义务为群众提供良性、积极的信息传播环境和舆论生态。这就要求政府充分利用信息技术、法律法规等手段，灵活地对各类虚假信息、情绪化及煽动性言论进行限制和把控。近年来国务院等相关部门高度重视互联网的管理和舆论治理工作，《即时通信工具公众信息服务发展管理暂行规定》《互联网新闻信息服务单位约谈工作规定》等得到有效落实。在政府的强力整治下，互联网舆论平台趋于理性和文明，各种舆论极化现象大大减少。

2. 媒体合理化的议程设置

媒体合理化的议程设置也能为网络舆情的泛政治化现象的形成造成阻碍。议程设置理论指出大众传播媒介不能改变公众针对某一问题的具体看法，但可以通过信息主题的选择、报道和设定，提高受众对特定信息的关注度进而在一定程度上影响公众的舆论议程。[②]互联网具有即时性和互动性，网络媒体的议程设置能力直接影响广大民众的舆情关注度。尤其是在媒介融合大背景下，通过优胜劣汰的市场机制，部分传统媒体的资源优势与新兴媒体的技术优势增益互补，通过“两微一端”等多元化的传播渠道，媒体以深度报道、头条推荐等多种形式，获得公众广泛认可的同时也极大地强化了自身的议程设置能力。因此，优质的大众媒体通过充分发挥自身的议程设置效能，提高议程设置的合理化程度，在对社会舆论尤其是网络舆论进行正面引导的同时，也必将对舆论的泛政治化倾向与蔓延起到遏制作用。

3. 公众媒介素养的提升

媒介素养可以理解为是人们利用各种媒介平台获取信息并进行分析判断的能力。内因是事物变化的根本动力，媒介素养作为信息传播参与主体的主观因素，

---

① 李明德，李靖宇. 论政府、媒体、公众舆论引导新格局的建立及其互交影响措施创新. 甘肃社会科学，2013(4): 216-220.

② 马克斯韦尔·麦库姆斯. 议程设置：大众媒介与舆论. 郭镇之，徐培喜译. 北京：北京大学出版社，2008: 10.

从根本上决定着舆论的趋势是朝正向还是逆向发展，社会公众尤其是网民自身媒介素养的高低直接决定着舆情事件泛政治化的发展态势。因此，要想从源头上减少网络舆情的泛政治化现象，构建理性文明的舆论环境，关键在于提高公众内在的媒介素养，强化受众对所获信息的客观思考与理性研判能力。

第四节　社会化媒体舆情泛政治化的动力机制与因应策略分析

一、社会化媒体舆情泛政治化的动力机制

基于对以上要素的分析，社会化媒体舆情泛政治化现象形成的驱动力来自促进其形成的动力和抑制其发展的阻力两方面因素，二者共同决定了网络舆情泛政治化现象的前进趋向。

这些动力要素相互联系、相互作用，其关联机理如下：传播权力的转移提供了泛政治化现象产生的技术条件。传播权的回归能够满足公众对于信息交流与反馈的需求，为网络舆情的发展和泛政治化现象的出现奠定了基础；媒体信息的碎片化传播和公众对政治议题的认识失当与表达的非理性提供了泛政治化现象的内部衍生环境。媒体信息的碎片化传播为泛政治化现象的出现提供了印证素材；公众对政治议题的认识失当与表达的非理性化则为这一现象的传播提供了主观支持力；政府网络监管、媒体议程设置和公众媒介素养则为网络舆情泛政治化的形成与发展提供了外部发展环境，网络监管越科学、议程设置越合理、公众媒介素养越高，网络舆情的泛政治化现象形成和蔓延的阻力就会越大，出现的可能性也就越低，反之亦然。

毫无疑问，泛政治化现象在一定程度上反映了社会现实中的矛盾与问题，但倘若把所有的舆情事件都用政治性的标签加以渲染，也必然会造成和谐社会秩序的破坏和理性舆论生态的失衡。政府、公众与媒体是社会生活的最主要参与者，消解网络舆情事件中的泛政治化现象，建构文明、理性的网络舆论环境和有序健康的网络秩序，离不开三者的共同努力。

二、政府积极应对，避免“塔西佗陷阱”

减少泛政治化现象就必须增强政府等官方部门的舆情应对与回应能力。在网络社会中，更多的是要提高政府回应网络民意、应对突发舆情的能力和水平。“塔西佗陷阱”指的是一旦政府或相关部门的公信力受到损害，那么其任何言行举止

或政策举措都会被公众进行负面化、消极性认知。[①]政府在面对公众舆论拷问，尤其是在重大突发危机事件中，应主动回应，积极应对，避免扩大“塔西佗陷阱”。

政府公信力是长久积累形成的，每一次的政务公开、每一次的危机应对，都会影响以后的舆论场，因此政府应当充分发挥其引导作用，积极加强官民之间的信息沟通、政策解释工作，及时解答和处理公众提出的质疑，切实提高公共领域信息的透明度。与此同时，利用好网络社交媒体，充分发挥政务微博、政务微信的功能，提高自身的认可度，为受众塑造一个思辨、理性、人文的信息交流空间[②]。

三、媒体正确发声，避免议题断裂

在应对舆情尤其是重大突发性舆情事件时，一方面媒体应当及时准确地发声，切实履行好信息发布、议程设置和舆论引导的功能，真实客观地反映事实真相，充分发挥主流媒体与新兴媒体的各自优势，实现议题共振，避免议题断裂。所谓断裂，指的是议题在社交媒体受热议而在传统媒体未得到重视，或者传统媒体进行大量报道而在社交媒体上未受关注。

另一方面，除了主动发声，媒体从业者更要严守行业规范，避免信息的碎片化传播和追逐眼球效益，恪守新闻真实性原则，正确发声，传递信息、引导公众舆论。在天津大爆炸事故中，部分媒体、个人微信公众号甚至成为谣言的发布者和传播者，误导公众的同时也影响了救援工作的顺利开展，遭到公众和相关部门的谴责与严惩。

四、公众理性看待，提升媒介素养

李普曼认为即使除去外在媒介的议程设置功能影响，每个受众仍然会由于自身智力等因素的限制或差异而形成一些非理性的认知。[③]公众在辨别信息真伪时都存在一定程度上的局限性，自媒体时代，信息的碎片化传播与受众接收方式更加剧了谣言等不良信息的迷惑性，这在一定程度上制约了公众的信息辨别力和批判力。

面对纷繁复杂的信息，公众可以通过提高自己的媒介素养来增强对信息的怀疑性认知能力。谣言止于智者，网络信息环境下，碎片化的传播方式简化了人们的认知习惯，许多舆情事件在传播过程中也难免会出现一些谣言。这时就需要受众在接收信息时一方面要学会理性而独立思考，切忌偏听偏信，自觉减少刻板印

① 李季芳. 网络时代, 如何破解“塔西佗陷阱”舆论怪圈. 中国工商管理研究, 2013(7): 77-79.

② 邢祥, 王灿发. 社交媒体对重大突发危机事件舆论影响的研究——从天津港“8 · 12”特别重大火灾爆炸事故看社交媒体的“渗透”. 新闻爱好者, 2015(11): 16-18.

③ 沃尔特 · 李普曼. 公众舆论. 阎克文, 江红译. 上海: 上海人民出版社, 2006: 123.

象所带来的影响甚至误导；另一方面对于那些内容比较“惊悚”的信息，转发时不妨慢半拍，多“问一问、想一想、搜一搜”，不信谣，不传谣，破除固有成见，减少情绪化的宣泄，自觉评估个人传播可能引起的社会后果，规范自身的传播行为。

第五节 小 结

我国已是不争的网络大国，但是目前网络舆论生态构架还不够稳定，部分“三俗”信息、极端言论与极化事件仍时有发生，要把9.4[①]亿网民的基数优势转化为政治经济文化竞争的优势“道阻且长”。

网络舆情泛政治化现象作为一种与政治因素关联性极强的舆论极化现象，它的解决与否是事关民众言论自由、社会安定有序乃至国家意识形态安全的重要问题。然而当前学界有关网络舆情泛政治化现象的研究还处于起始阶段，未来的研究应继续深入探析泛政治化现象形成、发展的影响因素与作用机制，制定泛政治化现象的监测预警指标，构建网络舆情泛政治化的演进模型，进而为探讨如何审慎处理好民意表达和舆论引导的关系、如何凝聚好官方顶层设计与民间舆论场的“最大公约数”提供更为科学合理的参考。

【理论拓展】

新时期新闻宣传工作重要论述

维护国家安全，必须做好维护社会和谐稳定工作，做好预防化解社会矛盾工作，从制度、机制、政策、工作上积极推动社会矛盾预防化解工作。要增强发展的全面性、协调性、可持续性，加强保障和改善民生工作，从源头上预防和减少社会矛盾的产生。要以促进社会公平正义、增进人民福祉为出发点和落脚点，加大协调各方面利益关系的力度，推动发展成果更多更公平惠及全体人民。要完善和落实维护群众合法权益的体制机制，完善和落实社会稳定风险评估机制，预防和减少利益冲突。要全面推进依法治国，更好维护人民群众合法权益。对各类社会矛盾，要引导群众通过法律程序、运用法律手段解决，推动形成办事依法、遇事找法、解决问题用法、化解矛盾靠法的良好环境。[②]

——2014年4月25日，习近平总书记在十八届中央政治局第十四次集体学习时发表重要讲话

① 统计数据截止到2021年6月。

② 习近平：做好应对任何形式的矛盾风险挑战的准备. http://cpc.people.com.cn/xuexi/n1/2018/0212/c385476-29819926.html. (2018-02-12)[2020-01-05].

第十章　社会化媒体与政治生态协同发展的路径选择与对策建议

马克思主义认为，整个社会是一个有机总体，它由各种社会要素组成，这些社会要素之间相互联系、相互依存，并且共同作用于社会有机体。[①]政治生态和社会化媒体也是整个社会的子系统并由各种要素构成，它们相互联系、相互作用，共同推动国家治理现代化，并成为整个媒体子系统的重要组成部分。通过前文研究我们发现，快速崛起的社会化媒体已经彻底改变了以往舆论环境与政治生态相互间的作用形式，把“信息社会”的概念推向新的高度。社会化媒体发展趋势难以逆转，只有善用才能实现其与政治生态的双赢发展，因此，社会化媒体的发展也必须置于媒体和政治生态的良性互动框架之内。

考察我国社会化媒体运行的现实，政治生态与社会化媒体如何建立长远的和谐发展关系就成为焦点，但更为关键的是政府生态内部如何整合资源实现与社会公众的高效互动，满足其需求。在这一过程中，社会化媒体能够以其特有的工具属性和文化属性作用于政治生态，不仅能够从外部调节政治系统与社会环境的互动关系，即便在政治系统内部，社会化媒体也同样有统一认知、整合资源、提升行政效率的功能。政治生态的持续发展无法脱离社会化媒体在公众利用、民主监督、互动参与等方面发挥的巨大作用，政治体系的生态化建设也必然会对社会化媒体的发展与规制产生深刻影响。因此，探索实现政治生态与社会化媒体的“双赢”发展之路，显得迫切而关键。

协同理论指出，任何复杂系统都既有独立的运动，又有相互影响的整体的运动。当各子系统相互协调、相互影响，整体运动占主导地位时，系统就会呈现有规律的有序运动状态，即“系统协同作用”[②]。作为社会体系中的两大主要系统，社会化媒体与政治生态都是基于社会公众整体利益的考量来发展完善自己的，而在社会主义制度下社会化媒体与政治生态建设，更是要求二者必须在互相尊重、及时沟通的基础上，以服务社会大众为准则，同时充分发挥好公共利益这根看不见的“杠杆”的作用，审时度势地调节自身的行为。让政府与媒体在服务大众、服从公共利益的基础上，在平等对话的动态平衡、良性循环中，在遵循媒体发展

---

① 中共中央马克思恩格斯列宁斯大林著作编译局. 马克思恩格斯全集(第 12 卷). 北京: 人民出版社, 1962.

② 郭治安等. 协同学入门. 成都: 四川人民出版社, 1988: 11.

规律和政府依法执政的原则下，切实实现政治生态与社会化媒体的协同发展。

因此，针对目前社会化媒体与政治生态协同发展过程中出现的问题和困境，立足于发现社会化媒体传播与政治生态运行增益的交集，探索如何借助社会化媒体的自主、互动、参与、合作的社会功能，不断完善管理机制、体制，努力催生媒介系统与政治系统以及其他社会系统之间的耦合共生关系，推动政治系统的生态化建设，谋求其与社会化媒体的有机整体联动和协同发展，是我们未来强化社会化媒体治理、进行政治生态建设的主要着力点和必要路径选择。

第一节　社会化媒体与政治生态协同发展的路径选择

一、大力发展信息产业，提高政府的新信息技术运用能力

当前物联网、互联网、云计算、大数据、遥感遥测等新兴信息技术的快速发展，既改变了普通公众日常的价值观念与生产、生活方式，也大大拓宽了其信息获取、话语表达与政治参与渠道。这一方面大大提高了人们对于政府治理合法性与有效性的预期和要求，另一方面也使得政治生态的调节环境更加复杂，政府的治理能力也更具挑战性。在以信息技术为基础的知识经济社会环境下，如何将新兴信息技术与政府行政改革进行有机结合，以解决政府行政组织重组、政府职能转变、行政业务流程再造以及治理与服务范式变革等问题，从而实现政府治理创新，是考验政府能否适应信息时代要求打造高效的、令公众满意的政府的重要因素。因此，党和政府必须加大对新媒体、云计算、大数据等新一代信息技术产业的发展支持力度，不断提高相关部门及其工作人员的新信息技术运用能力，充分利用各种新兴信息技术及平台来提高国家治理能力的现代化水平。

为此，党的十九届四中全会审议通过的《中共中央关于坚持和完善中国特色社会主义制度、推进国家治理体系和治理能力现代化若干重大问题的决定》明确提出要“推进国家治理体系和治理能力现代化”的整体要求；国务院办公厅也发出《关于推进政务新媒体健康有序发展的意见》、《政府网站与政务新媒体检查指标》和《政府网站与政务新媒体监管工作年度考核指标》，对全国政务新媒体工作的现状作了明确的规范和要求。目前各地市党政部门以互联网、微博、微信等新信息技术手段为基础，大力倡导、发展的“电子政务”“智慧政府”发展迅速，各级党政部门通过官方网站、社会化媒体平台建设，及时关注、发布和处理公众普遍关注的各类信息，一方面大大提高了公众在政策咨询、行政服务、决策参与、反馈问责以及投诉反腐等方面的参与力度；另一方面也极大地提升了政府办公、监管、服务、决策的智能化水平与政治生态调节、治理上的民主性与科学性，促进了治理效率的提高与治理成本的优化。

二、合理调节政治生态，强化政治生态公众服务性效果

“自然生态要山清水秀，政治生态也要山清水秀。”[①]习近平总书记多次强调，加强党的建设，必须营造一个良好的从政环境与政治生态。然而“群众是否满意”既是衡量政治生态发展状态的重要标尺，更是进行政治生态建设的终极目标。中国互联网络信息中心（CNNIC）发布的第 47 次《中国互联网络发展状况统计报告》显示，截至 2020 年 12 月，我国网民规模达 9.89 亿，手机网民规模达 9.86 亿。当前互联网信息技术的快速发展与大范围普及，使得公众对社会公共服务的需求越来越大，信息社会下，政府职能也应当随着社会、政治、经济的变化与发展而随之转变。要构建并调节良好的政治生态，政府就必须夯实基层基础，加快自身职能由“经济主导型”向“服务型”转变，不断完善基础公共服务体系，强化政府的公共服务效果，切实解决联系、服务群众“最后一公里”的问题。

一方面，面对公众最为关切的食品安全、环境污染、社会治安等各类问题，政府及其工作人员要放下“身段”，以更加平等的姿态、更加积极主动的态度与广大公众进行沟通协调，综合运用政策、法律、经济等多种手段，通过实地走访、新闻发布、网络回应等多种途径依法、及时、合理地回应处理；另一方面，在便民政策的制定与落实、各种资源的分配与保障、政务工作的考评与监管等方面，政府相关部门更要紧抓联系、服务群众载体，积极发展覆盖移动互联网、社会化媒体以及电子阅报栏等各类技术终端的立体式传播网络，不断拓宽知悉社情民意的新途径，借助传统媒体与新媒体融合发展的历史机遇，充分了解社情民意，根据公众意见及时对政府政策和行为进行修正、改善，从而在提升公众主人翁意识与服务体验的同时，不断强化政府与群众之间的密切联系。

三、完善体制机制，提升政府信息公开透明化程度

网络信息技术的快速发展，大大拓展了公众获取各类信息的渠道和能力，促进了公众在权益维护、参政议政、监督反馈等诸多方面的权利意识唤醒，与此同时，广大群众对用各种权威性信息来指导生产、生活实践的需求也在急速增长。政府作为权威信息的搜集者、生产者和发布者，面对群众日益增长的信息获取需求，在保证国家安全和社会公众利益的前提下，有责任和义务通过不断建立和完善各种信息的发布与回应机制，切实提升政府信息的公开透明化程度，落实公共责任、强化公信力。然而，面对汹涌澎湃的互联网信息浪潮，许多政府部门在“信息公开程度”“信息发布渠道”“信息回应力度”等方面，依然存在“信息内容不够明晰”“发布平台单一、失效”“信息公开的主动性、互动性不足”等诸多问题，

---

① 习近平治国理政关键词(31)·政治生态：激浊扬清 凝聚民心. http://jhsjk.people.cn/article/28351930.(2016-05-16)[2021-04-10].

严重阻碍了政治生态的和谐稳定。为此，政府等相关部门必须通过一系列措施来积极推动与公众间的良性互动和政务信息的公开透明。

一方面，要树立“以人为本”的信息发布与治理理念，面对与公众利益切实相关的重要信息，在信息公开内容和方式上，要搭建好与公众进行充分互动对话的信息公开平台与渠道，并确保其有效。通过通俗易懂的语言及时公开、积极回应，增强与公众的互动力度，及时、充分地答疑释惑，消除误解；另一方面，要建立和完善规范化的法律法规和相关制度，来确保政务信息公开的深层次与强力度。从 2008 年《中华人民共和国政府信息公开条例》开始施行，到 2013 年《国务院办公厅关于进一步加强政府信息公开回应社会关切提升政府公信力的意见》出台；从 2014 年国务院办公厅发布《关于促进电子政务协调发展的指导意见》，到 2016 年中共中央办公厅、国务院办公厅印发的《关于全面推进政务公开工作的意见》，再到 2019 年《国务院办公厅关于全面推进基层政务公开标准化规范化工作的指导意见》，党和国家相关部门在积极推动政务公开进度、增强政务信息公开的有效性与回应性方面，作出了一系列的制度安排与组织保障，以期推动政务信息的共享和政治权力的阳光性。

第二节　社会化媒体与政治生态协同发展的对策建议

一、客观定位媒体角色，遵循新闻传播规律

（一）正确理解媒体的角色与功能转变

正确理解媒体的角色与功能转变是提高党政机关及其工作人员媒介素养的前提。全媒体时代，媒体所承担的社会功能日益多元化，媒体不仅仅是服务于政府、进行上情下达的“喉舌”，更大程度上是促进信息沟通、保障民众知情权与监督权、进行舆论引导和政治监督的一方重镇。此外，传媒强化了使用者的人群归属。国家、社会资本集团、公民三方会出于各自目的争夺媒体资源，并根据其他两方的行为来调整自己的行为，由此形成新的“传播利益博弈场”[①]。社会化媒体打破了过去由物理空间因素规定的人群分化，而形成有文化因素规定的各种人群分化。[②]这一新格局，进一步加剧了这种趋势。性别、学历、年龄、地区等因素都会影响人们的信息处理能力，技术能力的强弱和资源的多寡也会产生“权力的落差”，进而影响人群的分化。使用媒介的过程就是强化使用者的

---

① 段雪雯，段京肃. 新媒体时代的传播利益博弈场——基于国家、社会、公众的“石头剪子布”游戏视角. 当代传播, 2015(2): 11-13.

② 彭兰. 网络传播与社会人群的分化. 上海师范大学学报(哲学社会科学版), 2011(2): 88-94.

人群归属的过程。

党政机关及其工作人员必须摒弃陈旧的管制理念，杜绝简单粗暴地依靠行政命令对新闻媒体及其从业者的合法行为进行“一刀切式”的干预。要学会采用法律、政策、经济等综合性方式方法，建立健全信息主动发布、网络问政理政、舆情收集回应、网络在线办事等一系列工作机制。推动信息公开的常态化、专业化，主动、及时、全面、准确发布重大方针政策和重要工作信息，并深入浅出、通俗易懂地进行解读；积极创造条件，与媒体建立起一条信息畅通的沟通渠道，充分发挥其在政策宣传和舆论引导方面的积极作用。

与此同时，还要善待媒体与媒体人，将媒体的舆论监督工作作为敦促自我的有效手段。在充分理解媒体职责和使命的同时，努力配合并尽力提供其新闻报道所需的资源和空间，以工作伙伴和朋友的角色来平等定位和对待媒体人，增强和促进党政部门与媒体之间的良性互动。此外，面对媒体监督与质疑，政务工作人员尤其是领导层，一方面要坚决摒弃官本位的思想，树立主动接受舆论监督的意识，尽快适应在媒体和公众的注视、监督下开展工作；另一方面针对各种负面舆论，在积极回应、澄清事实的同时，对于自身存在的问题和不足要向公众及时表达歉意，悉心听取舆论批评与建议，认真总结并进行改进、完善。在政治主体努力服务媒体、扶持媒体的前提下，媒体才能不断增强自身影响力和舆论引导力，才能为政治生态的稳定发展提供更加有力、有效的支持。

（二）遵循新闻传播规律和新兴媒体发展规律

媒体融合发展背景下，习近平强调“推动传统媒体和新兴媒体融合发展，要遵循新闻传播规律和新兴媒体发展规律”[①]，其中，“遵循新闻传播规律”是对马克思“报刊内在规律”的直接继承，而“新兴媒体发展规律”则是新形势下顺应媒体格局变化，对新闻传播规律的新认识、新发展。在这里，“新兴媒体”并非指具体媒体，而是指动态演进、尚未成熟的媒体形态。

辩证唯物主义认为，规律是事物本身固有的本质的、必然的联系，是事物运动变化的基本秩序和必然趋势。[②]那么，这种“联系”就应该成为探索、认知规律的着眼点。从媒介生态学角度来看，新兴媒体发展规律是指新兴媒体构成要素之间（如信息生产与传播、媒介经营与管理等）和新旧媒体之间（如媒介的竞争与融合）以及新兴媒体与外部环境（社会、经济、政治、文化等）之间的“固有的、本质的、必然的联系”。认识和遵循这些“联系”，是推动传统媒体和新兴媒

① 习近平：推动传统媒体和新兴媒体融合发展. http://media.people.com.cn/n/2014/0818/c120837-25489622.html. (2014-08-18)[2021-02-15].

② 陶富源. 实践主导论——哲学的前沿探索. 合肥：安徽人民出版社, 2001.

体在内容、渠道、平台、经营、管理等方面深度融合的必要前提，也是打造互联网主流意识形态的传播阵地和做好舆论引导工作的基石。若忽视或违背新兴媒体特点及发展规律，把传统媒体的思维模式、管理体制生搬硬套地强加于新兴媒体，势必受到规律的惩罚。规律具有客观性，不以人的主观意志为转移，但规律可以被发现和利用，明确新闻传播规律对新闻传播事业发展的重大意义，蕴含着马克思主义唯物辩证法的哲学智慧。

二、增强服务意识，打通官民话语体系

政府公信力和民众互信度是社会健康运行和良性发展的重要资本，这种资本的累积需要长期的互动来完成。信任一旦破裂将很难修复。互联网思维以受众思维为根本，舆论引导工作中贯彻互联网思维须增强对受众的服务意识，贴近受众的生活，真正了解受众的实际需求，尊重个体，把握人性，而不仅仅是停留在政治口号中。要建立畅通有序的诉求表达、心理干预、矛盾调节、权益保障机制，使问题能反映、矛盾能化解、权益有保障。政府层面、媒体层面上出现的舆论引导工作与互联网思维的错位与偏差，甚至整个舆论引导出现问题的症结都在于对受众的无视、对受众实际需求的不了解。如何以受众思维为根本来扭转当前局面，方法和途径应当不止一种。

这里着重提出激活线上线下互动沟通机制的路径，借助新媒体的优势，推动两个舆论场的融合。在诸多舆情事件中，我们发现其传播的基本模式是网络社区首发→微博互动推广→传统媒体跟进→网络媒体转载→网民继续爆料→传统媒体再次深挖跟进的线上线下联动的传播形态。为此，要做好舆论引导就要与此相适应地展开互动，激活线上线下的沟通机制。沟通过程中，语言是交流的工具，如何使用语言、使用何种话语极大程度上决定了沟通机制的畅通与否以及效果好坏。公共话语可以大致分成官方话语和民间话语两种。由于社会化媒体的崛起，普通人被推至前所未有的高度，民间话语抢占了很大的公共话语空间，官方话语的话语权和传播力不断受到挑战。为此，官方话语应积极向民间话语学习和渗透，说老百姓听得懂的话。习近平系列重要讲话多次以日常事物传递治国理念。在论述坚定不移惩治腐败时习近平说："要坚持'老虎''苍蝇'一起打，既坚决查处领导干部违纪违法案件，又切实解决发生在群众身边的不正之风和腐败问题。"①在论述理想信念时习近平说："理想信念就是共产党人精神上的'钙'，没有理想信念，理想信念不坚定，精神上就会'缺钙'，就会得'软骨病'。"②习近平总书

---

① 习近平治国理政"100句话"之：要坚持"老虎"、"苍蝇"一起打. http://news.cnr.cn/dj/20160525/t20160525_522235332.shtml. (2016-05-25)[2020-04-08].

② 习近平. 习近平在十八届中共中央政治局第一次集体学习时的讲话. http://www.xinhuanet.com/politics/2012-11/19/c_123967017. htm. (2012-11-19)[2015-03-15].

记讲话的清新和亲民，就是官方话语向民间话语的靠近，是一种互动，是互联网思维的一种体现。

三、不断培养和提升政治主体的舆情应对能力

（一）建设政治素质高、业务能力强的人才队伍，强化舆情应对能力

面对新媒体时代变幻莫测的网络舆论生态，党政机关及其工作人员作为公共权力的主要行使主体，处于思想交锋和舆论斗争的第一线，迫切需要建设一支政治素质高、业务能力强的人才队伍以强化舆情应对能力，及时应对各类突发性舆情事件，维护政治生态稳定。一方面党政相关部门要把建设一支专业性的舆情分析、研判及应对的人才队伍作为信息化时代的一项战略性工作来对待，打造一支招之能来、来之能战、战之能胜的强大舆情处置生力军，尤其是政务新媒体工作人员更要加大学习、培训力度，紧密结合工作实际，重视和加强学习，不断熟悉网络知识和信息技术，消除“知识盲区”，解决“本领恐慌”，提升政务新媒体平台的管理水平和运维技巧；另一方面，要注意提高党政机关工作人员的媒体公关能力。新媒体时代面对各类媒体的访政问责，任何党政机关工作人员都有展示和维护政治主体形象的责任，尤其是党政官员必须要时刻做好应对媒体的准备，在媒体面前，要“有根据地说实话、有原则地守纪律、态度谦和平等”，谨言慎行，树立服务意识，自觉维护政府的正面形象。

新媒体时代，媒体传统的“把关人”身份弱化，但这并不意味着媒体责任担当的流失，尤其因“公民新闻”本身存在着“重表面而轻本质，重广度而轻深度”的缺陷，对信息的深度解读与关键性解释，更应该成为专业新闻工作者的重要责任。[①]社会责任是大众媒体的天然使命，市场经济条件下的利益驱动不能成为媒体责任缺失的理由。具体来说，大众传媒在承担社会责任时，有三种责任承担形式：一是以社会心理意识约束力为表现形式的道德责任；二是以社会团体约束力为表现形式的纪律责任；三是以国家强制力为表现形式的法律责任。[②]2015 年 1 月 13 日，国家网信办集中公布一批被依法关闭的网站、栏目和微信公众账号，据介绍，有关网站、栏目、微信公众账号被关闭的原因包括：假冒党政机关或媒体名义发布虚假信息；发布涉及赌博、诈骗等违法信息；传播淫秽色情内容；不具备登载时政新闻资质违规登载时政新闻等。互联网较低的进驻门槛使新闻内容鱼龙混杂，已经引起国家层面的高度关注，媒体及其从业人员必须自觉规避违法行为，用好手中的“社会公器”。

---

① 李明德，刘婵君，宋宁. 传统党报社会化媒体平台传播技巧初探——以《人民日报》微信公众账号为例. 中国出版, 2014(17): 24-28.

② 杨晓强. 论大众传媒社会责任的四大特征. 新闻世界, 2012(10): 69-70.

2015年1月19日，《人民日报》一篇题为《新闻，别以伤害为代价》的评论再次将新闻伦理的议题抛向媒体以及身处网络社会的每一个人。正如评论中所说，作为一个媒体人，处身当前的中国，既幸运又艰难。这个充满活力的转型社会，有着最丰厚的新闻土壤，也有着最激烈的新闻竞争。正因此，尤需要媒体人不唯眼球是取、不唯点击是崇，有更多"建设姿态"、更多"责任意识"，方能推动社会前行。传播力与社会责任永远绑在一起，不管是传统媒体、网络平台，还是手中有着麦克风的我们每一个人。同时，随着事件的进展，媒体要向公众提供更理性、更多元的增量信息，防止"新闻烂尾"。为准确把握公众的信息需求，媒体一定要迅速跟进，及时做好信息的研判、处理与引导，防止因反应滞后引发新一轮的舆情事件，以应对网络信息传播模式下无限量信息飞速传播的现实。传统媒体不仅要发表富有建设性的观点和分析，充分发挥自身在舆论引导方面深入、深度、深刻的优势，更要注重采访报道的多面性、信息的真实准确性，改变未经核实就拍案而起、自说自话、以自我为中心的认知与行为，防止制造新的矛盾冲突。

（二）树立大宣传工作理念，掌握意识形态工作主动权

习近平在强调全党动手做好宣传思想工作时首次提出"要树立大宣传的工作理念"，要求"动员各条战线各个部门一起来做，把宣传思想工作同各个领域的行政管理、行业管理、社会管理更加紧密地结合起来"[①]。"树立大宣传的工作理念"是在中国网络社会迅速崛起背景下对"全党办报、群众办报"传统的继承和理念升华。意识形态工作是党的一项极其重要的工作，把意识形态工作贯穿于国家经济、政治、文化、社会、生态文明的"五位一体"建设当中，既要由各级党委负起政治责任和领导责任，又要动员不同领域、不同部门合力推动，共同探索做好宣传思想工作的有效途径。互联网时代，信息流动加速，社会互动性增强，民意表达空前释放，打破了主流意识形态自上而下的环境架构，而民间舆论场的出现在一定程度上分化着意识形态的官方话语权威，各级政府部门必须正视社会舆论的考验和拷问。

大宣传工作理念是社会治理施政理念在新闻宣传领域的映射。党的十八届三中全会通过的《中共中央关于全面深化改革若干重大问题的决定》首次使用"社会治理"概念，提出推进国家治理体系和治理能力现代化的新要求。现代的社会治理体现出自由平等、民主法治、多元参与、协同共治的理念，在治理方式上追

---

① 习近平：胸怀大局把握大势着眼大事　努力把宣传思想工作做得更好. http://cpc.people.com.cn/n/2013/0821/c64094-22636876.html. (2013-08-21)[2020-04-09].

求自上而下与自下而上相结合的双向互动的治理过程。①与此相适应，将新闻宣传工作纳入整个国家治理体系当中，树立大宣传理念正是创新社会治理执政理念在新闻宣传领域的映射。

互联网成为宣传思想工作的主战场，迫切需要动员和鼓励社会力量参与其中，形成网上网下互动态势，壮大主流思想舆论。其中，意见领袖的力量不可小觑。"大 V"经常是网络舆情引爆的关键性节点，甚至能够左右舆论走向，影响事件进程。在 2015 年 5 月中央统战工作会议上，习近平提出："要加强和改善对新媒体中的代表性人士的工作，建立经常性联系渠道，加强线上互动、线下沟通，让他们在净化网络空间、弘扬主旋律等方面展现正能量。"②首次将网络"大 V"、部分新媒体从业者为代表的"新媒体中的代表性人士"列为统战重点，通过对其培养、团结和赋权，增强网民理性和公民意识。这是主动适应网络社会发展趋势的明智之举，充分彰显了中国共产党自信开放的执政风格和亲民态度，不仅对掌握舆论引导工作的领导权、管理权、话语权有重要作用，也有利于提升网络问政水平，统筹不同利益诉求，找到民意最大公约数。

维护网络安全、实现网络强国战略需要构建大宣传格局。没有网络安全就没有国家安全，没有信息化就没有现代化。近年来，国内外互联网安全事件频发，通过美国棱镜门、韩国政府网站遭攻击、eBay 数据泄漏、微软 XP 停止服务、中国互联网 DNS 大劫难等诸多案例，必须深刻认识到网络安全和信息化问题的重要性和紧迫性。2014 年 2 月 27 日，由习近平牵头负责的中央网络安全和信息化领导小组成立，随后各地成立地方网信办，从中央到地方专项机构的设立表明中国已将网络安全和信息化提到前所未有的高度，也标志着中国正由网络大国向网络强国挺进。在网络法规方面，2017 年 6 月 1 日实施的《中华人民共和国网络安全法》，为"互联网+"时代党管网信提供了合理性和合法性依据，也为公民网络言行标出了法律红线，可谓是依法治国顶层设计下共享共建的治网重典。从党管媒体到党管网信，总体布局统筹各方，构建由全党动手、整体联动、各方参与的大宣传格局，为维护网络安全、实现网络强国战略提供基础保障。

理念创新、手段创新和基层工作创新是宣传思想工作的三大方向，其中理念创新最关键。确定大宣传理念正是宣传工作的理念创新，它生动地体现了中国共产党人主动适应新常态的高度自觉，也有力表明了党领导下的大宣传工作格局正在形成。

---

① 王宏波，张振. 社会治理是系统的社会工程. 西安交通大学学报(社会科学版), 2015(3): 73-78.

② 习近平在中央统战工作会议上强调巩固发展最广泛的爱国统一战线 为实现中国梦提供广泛力量支持. http://military.people.com.cn/n/2015/0521/c172467-27034028.html. (2015-05-21)[2020-04-10].

四、提高主流媒体的舆论引导能力和水平

（一）创新舆论引导方法，提升主流媒体影响力

新型主流媒体是以互联网思维为引领、以满足用户信息需求为目标、以数字化信息传播技术为手段、以传播主流价值观念为职责、能够持续生成强大影响力的新闻媒体。面对纷繁复杂的网络舆论和日益活跃的网民群体，必须增强“融合意识”，积极推动传统主流媒体的新型化和新兴媒体的主流化，充分利用各种新媒体技术平台强化新型主流媒体建设，增强主流媒体的舆论引导能力和水平。

一方面相关党政部门要广开言路，积极建设和丰富与公众互动交流的新平台和渠道，积极主动地倾听民意，及时了解和解决普通民众的合理诉求，将潜在的社会不安因素消解在萌芽阶段；另一方面，针对那些具有严重错误倾向、容易误导公众的不实信息，相关部门更要积极探索主流媒体报道的新途径与新方法，加强主流媒体的阵地建设。通过一系列接地气、真实可靠的话语表达，以民众喜闻乐见的方式及时发声、破解谣言，提高主流媒体舆论引导能力和水平；此外，对于社会化媒体平台和网络空间出现的蓄意诋毁党和国家体制的非主流意识形态舆论，主流媒体尤其要充分利用自身的社会公信力和社会资源，坚决主动发声，及时抢占舆论制高点，强化主流意识形态的存在感，切实维护主流意识形态的安全稳定。

（二）把握“时、度、效”是当前做好舆论引导工作的核心要义

2014 年 2 月 27 日，习近平主持召开中央网络安全和信息化领导小组第一次会议并发表重要讲话，他指出：“做好网上舆论工作是一项长期任务，要创新改进网上宣传，运用网络传播规律，弘扬主旋律，激发正能量，大力培育和践行社会主义核心价值观，把握好网上舆论引导的时、度、效，使网络空间清朗起来。”① 其中，把握“时、度、效”是习近平在关于新闻和宣传工作多次讲话中的亮点、要点，这表明创新舆论引导方法问题已经进入中央高层领导视野。

把握“时、度、效”是对新闻宣传规律的精练概括和高度总结，是当前做好舆论引导工作的核心要义，为当前解决舆论引导的“本领慌”问题提供了方法论。

把准舆论引导的时机和时效。信息即时传播的网络时代，舆论引导既要利用首因效应先声夺人又要避免草率回应、结论过早。在重大舆情面前，做到关键时刻不乱语，重大问题面前不缺位，大是大非上不含糊。习近平指出，做好宣传工作要“胸怀大局、把握大势、着眼大事，找准工作切入点和着力点，做到因势而

① 习近平主持召开中央网络安全和信息化领导小组第一次会议强调 总体布局统筹各方创新发展 努力把我国建设成为网络强国. http://media.people. com.cn/n/2014/0228/c40606-24488529.html. (2014-02-28)[2020-04-11].

谋、应势而动、顺势而为”。“时”就是把大局意识同新闻时效性相统一，在保证信息真实性和准确性的前提下牢牢抢占舆论阵地的制高点。

把准舆论引导的尺度和限度。网络问政拓宽了民意渠道，网络舆情在某种程度上成为社情民意的晴雨表，但是也应该充分认识到信息的不对称性，既要重视网络舆情又要科学研判舆情，正确处理局部和整体、支流与干流的关系。舆情危机处置既要积极应对又要避免反应过度，明确处置权限和职责，不逃避、不推诿、不越位。部分新兴媒体为了博人眼球，常常断章取义、以偏概全，甚至妄加猜测，把“点”的问题炒成“面”的问题，混淆视听，极易误导公众。“度”就是坚持正面宣传为主的方针，面对负面报道时把握报道尺度，最大限度坚持团结稳定鼓劲，凝聚和传播正能量。

“效”是“时”与“度”的出发点和落脚点。舆论引导的目的在于塑造正面舆论，化解负面声音，疏导公众情绪，缓解社会矛盾，但是在实际工作中常常出现好心办坏事、出力不讨好、自说自话、传而不通等现象。官方、民间两个舆论场之间以及舆论引导与舆论表达之间的良性互动关系尚未全面达成，新兴媒体应不断提升新兴媒体传播素养，真正成为运用现代传媒新手段、新方法的行家里手。

（三）传统媒体的机遇与挑战

当前，媒体融合对传统主流媒体来说，机遇大于挑战。媒体融合战略为加快传统媒体数字化转型、增强舆论引导能力、打通官方和民间两个舆论场、助推国家治理体系现代化提供了崭新契机和现实路径。应该承认，新兴媒体的快速发展及广泛应用提升了信息传播效率，拓宽了社情民意表达渠道，加速了社会现代化进程，但是，依托互联网生成的民间舆论场既充斥着真假难辨、纷繁芜杂的信息，也经常出现众声喧哗、莫衷一是的局面，这就需要传统媒体充分发挥内容生产优势、品牌优势和公信力优势，借助新兴媒体渠道，在发布权威信息、报道重大事件、关注舆情热点中遵循网络传播规律，提升政府与公众的对话品质，重塑主流媒体影响力，做好舆论引导工作的排头兵。也唯其如此，传统媒体才能在激烈的传媒市场竞争中突出重围，占据有利之势。

五、媒体恪守职业道德，提高媒介素养

（一）提高媒介素养，自觉服务公众

信息化时代，传统媒体与社会化媒体等新媒体技术的融合力度不断增强，范围不断扩大，面对海量的信息流、各种社会舆情，尤其是重大突发性舆情事件，传统媒体和社会化媒体都应该充分发挥各自的技术及资源优势，在切实调查的基础上，理性化地进行议程设置，最大化地真实客观地反映事实本身，切实履行好

自身信息传播和舆论引导的功能。尤其是社会化新媒体，更是要注意避免因片面追求时效性和信息量而造成新闻报道在内容上的碎片化与浅显性，以及因舆情事件的不断翻转而误导受众。

与此同时，各类新闻工作者要自觉遵守新闻职业道德，恪守行业操守，尽最大努力通过一系列高质量、高信度、高价值的新闻报道，向广大受众反映事实真相。坚决避免为谋求一己私利而向公众传播倾向性明显、庸俗肤浅、失之偏颇、臆造虚假的新闻信息，以高度的社会责任感自觉服务公众，维护社会的公平正义和舆论生态的和谐稳定。

从广义的角度来看，媒介素养的主体不仅包括公众，还包括官员和媒体从业人员，三者相互依存、缺一不可。前面所说的大众传媒的责任担当意识也是媒体从业人员媒介素养的重要部分。

IDC（Internet Data Center，互联网数据中心）的统计数据显示，“90后”和“00后”网民成为中国互联网的生力军，20～40岁的主流消费人群的互联网渗透比例不断提高。做好主力人群的媒介素养培养和提高工作将对整体公众媒介素养水平的提高起到关键性的作用。要根据“90后”和“00后”敢于追求自我、猎奇心理重、群体和社区属性意识鲜明等特点，开展媒介素养教育和信息生产、传播的技能训练，增强信息分辨能力，谨慎对待“转发”等信息再传播行为。政府机构与官员的媒介素养水平的高低关乎舆论引导工作的成败，尤应提上议事日程。学会与媒体打交道，学会运用媒体化解公共危机是基本要求，若仅停留在这个层面上认识政府机构与官员的媒介素养，无疑是一种短视行为，易给创新带来阻力。

政府机构与官员的媒介素养，不应该被曲解为欺骗公众和驯服媒体的能力，也不应是在危急时刻掩人耳目、堵媒体和公众的嘴的能力。对政府机构与官员的媒介素养的认识，需要超越“危机应对”，在更深的层次展开。[①]这种深层次便是执政理念和水平的与时俱进，是对现存政治生态和新闻传播规律的深刻理解与灵活运用。媒体不是洪水猛兽，更不是欺骗工具，而是社会公器。舆情不是敌情，而是民意的公开表达。敏锐地运用舆情信息加强监测和预判断，深刻理解交流的本质，在政务微博、网站等平台中将互动交流经常化，是社会化媒体时代政府官员应该具备的媒介素养。党的十八届四中全会提出建设中国特色社会主义法治体系，建设社会主义法治国家的总目标。互联网早已进入中国经济社会的每一个角落，牵动着中国人民的每一根神经，“法治体系”的建设和“总目标”的完成需要依法治网的全面参与和主动作为。[②]网络谣言横飞等乱象给社会带来了不稳定的

① 彭兰. 社会化媒体时代的三种媒介素养及其关系. 上海师范大学学报(哲学社会科学版), 2013(3): 52-60.

② 罗智刚. 依法治国需要“依法治网”主动作为. http://cpc.people.com.cn/pinglun/n/2014/1026/c241220-25909100.html. (2014-10-26)[2015-02-01].

因素，迫切需要法律来监管和惩治。2014 年起国家网信办展开“净网”行动，颁布《即时通信工具公众信息服务发展管理暂行规定》《互联网用户账号名称管理规定》等，成为新媒体管理的先行法规。法律必须成为高悬于每一个互联网使用者头上的一把“亮剑”、一把“利剑”。

（二）增进理解马克思主义新闻观，牢牢把握正确的发展方向

马克思主义新闻观是马克思主义理论宝库的重要组成部分，直接体现马克思主义基本原理，是资产阶级新闻观的“批判的武器”，因而在学习和运用马克思主义新闻观时，要将其置身于马克思主义宏大的理论视野之中，在辩证唯物主义和历史唯物主义基础上,既要厘清马克思主义新闻观与资产阶级新闻观的根本分歧，也要运用马克思主义基本立场、观点、方法去观照现实情境，充分研究当前新闻传播业的新情况、解决新问题的正确观点与科学论断。

唯物史观认为，人民群众是历史的创造者，是推动历史前进的决定力量，并把实现人的自由全面发展作为社会发展的最终目标。马克思主义群众观鲜明地回答了无产阶级新闻事业为谁服务和怎样服务的问题，体现了马克思主义无产阶级的根本立场。中国共产党是工人阶级的先锋队，在长期的革命斗争和社会主义建设中始终以马克思主义为指导，代表着最广大人民群众的根本利益，为实现广大人民群众的愿望和利益而努力奋斗，体现了党性和人民性的一致和统一。

习近平旗帜鲜明地指出：“从本质上说，坚持党性就是坚持人民性，坚持人民性就是坚持党性，党性寓于人民性之中，没有脱离人民性的党性，也没有脱离党性的人民性。”①党性和人民性的关系问题，实质上是党和人民的关系问题。在长期的革命和建设实践中，党和人民已经形成血肉相连的交融关系。

坚持党性原则就是坚持正确的政治方向，是社会主义新闻传播事业的政治规范。新形势下，坚持党性原则就要坚持党的领导，坚持政治家办报、办台、办网，巩固马克思主义在意识形态领域的指导地位。党性原则是市场经济大潮中抵制新闻事业全盘“西化”或过度商业化的重要法宝。社会主义公有制的经济基础决定党的新闻事业归根到底是为人民服务。坚持人民性，就是始终把最广大人民群众的根本利益作为出发点和落脚点，坚持以人民为中心的工作导向，充分尊重人民群众的历史主体地位。因此，做到党性和人民性的统一，就是要坚持“三贴近”、深入“走转改”、转变作风、改变文风；要将人民群众作为媒体内容的主角，把人民群众丰富多彩的实践作为新闻事业的动力和源泉。同时，要善于利用各种新兴媒体和手段，把体现党的意志和反映人民心声相统一，既要宣传党的理论和路线

① 《习近平总书记系列重要讲话读本(2016 年版)》十一、用社会主义核心价值观凝心聚力——关于建设社会主义文化强国. (2016-05-05)[2021-03-16].

方针政策，又要创新工作方式方法提升传播实效，既要满足人民群众的文化需求，又要正确引导舆论，既要坚持正面宣传，又要履行舆论监督职能。

六、完善网络空间相关法律法规，强化对社会化媒体的监管力度

协同论的序参数效应认为，只有有序的结构才能发挥其协同效应。鉴于社会化媒体强大的社会动员力量和信息传播功能，要实现社会化媒体与政治生态的协同发展，就必须对社会化媒体的舆论引导流程进行有序管理和有效监管，因此，必须要依靠一系列的法律法规和监管机制来提供可靠的制度保障。在新媒体技术管理和网络舆情引导方面，美国、德国等西方发达国家早已通过诸多相对成熟、完善的法律规范，对网络媒体使用者、供应商以及政府管理者的行为进行了明确要求，并详细规定了其违反相关规定所应承担的法律责任。

当前针对我国庞大的网民数量和日益复杂的舆论和政治生态环境，相关部门已经相继出台了《即时通信工具公众信息服务发展管理暂行规定》、《互联网用户账号名称管理规定》、《互联网新闻信息服务单位约谈工作规定》以及《中华人民共和国网络安全法》、《互联网新闻信息服务管理规定》、《国家网络安全事件应急预案》和《网络视听节目内容审核通则》等一系列法律法规和制度准则，来强化对门户网站、社会化媒体平台以及视听媒体栏目的规范化管理，鱼龙混杂的网络乱象也得到了一定程度的遏制。但与西方发达国家相比，目前我国相关的网络立法水平仍然较低，尤其是针对媒体单位及其从业人员的专门性法典依然缺失，关涉社会化媒体具体参与主体、约束其具体行为的法律法规也有待进一步精细化，这也在一定程度上为社会化媒体与政治生态的协同发展埋下隐患。

七、推动新旧媒体深度融合，构建现代传播体系

为了紧跟全球媒体融合发展趋势，实现中国传媒业改革的“弯道超车”，2014年8月18日，中央全面深化改革领导小组审议通过了《关于推动传统媒体和新兴媒体融合发展的指导意见》，正式将中国多年来的新旧媒体融合探索上升到国家战略层面，打造传媒深化改革的顶层设计。

（一）强化“两个规律”“一个思维”是媒体融合发展的思想前提

习近平深刻指出：“推动传统媒体和新兴媒体融合发展，要遵循新闻传播规律和新兴媒体发展规律，强化互联网思维。”[①]这里的“两个规律”“一个思维”是推动媒体融合发展的思想前提。互联网思维是“两个规律”在思维观念上的正确

① 习近平：共同为改革想招 一起为改革发力 群策群力把各项改革工作抓到位. http://cpc.people.com.cn/n/2014/0819/c64094-25490968.html. (2014-08-19)[2020-05-10].

反映，破除传者本位、单向传播、灌输式宣传、大而全等旧式思维窠臼，以用户思维、开放思维、迭代思维、大数据思维等互联网思维引领媒体实质性融合发展。

（二）新旧媒体优势互补深度融合是发展路径

习近平要求："坚持传统媒体和新兴媒体优势互补、一体发展，坚持先进技术为支撑、内容建设为根本，推动传统媒体和新兴媒体在内容、渠道、平台、经营、管理等方面的深度融合。"① "两个坚持""五个方面"为媒体融合各个实践层面向纵深迈进提供了路径，也为传统媒体发展指明了方向。

与新兴媒体相比，传统媒体的天然基因是内容生产，而在新技术研发应用、升级维护方面，传统媒体明显滞后。"两个坚持"明确表态，传统媒体与新兴媒体既不是以往媒体间水火不容、你死我活的竞争关系，也不是简单组合的叠加关系，而是要形成"你中有我，我中有你"的优势互补、一体发展思路，要善于利用大数据、云计算推进传统媒体的内容生产，通过微博、微信、新闻客户端等移动互联网技术拓宽传播渠道，扩大内容影响力，并注重提升用户体验，有效满足差异化需求。以先进技术为支撑、内容建设为根本，技术与内容并重推动转型升级是媒体融合的必由之路。因此，以开放的理念和科学的机制，彻底打破媒体间的藩篱，实现内容、渠道、平台、经营、管理等多方面的全方位一体化深度融合才是改革要义。

（三）形成立体多样、融合发展的现代传播体系是新闻传播业的改革目标

习近平首次提出："着力打造一批形态多样、手段先进、具有竞争力的新型主流媒体，建成几家拥有强大实力和传播力、公信力、影响力的新型媒体集团，形成立体多样、融合发展的现代传播体系。"②这段话言简意赅，将媒体融合的落脚点和最终诉求放在构建"新型主流媒体""新型媒体集团""现代传播体系"的发展目标和战略任务上，昭示着中国传媒业全面深化改革的集结号已经吹响。"新型主流媒体""新型媒体集团""现代传播体系"的递进式发展，体现出中国共产党领导人对新闻传播规律与新兴媒体发展规律的恪守和运用。

新型主流媒体并不拘泥于新兴媒体或传统媒体，首先，要具备媒体形态多样、传播手段先进、具有竞争力的基本特征，继而建成新型媒体集团。其次，以"四个力"联合词组依次作为新兴媒体集团的定语，四者有机结合不可或缺。媒体综合实力生成传播能力，是媒体制胜之关键，公信力是媒体品质，影响力是媒体效能，新

---

① 习近平：共同为改革想招 一起为改革发力 群策群力把各项改革工作抓到位. http://cpc.people.com.cn/n/2014/0819/c64094-25490968.html. (2014-08-19)[2020-05-10].

② 习近平：共同为改革想招 一起为改革发力 群策群力把各项改革工作抓到位. http://cpc.people.com.cn/n/2014/0819/c64094-25490968.html. (2014-08-19)[2020-05-10].

兴媒体集团只有具备强大的实力和传播力，才能聚集受众注意力，形成公信力，实现影响力，在此基础上，再由多个媒体集团形成立体多样、融合发展的现代传播体系。

（四）紧抓管理，确保媒体融合的正确方向

习近平还强调："要一手抓融合，一手抓管理，确保融合发展沿着正确方向推进。"[①]这"两手抓"是对无产阶级新闻事业党性原则的继承与发展，不论新旧媒体怎样融合，坚持党管媒体是确保中国特色社会主义新闻事业发展方向的政治保障，牢牢掌握意识形态工作的领导权、管理权、话语权是中国新闻事业的政治底线。同时"管理"在此语境下还包含创新管理机制之意。要实现现代化传播体系的战略目标，必须彻底打破传统媒体管理制度掣肘，建立一套符合新兴媒体传播特性及其发展规律的现代化传播管理制度为媒体改革保驾护航。

八、打造融通中外的话语体系，增强国际传播力

习近平任总书记以来，提出了一系列蕴含时代特色的对外传播思想，并且率先垂范，充分发挥政治领袖的示范作用。在国际舞台上传播中国声音，成为习式外交的一大特色，如在索契冬奥会期间习近平对自己执政理念的深情表达，在接受特立尼达和多巴哥、哥斯达黎加、墨西哥等拉美三国媒体采访时对中国梦的生动阐释，在 G20 第九次峰会期间在《澳金融评论报》上发表署名文章谈及中国改革，在坦桑尼亚尼雷尔国际会议中心发表演讲时提及中国电视剧《媳妇的美好时代》在坦桑尼亚的热播等。还有习近平夫人彭丽媛展现出亲民、典雅、大方的"中国第一夫人"形象，积极投身公益事业，也为中国外交和对外传播平添亮色。习近平对外传播思想是治国理政思想的重要内容，也是构建中国特色社会主义新闻理论体系的重要一环。

（一）阐释"中国特色"、讲好中国故事是对外传播的核心内容

在 8·19 讲话中，习近平首次正式阐述自己的对外传播思想，提出把"引导人们更加全面客观地认识当代中国、看待外部世界"作为宣传思想工作的基本任务来抓，既是提升当前国际舆论引导的迫切需要，也凸显了中国新闻传播事业的重大使命。在此基础上，习近平提出："宣传阐释中国特色，要讲清楚每个国家和民族的历史传统、文化积淀、基本国情不同，其发展道路必然有着自己的特色；讲清楚中华文化积淀着中华民族最深沉的精神追求，是中华民族生生不息、发展壮大的丰厚滋养；讲清楚中华优秀传统文化是中华民族的突出优势，是我们最深厚的文化软实力；讲清楚中国特色社会主义植根于中华文化沃土、反映中国人民

---

① 习近平谈媒体融合发展：关键在融为一体、合而为一. http://cpc.people.com.cn/n1/2018/0822/c164113-30242991.html. (2018-08-22)[2020-05-22].

意愿、适应中国和时代发展进步要求，有着深厚历史渊源和广泛现实基础。”[①]这里用四个“讲清楚”和“三个独特”生动阐释了“中国特色”的丰富内涵，立足民族传统、历史背景、文化积淀、基本国情，用中国文化本位提升国家软实力，体现着高度的道路自信、理论自信、制度自信、文化自信，也为中国特色对外传播理论和实践提出了崭新命题。

（二）创新对外宣传方式，构建中国话语体系是对外传播的着力点

2013 年 12 月 30 日，习近平在主持十八届中央政治局第十二次集体学习时明确提出：“提高国家软实力，要努力提高国际话语权。”[②]；2018 年的全国宣传思想工作会议上，习近平再次指出，将“坚持讲好中国故事、传播好中国声音”视为“做好宣传思想工作的根本遵循”[③]之一，要通过拓展对外传播平台和载体，把当代中国价值观念贯穿于国际交流和传播的各个方面。只有当一个国家的文化传统和价值观念得到国际的普遍认同时，国家软实力才能真正提升。讲好故事，事半功倍。中华民族优秀文化源远流长，我们从来不缺少中国好故事，欠缺的是讲好故事的本领。做好“中国故事、国际表达”，就要加强对跨文传播的深刻理解和运用，并充分汲取中华民族优秀传统文化和世界先进文化的精华，打造融通中外的新概念、新范畴、新表述，构建让国内外民众听得到、听得懂、听得进的话语体系，这正是当前做好外宣工作的着力点。

第三节 社会化媒体与政治协同发展的案例分析——以“人民日报”微信公众号为例

对人的关注是社会化媒体的重要特征之一，正如美国媒介理论家保罗·莱文森所言，一切媒介都是补救过去媒介的不足，并驱使媒介向着更加人性化发展。[④]微信的诞生正是顺应了这种媒介人性化与社会黏性化的发展趋势，作为一种社会化媒体，它拥有多种便捷的人际交往方式，且精准度高、私密性强，因而短短几年的时间，用户已壮大至 12 亿以上。如此庞大的用户群体，日益引起传统媒介的重视，为数众多的媒体微信公众账号的开通，就是抢占这个新舆论码头的对策之一。

---

① 习近平论新闻舆论工作. http://jhsjk.people.cn/article/30242818. (2018-08-22)[2020-01-05].

② 习近平：建设社会主义文化强力 着力提高国家文化软实力. http://jhsjk.people.cn/article/23995307. (2014-01-01)[2021-03-16].

③ 习近平：举旗帜聚民心育新人兴文化展形象 更好完成新形势下宣传思想工作使命任务. (2018-08-22)[2021-03-16].

④ 保罗·莱文森. 数字麦克卢汉. 何道宽译, 北京：社会科学文献出版社, 2001: 56.

通过微信公众平台进行信息传播是在大众传播中融入人际沟通，弥补了传统大众传播受众不明的缺陷，传播者通过用户资料简介，精准定位受众群并发送该群体所需要的信息。然而，由于微信最突出的特征之一便是依托强关系的互动性①，因而微信平台上的信息传播必须以建立关系为前提，令主动权掌握在用户手中。因此，对于传统媒体来说，如何与受众建构起密切坚固的强关系，就成为其在传播过程中首先要解决的问题。

在这一点上，“人民日报”微信公众号（以下简称“人民日报微信”）富有代表性。作为传统党报，《人民日报》历来以严肃庄重的面目示人，普通民众往往对其敬畏有余而兴趣不足。相比之下，以“参与、沟通、记录时代”为口号的“人民日报微信”却不同于其纸媒，虽然每日的推送信息多由其纸媒提供，但经过重新组合与编排后，却一改其纸媒的严肃面孔，呈现出自然亲民的风格，试图与受众群建立起平等交流的朋友关系，从而颠覆了传统党报的传播格调。本小节以“人民日报”为例，从内容定位、表达方式与栏目设计上，浅析传统党报在社会化媒体平台上的传播技巧。

一、精准的内容定位：凭借信息质量与用户建立关系

每个媒体微信公众号每天能向用户推送的信息不超过10条，信息容量的有限性决定了内容质量的重要性。在这一点上，“人民日报微信”的实践再次证明，在微信公众平台上，“内容为王”依然是决定新闻传播有效性的关键一环。

（一）“传统优势＋时代要求＋平台特性”的内容定位

传媒发展早已迈入“受众中心”时代。今天的受众对传媒业的信任或喜爱程度，不仅取决于媒体的规模与传播时间的长短，还取决于媒体如何展现内容、如何尊重受众的需求，以及如何提供个性化服务等因素。因此，任何内容定位都要以明确的用户需求为前提。“人民日报微信”便是结合了三方面的用户需求来定位其内容的。

首先，结合传统优势的定位。作为中国第一大报，《人民日报》历来以党政新闻作为报道重点，基于纸媒的连带作用，关注“人民日报微信”的受众多数是具有较高思想觉悟与社会责任感的知识分子，党和政府的政策、作风等是该类人群关注的焦点话题之一，加之《人民日报》的党报性质，“人民日报微信”每日推送的头条信息，必然是党政新闻，且在每日推送的多条信息中，该类新闻始终保持两条以上的比重。

① 蔡雯，翁之颢. 微信公众平台：新闻传播变革的又一机遇——以“央视新闻”微信公众账号为例. 新闻记者，2013(7):40-44.

其次，结合时代要求的定位。随着转型期社会各阶层矛盾的愈加复杂化，人们的关注视野不断向着改善民生与社会稳定转移。《人民日报》也将更多的精力聚焦于社会民生类新闻的采写。这一点，在其微信推送信息上表现得尤为明显。本书对“人民日报微信”自 2019 年 10 月至 2020 年 3 月的推送信息内容进行统计分类发现，社会民生类新闻在总体推送信息中的比重占到 62%之多。此外，在党政新闻的报道中，“人民日报微信”也逐渐致力于对事关民众生活的新政策、新法规进行解读，以帮助受众解疑释惑、缓解焦虑。

最后，结合平台特性的定位。在微信推出初期，年轻人用户居多，因而就业、户口、住房、医疗、校园突发事件等话题成为“人民日报微信”当时的报道重点之一。根据本书的统计，在 2013 年 10 月至 2014 年 3 月期间，除却重要党政新闻外，与年轻人直接相关的话题，占到其余推送信息的 57%以上。秉承传统优势保证了人才资源的可持续利用，关注时代要求奠定了新闻采写的正确政治方向，结合平台特性构筑了有的放矢的传播空间，“人民日报微信”的内容定位，可以说是对“天时、地利、人和”理念的全新阐释，为其他纸媒提供了有益参考。

（二）“广播信息、发布意见→解释信息、平衡意见”的内容定位

社会化媒体的崛起推动了“公民新闻”的加速发展，信息的发布成为每一个公民的基本技能，专业媒体监测环境、设置议程的传统优势被逐渐弱化。然而，“公民新闻”本身也存在“重表面而轻本质，重广度而轻深度”的缺陷，这就为传统媒体进驻社会化媒体平台提供了突破口。对信息的深度解读与关键性解释，成为专业新闻工作者的重要责任。

“人民日报微信”践行了这一媒体责任。“是什么”“为什么”“怎么做”常常成为其推送信息中的关键词，这些报道通过验证消息的真伪、分析新政策的作用等，在帮助民众深入了解自身所处政策环境与社会环境的同时，为其行为活动提供科学指引与参考，进一步达到缓解各阶层矛盾冲突、营造良好舆论氛围的目的。“人民日报微信”的实践告诉我们，在百花齐放的社会化媒体平台上，传统媒体唯有提供给受众“对社会公序良俗、道德伦理的正义伸张”[①]，才能求得自身的生存与发展。

意见的多元化与舆情的多样化已成为我国现阶段政治发展的基本现实。[②]由于其渠道的便捷性与管控的不易性，社会化媒体成为各方意见碰撞与摩擦的交汇场。无限制的放任自流也导致了极端与非理性情绪的甚嚣尘上，有时甚至造成了

---

① 李明德，王晓锋，蒙胜军. 大众传媒导向责任的偏差与重构——以 2008-2011 年主要热点事件为例. 西安交通大学学报(社会科学版), 2012(6): 113-120.

② 喻国明. 社会化媒体崛起背景下政府角色的转型及行动逻辑. 新闻记者, 2012(4): 3-8.

整个社会的不安与恐慌。面对此种态势，传统媒体进入社会化媒体平台便有了重要的现实使命。那便是，在多元的利益诉求之下，传统媒介必须致力于维护意见、情绪与社会关系的平衡，协调各方利益以维护社会的主流价值。

“人民日报微信”的推送信息几乎展示了社会各阶层的生活面貌与生存现状。通过合理平衡的公共话语空间的分配，保证了建立在各阶层相互理解与关照基础上的对话与沟通，从而既努力矫正人们的主观偏狭，推动了意见表达宽度的拓展，又能通过对各方意见的适度调控，疏导了社会意识。

“人民日报微信”既善于利用新型的传播平台，又始终专注优秀内容的生产，它的尝试也再次提醒那些站在“传统”与“数字”交叉口的纸质媒体，必须重新审视内容的真正价值，因为优质的内容资源永远是数字出版的首要条件，是传统出版业向数字化转型的核心之所在，同时也是数字新媒体出版与发展的关键。①

二、亲切的表达方式：凭借语言交流与用户巩固关系

社会化媒体的蓬勃发展，将普通人的地位推到了史无前例的高度，也推动了新闻语言的巨大变革。实践表明：“只有讲读者想听的话、听得懂的话、听得进的话，主流声音才能深入人心，主旋律报道才能不断增强社会影响力。”②

不同于《人民日报》纸媒语言的严肃谨慎，在“人民日报微信”的推送新闻中，用生活化的语言、以人际交流的方式，给读者讲述其身边故事的信息比比皆是。亲切自然的语言风格，将读者与媒体的关系拉近为朋友关系、交流者关系。

（一）“网络语言＋文艺风格”的用词特色：迎合年轻一代的时尚潮流

网络语言与文艺风格构成了时下年轻人群的用词特色之一，“人民日报微信”也在其推送信息中，紧扣时尚脉搏，广泛使用年轻人群喜闻乐见的表达方式。

近年来随着网络信息交流的发展与网络影响力的不断扩大，网络用语已成为许多媒体新闻报道中的常用手法，“人民日报微信”也不例外。网络用语的使用具有几个值得借鉴的特色。首先，规范性、恰当性与审慎性。“人民日报微信”的推送信息一般只采用当前最为流行以及广为人知的网络语言，仅为点明主旨，并不反复滥用，通俗而不媚俗。比如，“你×××，你妈妈知道吗”这句流行语刚刚爆红网络，“人民日报微信”就在评东莞扫黄问题时，使用“你这么同情卖淫嫖娼，你家里人知道吗”作为新闻标题，读来显得幽默且极具讽刺意味。其次，人情味与亲切感。网络用语产生于网络中的日常对话，群众基础深厚，用于新闻报道中

---

① 陆幸生．数字出版市场突围的关键点．http://roll.sohu.com/20120412/n340357197.shtml．(2012-04-12)[2021-09-17].

② 新华日报编委会．创新党报话语体系让主流声音更加深入人心．传媒观察，2010(8)：5-8.

则能够拉近与读者的距离。"人民日报微信"对网络用语的使用，有人情味却决不煽情，有亲切感却决不带"市井"气。比如，网络中的"大大"一词，用来作为对方言中与父亲同辈且年长于父亲的男性长辈的敬称，"人民日报微信"用一句"习大大来到了南锣鼓巷"作为标题，瞬间将一个亲民的主席形象展现在读者面前，显得活泼而亲切。最后，注重挖掘网络用语的深层含义。"在任何时候，同表面看来相反，语言都不能离开社会事实而存在"①，网络语言也不例外。"人民日报微信"通过挖掘网络语言背后的社会现实，赋予其全新的精神内涵与认知价值。试举一例，网友们将"累觉不爱"作为"累了，感觉不会再爱了"的简称，"人民日报微信"通过描述时下年轻人择偶观的变异，分析了该词产生的社会心理原因并劝告年轻人，累是自己的虚荣心所致，想要爱情美满，就要放下这些负累。文艺风格也是网络一族的习惯表达方式。在新闻报道中采用文艺风格，能够加强其在年轻人群中的吸引力与感染力，使得新闻信息同时兼具思想价值与美学价值。"人民日报微信"推送信息中的文艺风格，多见于副刊类栏目，例如《人生就像一碗粥，熬是最深的滋味》《做一条有梦想的咸鱼》等文章以年轻人乐于接受的表达方式，传达健康的生活观念与负责的人生态度，激励他们在人生道路上积极奋进。

传统纸媒入驻微信公众平台，切不可为吸引年轻人注意力而盲目跟风，而应当思考，在网络表达方式渐趋主流的现实背景下，如何用好这些流行词汇，挖掘其内在精神价值，促使其传播正面能量。这才是传统主流媒体存在的重要价值之所在。

（二）"第一人称＋口语表达"的叙述风格：面对面的人际沟通

在这个民众话语空间充分扩张的时代，在社会化媒体平台上，人们渐渐习惯于以对话的方式获取信息，在私人聊天的氛围中，得到知识的扩充，因为社会化本身就强调"互动与分享，即阅读内容由互动而来，传播行为因互动而生"②。信息接收方式的改变，向传统媒体敲响了警钟：以往以置身事外的姿态，客观理性地进行新闻报道的方式，已经受到严峻挑战，寻找新的符合当下人群接受习惯的传播方式，已迫在眉睫。

采用"第一人称"的叙述方式，不仅能够丰富新闻表现手段，而且能够有效地吸引读者的兴趣，美国报业大亨杰克·富勒曾指出："只要处理得当，在新闻报道中使用第一人称既能够是引人入胜的，又能够是公正的。"③在"人民日报微信"中，以第一人称的口吻行文、以讲述自己亲身经历的方式，来反映当前人民

---

① 费尔迪南·德·索绪尔. 普通语言学教程. 高名凯译, 北京: 商务印书馆, 1980: 115.

② 王宇明. 社会化阅读与数字出版的变革趋向. 出版发行研究, 2013(10): 69-72.

③ 杰克·富勒. 信息时代的新闻价值观. 展江译, 北京: 新华出版社, 1999: 159.

生活中的现实问题，是常见的报道形式。在这类文章中，诸如“我”“你”“我们”“你们”等面对面交流的常用代词使用得非常普遍，读来犹如与家人、朋友见面话家常，便于触发读者情绪，使其萌生感同身受的心理共鸣，从而将传播者的思想于无形中传达给读者，既帮助读者了解现象背后的深层含义，又以一种隐晦的方式，引导了舆论的走向。

另一个值得注意的现象就是口头用语的大行其道。“无法投递又无法退回的邮件咋办”“十年来政协‘一号提案’关注了啥”“‘求人办事’，啥时是个头”口语化表达方式的加入，既将文风变得生动活泼以提升普通百姓的阅读兴趣，又进一步营造出面对面沟通的语言环境，拉近传受双方的距离。

“人民日报微信”以多样化的表达手法，打造亲切而贴近生活的语言风格，从而使得真正意义上的民生新闻时代的到来成为可能，学者董天策认为，“民生新闻”不仅包括题材选择上的民生内容，而且包括报道立场上的平民视角、价值取向上的民本意识、报道方式上的民众话语。①

三、精心的栏目设计

做媒介实际上就是做品牌，要建立和维持受众的忠诚度，一定要通过品牌来培养一批忠诚度很高的受众，使自己传播的产品成为人们不可或缺的认识社会、判断问题基本资讯的“支点”。②好的栏目就是一家媒体的品牌标识，在这个数据共享的年代，精品栏目的打造，不在于“奇”，而在于“意”，在于其符合时代需要的社会价值。“人民日报微信”在承袭其纸媒中的“人民时评”“人民论坛”等经典栏目的基础上，着力打造符合微信媒体特点的新型栏目形态，并通过这些精品栏目的推出，营造出良好的舆论氛围与优质的文化氛围。

在微博等社会化媒体的冲击下，传统媒体已不再稳居第一信源的宝座，如何结合本媒体特色，对原有新闻信息进行深加工以进行二次开发与传播，已成当务之急。“人民日报微信”开办的“微博精粹”栏目在这方面进行了积极的探索：该栏目在形式上类似于电视读报节目，精选近日转发量较高的4～8条微博，汇总、简评并整合为一条信息供用户阅读，内容上涉及生活贴士、逸闻趣事、好人好事等以普通小人物为主人公的社会民生故事，包罗广泛且贴近市民生活。值得一提的是，“微博精粹”栏目不仅精选热门微博，还针对每一条微博配发1～2条有代表性且观点积极的网友评论，同时补充该微博的相关背景知识，分别从广度与深度两个方面为用户在有限的空间内进行尽可能丰富的知识扩充，从而全面彰显出传统纸媒坚守信息把关与注重信息质量的专业素养。

---

① 董天策. 民生新闻：中国特色的新闻传播范式. 西南民族大学学报(人文社科版), 2007(6): 88-95.

② 吕正标, 高福安, 闫维毅. 电视栏目运作与管理. 北京：中国传媒大学出版社. 2011.

这里重点分析一下“微博精粹”栏目在连接微博与微信两个舆论场方面的独到价值：首先，微信与微博同属当前流行的社会化媒体，用户群均以年轻人为主，许多微信用户同时也是微博用户，心理上的亲近感为微信用户接受“微博精粹”栏目提供了可能性。其次，微博在信息的收集与发布范围上存在优势，然而信息太过庞杂，无用信息众多，容易造成阅读时间的浪费；而微信推送的信息虽然在数量与传递范围上不如微博，但其推送过程的精准性与有效性较高，利用微信平台将经过筛选与组合的有价值的微博内容推送给用户，能够帮助其在短时间内获取信息，提高效率，因而该栏目的推出，也具有必要性。再次，虽然呈现在用户面前的“微博精粹”栏目其内容均是由普通百姓撰写的贴文与评论，表面上传播的是未经媒体引导的群众舆论，然而“人民日报微信”对微博内容把关与筛选的过程其实已经包含了立场的输入与价值观的渗透，这种方式，避免了受众在面对传统主流媒体发布官方舆论时可能产生的逆反，以隐蔽的手段引导了舆论；最后，结合《人民日报》官方微博的良好运营，不难看出，《人民日报》通过及时抢占微博与微信两大媒体平台，充分深入网络舆论空间，并通过微博与微信的呼应与互动，打通了两大舆论场，有力地推动了主流舆论在网络空间内的引导与扩散。

约翰·杜威认为，人们生活在一个社区里是因为他们拥有共同的事物，而他们拥有共同事物的方法就是传播，唯有传播才能促使他们对目标、信仰、渴望、知识等共同事物拥有一种共同的理解，也就是社会学家所说的社会共识。[①]在这个人生观、价值观日益多元化的时代，媒体更应当致力于建构并维系这样一个具有相同信仰的共同体，调动共同体成员的活力、凝聚向心力，从而形成该群体的核心价值体系。

从呼吁年轻人到二线城市去了解更广阔、更多元的中国社会的就业观，到规劝他们“祭而丰不如养之厚，悔之晚何若谨于前”的亲情观，从提醒年轻人抱有愿意同甘共苦的生活态度才能拥有美满婚姻的爱情观，到奉劝他们唯有放弃对社交媒体的依赖回归现实的人际交往才能化解现实矛盾的交友观；从引导年轻人要学会享受与金钱、名望无关的平凡幸福的价值观，到激励他们只有珍惜每一分钟才不会自怨自艾于“时间都去哪儿了”的人生观，“人民日报微信”的不少文章传达出一种勉励年轻人珍惜青春、坚定梦想的正能量，这对于初尝生活艰辛滋味的年轻人来说，无疑是在他们迷惘彷徨时，给予他们心灵的最好的慰藉。

无论其订阅用户是出于何种目的汇聚于此，“人民日报微信”努力在这个“弱关系连接”的群体中构建一种包括共同理想与共同价值观在内的群体文化，影响群体成员的思维与行动，提高与他们的关系强度，试图将该群体建构成一个真正

① 姜红．“仪式”、“共同体”与“生活方式”的建构——另一种观念框架中的民生新闻．新闻与传播研究，2009(3): 68-76.

的“文化共同体”。从这个意义上讲，《人民日报》不仅将自己视为信息的传递者，更视为是一个文化社区的建立者。

【理论拓展】

新时期新闻宣传工作重要论述

推动媒体融合发展，要将技术建设和内容建设摆在同等重要的位置。要顺应互联网传播移动化、社交化、视频化的趋势，积极运用大数据、云计算等新技术，发展移动客户端、手机网站等新应用新业态，不断提高技术研发水平，以新技术引领媒体融合发展、驱动媒体转型升级。同时，要适应新兴媒体传播特点，加强内容建设，创新采编流程，优化信息服务，以内容优势赢得发展优势。

推动媒体融合发展，要按照积极推进、科学发展、规范管理、确保导向的要求，推动传统媒体和新兴媒体在内容、渠道、平台、经营、管理等方面深度融合，着力打造一批形态多样、手段先进、具有竞争力的新型主流媒体，建成几家拥有强大实力和传播力公信力影响力的新型媒体集团，形成立体多样、融合发展的现代传播体系。要一手抓融合，一手抓管理，确保融合发展始终沿着正确的方向推进。①

——2014 年 8 月 18 日，习近平主持召开的中央全面深化改革领导小组第四次会议审议通过的《关于推动传统媒体和新兴媒体融合发展的指导意见》（节选）

① 《关于推动传统媒体和新兴媒体融合发展的指导意见》审议通过. http://finance.china.com.cn/roll/20140821/2625866.shtml. (2014-08-21)[2021-07-15].

结论与展望

本书以协同发展作为逻辑起点，以政治生态作为研究框架，立足于发现社会化媒体传播与政治生态运行增益的交集，利用社会化媒体所构建的信息传播网络实现政治生态运转的流畅与高效，在此过程中实现对社会化媒体的政府管理。为了研究社会化媒体发展与政治生态建设之间的关系，本书首先对我国社会化媒体及政治生态协同发展的背景进行了描述，并在文献综述的基础上，提出研究设计；在此基础上，构建本研究的理论框架；然后，基于问卷调查与深度访谈，对中国当前社会化媒体与政治生态协同发展的现状与困境进行总结与评价；以此为基础，考察社会化媒体与政治生态协同发展的影响因素；为了更加清晰地描述社会化媒体与政治生态协同发展的关系，本书对社会化媒体与政治生态的不同实践模式进行了对比分析，并提出社会化媒体与政治生态协同发展的实践模式；进而根据协同学的内涵以及指标体系构建的基本原则和方法，以政务微博为代表，进行社会化媒体发展与政治生态发展评价指标体系的构建与测度，从而提出社会化媒体与政治生态协同发展的机制优化方法，最后提出改进和完善社会化媒体与政治生态协同发展的路径选择与对策建议。

一、主要研究结论

第一，社会化媒体与政治生态的协同，在静态层面表现为空间、时间和功能三个维度的协同；在动态层面则需要构建协同平台、实现协同效应、评测协同程度。当前政府对社会化媒体呈现重管制、轻培育、多重复、少整合的局面，本书基于社会化媒体和政治生态的关系困境，提出二者的协同发展研究，以协同学为理论支撑，探讨社会化媒体和政治生态的协同发展问题。

第二，当前我国社会化媒体用户使用与政治生态发展的现状均呈现出整体发展平稳但个别因素波动、整体趋势较好但个别因素进步缓慢的普遍特征。通过问卷调查发现，当前社会化媒体用户使用的困境在于：社会化媒体的用户普及度呈两极分化趋势；用户对社会化媒体表现出过度使用与依赖；个别媒体的用户忠诚度极高，呈现媒体垄断局面；用户对社会化媒体的参与主动性不强、程度不深。我国政治生态发展的困境在于：从政治生态结构维度而言，整体发展水平一般，亟待提高；从政治生态功能维度而言，发展水平参差不齐，指标差距较大；从政治生态协调维度而言，整体发展平稳，个别指数偏低。当前我国社会化媒体使用与政治生态关联发展的困境则在于：社会化媒体的用户对政治信息获取缺乏主动性；政治互动性不强；政治表达程度极低；政治事务参与程度一般。

第三，社会化媒体用户使用对政治生态各维度具有较强影响，但影响面与影响强度存在差别。就影响的全面性而言：社会化媒体政治信息获取意愿和政治表达意愿对政治生态各维度均存在正向影响，影响面最大；社会化媒体政治讨论意愿则只对政治参与程度和政治协调程度存在正面影响，因而影响面最小。就影响强度而言：政治公开程度受到社会化媒体政治表达意愿影响的强度最大，其次为社会化媒体政治信息获取意愿;政治参与程度受到政治表达意愿影响的强度最大，其次为社会化媒体政治讨论意愿，影响强度最小的为社会化媒体政治信息获取意愿；政治修复程度同样受到社会化媒体政治表达意愿影响的强度最大，其次为社会化媒体政治信息获取意愿；政治协调程度则是受到社会化媒体政治讨论意愿影响的强度最大，其次为政治表达意愿，影响强度最小的是社会化媒体政治信息获取意愿。

第四，社会化媒体与政治生态协同发展的实践模式是在社会化媒体系统与政治生态系统之间构建起社会化媒体政治生态系统，通过该系统的动态平衡分别作用于实体政治系统与社会化媒体系统，最终实现社会化媒体与政治生态协同作用的过程。本书首先从政府视角出发，列举了社会化媒体与政治生态的三种传统实践模式，即侍从型模式、管控型模式和博弈型模式，并在分析三者的关系与缺陷的基础上，以协同论为理论依据，以公共危机事件为例，提出了社会化媒体与政治生态的协同实践模式，试图寻求实现社会化媒体与政府各自利益最大化，实现协同发展的关系探索。

第五，社会化媒体与政治生态协同发展程度的测评，可以以二者协同发展的典型产物——政务微博为代表,通过主成分分析法计算政务微博的规模综合指数，结合政务微博传播影响力指数，用线性回归拟合的方式，构造协同度计算函数来进行测算。本书应用统计学原理，自行确立了一套客观评价政务微博规模指数的计算方法，该统计方法不依赖于研究人员的主观意志，完全通过所收集的样本数据测算评价指数，一定程度上降低了由于主观认识偏差所造成的评价指数计算误差。

第六，社会化媒体舆论协同引导模式是解决当前社会化媒体与政治生态协同发展困境的优化机制。中国当前的社会化媒体舆论引导还是基于管理理念的二元管理实践模式，如果要解决当前社会化媒体与政治生态协同发展的困境，需要在引导机制上进一步创新。基于协同论的协同引导模式将引导执行主体和管理主体分割化并各自结构优化，力求发挥各自主体的系统自组织协同效应，达到降低成本、提高舆论引导效果、促进社会化媒体与政治生态协同发展的多重效果。

第七，努力实现社会化媒体与政治生态的良性互动。为实现社会化媒体与政治生态的良性互动，需要在宏观的路径选择上做到：大力发展信息产业，提高政府的新信息技术运用能力；合理调节政治生态，强化政治生态公众服务性效果；完善体制机制，提升政府信息公开透明化程度。在具体的对策层面做到：客观定位媒体角色，善待媒体；不断培养和提升政治主体的舆情应对能力；增强主流媒体的舆论引导能力和水平；媒体要正确发声，恪守职业道德；完善网络空间相关法律法规，强化对社会化媒体的监管力度。

二、主要创新点

本书的创新之处体现在以下几方面：

（1）将研究社会化媒体与政治生态的协同发展问题纳入了规范的传播学、政治学、社会学和系统科学等学科相结合的分析范式内。在当前中国社会文化发展现实背景下，基于政府治理的社会化媒体舆论协同引导，既是传播学、政治学关注的焦点，也是社会学研究的重点，更是系统科学致力于突破的关键环节。因此，本书在规范的传播学、政治学、社会学和系统科学研究范式内对社会化媒体与政治生态的协同发展进行研究，不仅具有研究范式上的创新，而且是对这一问题在上述学科领域的有益探索。

（2）本书从全景视角深入探索了社会化媒体与政治生态协同发展的要素解析与机制构建，能够为相关研究提供充分的实证依据。全面掌握公民社会化媒体使用行为的特点与规律并进行合理引导，明确其与政治生态建设各维度的现实关系与影响因素，进而提出社会化媒体与政治生态协同发展的实践模式、协同度测评、优化机制、路径选择与对策建议，不仅为这一主题的理论研究形成实证依据，而且能够为相关政策研究提供有效的技术支撑。

（3）本书运用理论与实证相结合的手段，深入探讨了社会化媒体与政治生态协同发展的优化机制——舆论协同引导模式。本书立足于当前社会化媒体与政治生态协同发展的现实困境，进行了社会化媒体舆论引导类型研究、实践要素研究及引导模式研究，提出了面向政府治理的舆论协同引导模式，为政府相关职能部门、主流媒体“两微一端”与政务“两微一端”、公众与社会化媒体机构等各类社会治理主体的协同行动提出了结构与机制优化方案，对于实现政府、公众与媒体的协同发展具有现实的应用价值。

（4）本书利用应用统计学原理，科学地推演出一套客观评价政务微博规模指数的计算方法，对政务微博综合发展程度、协同程度进行研究，从理论上拓展了社会化媒体与政治生态协同发展问题研究的分析框架。本书在社会化媒体与政治生态协同发展的研究中，突出了二者协同度的测评问题，将政务微博视为二者协同发展的典型产物，通过对政务微博综合发展程度的测算，实现对二者协同度的量化研究。具体研究中设计确立的政务微博综合发展程度计算方法与协同程度的测算模型，可以为不同区域政务微博发展态势的评价与类比提供实现路径。

（5）研究内容的整体性和系统性有利于保障战略设计和政策研究的针对性和有效性。本书并不只限于社会化媒体与政治生态协同发展的原则性讨论，而是对其协同的理论内涵、实现机理、主体行为、要素配置、理想模式、制度障碍、保障体系以及现实路径等进行了比较系统、全面和规范的理论和实证分析，有利于保障我国社会化媒体舆论协同引导模式与国家整体政治发展战略的目标一致性，从而能够对解决问题提供有益的政策思路。

三、研究局限与未来展望

第一，研究内容的进一步补充与完善。在本书中，社会化媒体使用主要限定在政治信息获取、政治表达和政治讨论三个方面，对社会化媒体使用过程中其他值得研究的问题并没有展开，比如政治讨论的公开化程度与政治议题属性、个体特质的关联性等，都可以成为未来的研究方向；同时，本书对影响因素的研究也主要从政治生态的协调度层面考察，从结构视角研究政治系统内部关系、政治—文化系统关系、政治—经济系统关系以及政治—社会系统关系等受到社会化媒体的影响情况，从功能视角研究信息传递效率、角色互动程度、资源分配和政策执行等受到社会化媒体影响情况，也值得进一步探索，以实现政治生态研究的全面性。

第二，研究样本代表性的进一步扩大。本书的样本来源区域涉及全国31个省级行政区（不含港澳台）的283个城市，区域较为广阔。但本次调查主要采用便利样本的自填式问卷法，因而在样本的代表性与平均性上不如分层抽样法，所得结论可作为参考和代表，并不能完全以及确定性地推及全国所有区域。今后的研究可以考虑利用分层抽样法适当扩充样本量，以获得更具代表性和完整性的研究样本，得出更具普遍性的结论和成果。

第三，面板数据的收集与实验方法的运用。社会化媒体与政治生态的协同发展是动态变化的过程，截面数据对影响路径的解释力有限。未来的研究可采用面板数据，如对个体社会化媒体使用行为进行1周或1月（年）的观测得出更有说服力的证据，以解释两者潜在的双边影响关系。此外，为弥补社会化媒体案例研究的滞后性，实验研究方法的设置也值得鼓励，以便更好地解释社会化媒体与政治生态协同发展的研究。

参考文献

阿尔伯特・班杜拉. 思想和行动的社会基础: 社会认知论. 林颖, 等译. 上海: 华东师范大学出版社, 2001.

安东尼・吉登斯. 现代性与自我认同: 现代晚期的自我与社会. 赵旭东, 方文译. 北京: 生活・读书・新知三联书店, 1998.

保罗・莱文森. 数字麦克卢汉. 何道宽译. 北京: 社会科学文献出版社, 2001: 56.

蔡雯, 翁之颢. 微信公众平台: 新闻传播变革的又一个机遇——以"央视新闻"微信公众账号为例. 新闻记者, 2013(7): 40-44.

查尔斯・林德布洛姆. 政治与市场: 世界的政治—经济制度. 王逸舟译. 上海: 上海三联书店; 上海人民出版社, 1997.

陈超贤. 政务微信发展的现状、问题及对策. 中共青岛市委党校(青岛行政学院学报), 2013(4): 37-39.

陈力丹, 谭思宇, 宋佳益. 社交媒体减弱政治参与——"沉默螺旋"假说的再研究. 编辑之友, 2015(5): 5-10.

戴长征. 社会政治生态视角下的腐败与反腐败斗争. 探索与争鸣, 2013(2):8-10.

段雪雯, 段京肃. 新媒体时代的传播利益博弈场——基于国家、社会、公众的"石头剪子布"游戏视角. 当代传播, 2015(2): 11-13.

费尔迪南・德・索绪尔. 普通语言学教程. 高名凯译. 北京: 商务印书馆, 1980.

古斯塔夫・勒庞. 乌合之众: 大众心理研究. 冯克利译. 北京: 中央编译出版社, 2004.

赫尔曼・哈肯. 协同学: 大自然成功的奥秘. 凌复华译. 上海: 上海译文出版社, 2005.

胡泳. 网络政治——当代中国社会与传媒的行动选择. 北京: 国家行政学院出版社, 2014.

加布里埃尔・A. 阿尔蒙德, 小 G・宾厄姆・鲍威尔. 比较政治学: 体系、过程和政策. 曹沛霖, 郑世平, 公婷, 等译, 上海: 上海译文出版社, 1987.

姜红. "仪式"、"共同体"与"生活方式"的建构——另一种观念框架中的民生新闻. 新闻与传播研究, 2009(3):68-76.

姜涌. 公民的主体意识. 山东大学学报(哲学社会科学版), 2003(3): 91-94.

杰克・富勒. 信息时代的新闻价值观. 展江译. 北京: 新华出版社, 1999.

卡尔・曼海姆. 重建时代的人与社会: 现代社会结构的研究. 张旅平译. 南京: 译林出版社, 2011.

凯斯・R. 桑斯坦. 信息乌托邦——众人如何生产知识. 毕竞悦译. 北京: 法律出版社, 2008.

凯斯・桑斯坦. 网络共和国: 网络社会中的民主问题. 黄维明译. 上海: 上海人民出版社. 2003.

李彬. 大众传播学. 北京: 清华大学出版社, 2009.

李良荣. 传播革命下"新解释框架"建构. 人民论坛, 2015(14):32-35.

李明德, 李靖宇. 论政府、媒体、公众舆论引导新格局的建立及其互交影响措施创新. 甘肃社会科学, 2013(4): 216-220.

李明德, 刘婵君, 宋宁. 传统党报社会化媒体平台传播技巧初探——以《人民日报》微信公众账号为例. 中国出版, 2014(17): 24-28.
李明德, 张园, 刘婵君, 等. 互联网思维下舆论引导的改善与创新. 西安交通大学学报(社会科学版), 2015(3): 115-120.
利昂·费斯汀格. 认知失调理论. 郑全全译. 杭州: 浙江教育出版社, 1999.
刘婵君, 李明德. 社会化媒体与政治生态研究谱系: 内涵诠释、现实表征与关系构想. 西安交通大学学报(社会科学版), 2015, 35(1): 95-101.
刘建明. 当代新闻学原理. 北京: 清华大学出版社, 2003: 37.
卢卡奇. 关于社会存在的本体论·上卷——社会存在本体论引论. 白锡堃, 张西平, 李秋零, 等译, 重庆: 重庆出版社, 1993.
马克斯韦尔·麦库姆斯. 议程设置: 大众媒介与舆论. 郭镇之, 徐培喜译. 北京: 北京大学出版社, 2008.
赛佛林, 坦卡德. 传播理论: 起源、方法与应用. 郭镇之, 徐培喜,等译. 北京: 中国传媒大学出版社, 2006.
陶富源. 实践主导论——哲学的前沿探索. 合肥: 安徽人民出版社, 2001.
王宏波, 张振. 社会治理是系统的社会工程. 西安交通大学学报(社会科学版), 2015 (3):73-78.
沃尔特·李普曼. 公众舆论. 阎克文, 江红译. 上海: 上海人民出版社, 2006.
西格蒙德·弗洛伊德. 自我与本我. 张唤民, 陈伟奇, 林尘译. 上海: 上海译文出版社, 2011.
姚惠忠. 公共关系理论与实务. 北京: 北京大学出版社, 2004.
尹韵公. 习近平新闻传播思想的精义要道. 新闻与写作, 2014(10).
游淳惠, 徐煜. 互联网使用与政治参与关系的再审视: 基于2012年台湾地区TCS数据的实证分析. 国际新闻界, 2015(8): 33-46.
于婷婷. 基于社会化媒体口碑的营销传播策略创新. 新闻大学, 2013(3):115-120.
喻国明. "关系革命"背景下的媒体角色与功能. 新闻大学, 2012(2):27-29.
喻国明. 社会化媒体崛起背景下政府角色的转型及行动逻辑. 新闻记者, 2012(4): 3-8.
约翰·奈斯比特. 大趋势——改变我们生活的十个新趋向. 孙道章, 路林沙, 王金余, 等译. 北京: 新华出版社, 1984.
曾健, 张一方. 社会协同学. 北京: 科学出版社, 2000.
张杰. "陌生人"视角下社会化媒体与网络社会"不确定性"研究. 国际新闻界, 2012(1):34-40.
张立荣, 冷向明. 协同治理与我国公共危机管理模式创新——基于协同理论的视角. 华中师范大学学报(人文社会科学版), 2008, 47(2).
张迈曾, 李明德. 导向论. 西安: 西安交通大学出版社, 2009.
张明新, 刘伟. 互联网的政治性使用与我国公众的政治信任: 一项经验性研究. 公共管理学报, 2014(1):90-103.
张淑华. 网络围观: 新媒体时代的"另类"公民政治参与. 郑州大学学报(哲学社会科学版), 2012(6): 12-14.
赵云泽, 韩梦霖. 从技术到政治: 中国网络公共空间的特性分析. 国际新闻界, 2013(11):73-87.
郑满宁. "戏谑化": 社会化媒体中草根话语方式的嬗变研究. 中国人民大学学报, 2013(5):18 23.
郑永年. 技术赋权: 中国的互联网、国家与社会. 邱道隆译. 北京: 东方出版社, 2014.
支庭荣. 集合传播权与谦抑性原则——解析社会化媒体时代的"两个舆论场". 西北师大学报(社会科学版), 2014(2): 31-36.

周辅成. 西方伦理学名著选集(下卷). 北京：商务印书馆, 1987.

周涛，鲁耀斌. 层次分析法在 B2C 电子商务网站评价中的应用. 图书情报工作，2005(12): 111-114.

Bode, L. Facebooking it to the polls: A study in online social networking and political behavior. *Journal of Information Technology & Politics*, 2012, 9(4): 352-369.

Chan, M., Wu, X., Hao, Y., et al. Microblogging, online expression, and political efficacy among young Chinese citizens: The moderating role of information and entertainment needs in the use of weibo. *Cyberpsychology Behavior & Social Networking*, 2012,15(7): 345- 349.

David, C. C. Learning political information from the news: A closer look at the role of motivation. *Journal of Communication*, 2009, 59(2): 243-261.

de zúñiga, H. G., Bachmann, I., Hsu, S-H, et al. Expressive versus consumptive blog use: Implications for interpersonal discussion and political participation. *International Journal of Communication*, 2013(7):1538-1559.

Housholder, E., & LaMarre, H. L. Political social media engagement: Comparing campaign goals with voter behavior. *Public Relations Review*, 2015,41(1): 138-140.

Jung, N., Kim, Y., & de Zúniga, H. G. The mediating role of knowledge and efficacy in the effects of communication on political participation. *Mass Communication and Society*, 2011, 14(4): 407-430.

Moy, P., Xenos, M. A., & Hussain, M. M. News and political entertainment effects on democratic citizenship. In E. Scharrer (Ed.), *The International Encyclopedia of Media Studies*. Oxford: Wiley-Blackwell, 2013: 463-483.

Pasek, J., More, E., & Romer, D. Realizing the social Internet? Online social networking meets offline civic engagement. *Journal of Information Technology & Politics*, 2009, 6(3-4): 197-215.

Valeriani, A., & Vaccari, C. Accidental exposure to politics on social media as online participation equalizer in Germany, Italy, and the United Kingdom. *New Media & Society*, 2016, 18(9): 1857-1874.

Wang, S.-I. Political use of the Internet, political attitudes and political participation. *Asian Journal of Communication*, 2007, 17(4): 381-395.